国家级一流本科专业建设点配套教材
北大社 "十四五"普通高等教育本科规划教材

FRONTIERS OF CHINA INTERNATIONAL BUSINESS RESEARCH

中国国际商务研究前沿

李小平　潘　安　李小克　袁凯华　主编

北京大学出版社
PEKING UNIVERSITY PRESS

内 容 简 介

本教材讲授了中国和全球国际商务理论演变和典型事实变迁,具有鲜明的时代特征。聚焦对外合作、金融开放、经济与环境、技术与服务、制度与政策等内容,本教材梳理了"一带一路"、跨国并购、金融开放与汇率灵活性、人民币国际化、中间品贸易、制造业服务化、出口国内增加值率、国际贸易与偏向性技术进步、中国对外贸易的环境效应、制度与国际贸易、开放经济下的宏观经济政策等问题,涵盖了国际商务领域的核心议题,注重课程内容的基础性与前沿性之间的平衡。

本教材将家国情怀、科学精神、创新精神等思政元素寓于课程,通过一系列国际商务前沿专题知识模块,串联起中国和全球国际商务发展的宏大篇章,将理论教学与中国和全球实践相结合,将知识传授与价值观塑造相结合,将专业知识教育与道德情操教育相结合,实现知识传授与价值引领的统一。

图书在版编目(CIP)数据

中国国际商务研究前沿 / 李小平等主编. —— 北京:北京大学出版社,2024.9. —— ISBN 978-7-301-35294-6

Ⅰ. F740

中国国家版本馆 CIP 数据核字第 2024A1V978 号

书　　　名	中国国际商务研究前沿 ZHONGGUO GUOJI SHANGWU YANJIU QIANYAN	
著作责任者	李小平等　主编	
策 划 编 辑	王显超	
责 任 编 辑	毛文婕	
标 准 书 号	ISBN 978-7-301-35294-6	
出 版 发 行	北京大学出版社	
地　　　址	北京市海淀区成府路 205 号　100871	
网　　　址	http://www.pup.cn　　　新浪微博:@ 北京大学出版社	
电 子 邮 箱	编辑部 pup6@pup.cn　　　总编室 zpup@pup.cn	
电　　　话	邮购部 010-62752015　发行部 010-62750672　编辑部 010-62750667	
印 刷 者	三河市北燕印装有限公司	
经 销 者	新华书店	
	787 毫米 × 1092 毫米　16 开本　15.25 印张　360 千字 2024 年 9 月第 1 版　2024 年 9 月第 1 次印刷	
定　　　价	59.00 元	

未经许可,不得以任何方式复制或抄袭本书之部分或全部内容。
版权所有,侵权必究
举报电话:010-62752024　电子邮箱:fd@pup.cn
图书如有印装质量问题,请与出版部联系,电话:010-62756370

前　言

自改革开放以来，中国始终坚持对外开放的基本国策，截至2022年，中国全年货物进出口总额突破42万亿元，已连续6年保持货物贸易第一大国地位。中国取得的对外开放成就，离不开国际商务各领域的蓬勃发展。自2001年中国加入世界贸易组织（WTO）以来，加之"一带一路"倡议的积极推动，中国国际商务发展迎来了重要战略机遇期。党的二十大报告提出："坚持高水平对外开放，加快构建以国内大循环为主体、国内国际双循环相互促进的新发展格局"。《中国国际商务研究前沿》是为经管类专业本科生、硕士生编写的一本专题课程教材，其目的是拓宽学生的国际商务视野，提升学生在国际商务前沿研究领域的学习融通能力。

本教材的编写依托于中南财经政法大学经济学院国际商务专业体系建设优势。目前，中南财经政法大学经济学院建立起了国际商务本科、专业硕士两级人才培养体系，国际商务本科专业已入选2021年度国家级"一流本科专业"建设点名单，经、管、法融通的专业培养特色明显。本教材由中南财经政法大学二级教授、第三批"全国高校黄大年式教师团队"理论经济学教师团队负责人、楚天名师李小平教授领衔，精心组织10位国际商务专业的中青年授课教师组成编写组，力求发挥每位老师的研究专长合力编写。

本教材的内容以专题研究综述的形式呈现，由五大部分十一章组成。第一部分是对外合作篇，包括"一带一路"倡议的相关问题研究综述、跨国并购问题的研究进展两个研究专题；第二部分是金融开放篇，包括金融开放与汇率灵活性的研究综述、人民币国际化的研究综述两个研究专题；第三部分是经济与环境效应篇，包括中间品贸易研究综述、中国对外贸易的环境效应研究：文献回顾及进展两个研究专题；第四部分是技术与服务篇，包括制造业服务化的研究进展、出口国内增加值率的研究动态、国际贸易与偏向性技术进步的研究进展三个研究专题；第五部分是制度与政策篇，包括制度与国际贸易研究的发展脉络及进展概述、开放经济下的宏观经济政策：理论前沿与中国实践两个研究专题。各篇章具体编写工作分工为：第一章（李小平）、第二章（杨波）；第三章（苏应蓉）、第四章（何适）；第五章（徐静）、第六章（潘安）；第七章（余娟娟）、第八章（袁凯华）、第九章（李小克）；第十章（杨艳红）、第十一章（罗融）。在编写过程中，11位老师通力协作，相互了解每一章内容的重难点，各章内容侧重均有所不同，最后由李小平、潘安、李小克、袁凯华对编写内容进行统稿整理。

本教材还吸收了编写组近年来主持国家级科研项目的研究内容，充分体现了内容的前沿性。具体如下所示。

科研项目	主持人	项目名称
国家社会科学基金重大项目	李小平	"'一带一路'区域价值链构建与中国产业转型升级研究"
国家社会科学基金一般项目	杨波	"海外并购过程中的国有资产流失规模、路径与对策研究"
国家社会科学基金一般项目	苏应蓉	"金融市场开放对跨境资本流动的冲击效应及可能风险研究"
国家社会科学基金一般项目	余娟娟	"贸易摩擦对我国出口企业技术创新的影响及突围路径研究"
国家社会科学基金青年项目	潘安	"全球价值链分工的碳排放转移效应及中国对策研究"
国家社会科学基金青年项目	袁凯华	"贸易成本扭曲视角下中国先进制造业的服务化转型困境与对策研究"
国家社会科学基金青年项目	罗融	"基于金融开放的中国宏观经济内外均衡研究"
国家自然科学基金青年项目	李小克	"要素配置扭曲、技术进步偏向与全要素生产率增长"

最后，感谢大家对本教材的持续关注。敬请各位专家、老师和同学在使用和学习过程中，对本教材的内容提出宝贵意见，让我们能够继续完善本教材，更好地为我国融通型国际商务人才的培养贡献力量。

《中国国际商务研究前沿》编写组
2024年7月

目 录

一 对外合作篇

第一章 "一带一路"倡议的相关问题研究综述……3
第一节 "一带一路"倡议的内涵与挑战……5
 一、"一带一路"倡议的内涵……5
 二、"一带一路"建设存在的挑战与风险……7
第二节 中国与"一带一路"沿线国家的经贸关系……9
第三节 "一带一路"建设的积极影响……11
 一、"一带一路"建设的经济增长效应……11
 二、"一带一路"建设与区域价值链构建……12
 三、"一带一路"建设与中国产业转型升级……13
 四、"一带一路"倡议给沿线国家带来的影响……14
 五、"一带一路"倡议下影响中国对外直接投资的相关因素……14
第四节 研究述评……16
本章思考题……17
参考文献……17

第二章 跨国并购问题的研究进展……24
第一节 跨国并购的理论基础研究……26
 一、垄断优势理论……26
 二、产品生命周期理论……26
 三、内部化理论……27
 四、边际产业扩张理论……27
 五、国际生产折衷理论……27
第二节 跨国并购的动因研究……27
 一、企业视角下跨国并购的动因研究……28
 二、产业视角下跨国并购的动因研究……29
第三节 跨国并购的影响因素研究……30
 一、影响跨国并购的宏观因素……30
 二、影响跨国并购的微观因素……31
第四节 跨国并购的绩效研究……32
 一、跨国并购的价值研究……33
 二、跨国并购的市场绩效……33
 三、跨国并购的效率情况……34
 四、跨国并购绩效的主要影响因素……35
第五节 研究述评……36
本章思考题……37
参考文献……37

二 金融开放篇

第三章 金融开放与汇率灵活性的研究综述……47
第一节 金融开放的内涵、测度与经济效应……49
 一、金融开放的内涵与"三元悖论"……49
 二、金融开放的测度……51
 三、金融开放的经济效应……53
第二节 汇率制度、汇率波动及经济效应……55
 一、汇率制度及其选择理论……55
 二、汇率制度的经济效应……57
 三、汇率波动及其经济效应……61
第三节 金融开放、金融发展与汇率的相关性……64
 一、金融开放、金融发展与汇率的经济效应……65
 二、金融开放与汇率效应……66
 三、信贷约束、金融开放与汇率波动……68

第四节 研究述评 ………………… 69
本章思考题 ……………………… 70
参考文献 ………………………… 71

第四章 人民币国际化的研究综述 ……… 84
第一节 人民币国际化的发展历程和现状 ……………………… 86
第二节 人民币国际化的文献综述 ………… 87
 一、人民币国际化的条件和路径 ………… 87
 二、人民币国际化的成本和收益 ………… 88
 三、人民币国际化程度的测度 ………… 90
 四、人民币的国际溢出效应 ………… 91
第三节 人民币国际化的前沿动态 ………… 92
 一、人民币国际化与"一带一路"倡议 ……………………… 92
 二、人民币国际化与法定数字人民币 ……………………… 93
 三、人民币国际化与金融风险 ………… 94
第四节 研究述评 ………………… 95
本章思考题 ……………………… 95
参考文献 ………………………… 95

三 经济与环境效应篇

第五章 中间品贸易研究综述 ………… 101
第一节 中间品的界定 ……………… 103
 一、作为生产要素的中间品 ………… 103
 二、作为可贸易的、实现价值增值的生产环节的中间品 …………… 104
第二节 中间品贸易的度量 …………… 105
 一、根据产品描述和国际商品编码来度量中间品贸易 ………… 105
 二、使用投入产出法度量中间品贸易 ……………………… 106
第三节 中间品贸易的宏观经济效应 ……………………… 107
 一、对经济增长的影响 …………… 107
 二、对就业与工资的影响 ………… 108
 三、对出口的影响 ……………… 110
 四、对环境的影响 ……………… 110
 五、其他宏观经济效应 …………… 111
第四节 中间品贸易的微观经济效应 ……………………… 112
 一、对企业出口的影响 …………… 112
 二、对企业研发与创新的影响 ……… 113
 三、对企业全要素生产率的影响 ……………………… 114
 四、对企业出口质量的影响 ……… 116
 五、对企业加成率的影响 ………… 118
 六、对企业出口国内增加值率的影响 ……………………… 119
第五节 研究述评 ………………… 119
本章思考题 ……………………… 120
参考文献 ………………………… 121

第六章 中国对外贸易的环境效应研究：文献回顾及进展 …………… 127
第一节 中国对外贸易的直接环境效应 ……………………… 129
 一、前期研究回顾 ……………… 129
 二、最新研究进展 ……………… 130
第二节 中国对外贸易的间接环境效应 ……………………… 133
 一、前期研究回顾 ……………… 133
 二、最新研究进展 ……………… 134
第三节 研究述评 ………………… 137
本章思考题 ……………………… 138
参考文献 ………………………… 138

四 技术与服务篇

第七章 制造业服务化的研究进展 ………………… 147
第一节 制造业服务化的定义及内涵 ……… 149
第二节 制造业服务化水平的测度方法 ……………………… 151
 一、从企业层面测度 …………… 151
 二、从产业层面测度 …………… 151
第三节 制造业服务化的影响因素 ………………… 155
 一、宏观层面的影响因素 ………… 155
 二、微观层面的影响因素 ………… 156
第四节 制造业服务化的影响效应 ………………… 157
 一、制造业服务化对出口绩效的影响 ……………………… 157
 二、制造业服务化对制造业升级的影响 ……………………… 158

三、制造业服务化对制造业全要素
　　　　生产率的影响 …………… 158
　　四、制造业服务化对劳动力就业
　　　　的影响 …………………… 159
　　五、制造业服务化对制造业污染
　　　　减排的影响 ……………… 160
　第五节　研究述评 ………………… 161
　本章思考题 ………………………… 161
　参考文献 …………………………… 162

第八章　出口国内增加值率的
　　　　　研究动态 …………… 167
　第一节　出口国内增加值率产生的
　　　　　背景 ……………………… 169
　第二节　出口国内增加值率的核算
　　　　　研究 ……………………… 170
　　一、案例研究 ………………… 170
　　二、垂直专业化研究 ………… 171
　　三、基于多区域投入产出模型的
　　　　研究 ……………………… 172
　　四、考虑加工贸易的研究 …… 173
　第三节　出口国内增加值率的影响
　　　　　因素研究 ………………… 175
　　一、忽略市场分割的研究 …… 175
　　二、基于市场分割的探讨 …… 177
　第四节　研究述评 ………………… 178
　本章思考题 ………………………… 178
　参考文献 …………………………… 179

第九章　国际贸易与偏向性技术进步的
　　　　　研究进展 …………… 183
　第一节　偏向性技术进步的概念、分类
　　　　　和内在机制 ……………… 185
　　一、偏向性技术进步的概念
　　　　及其分类 ………………… 185
　　二、偏向性技术进步的内在机制 … 186
　第二节　国际贸易对偏向性技术进步的
　　　　　影响研究 ………………… 187
　　一、在技能劳动与非技能劳动的要素
　　　　组合中，国际贸易对技能偏向性
　　　　技术进步的影响 ………… 188
　　二、在资本与劳动的要素组合中，国际
　　　　贸易对资本偏向性技术进步的
　　　　影响研究 ………………… 190

　　三、纳入能源要素，国际贸易对能源
　　　　（绿色）偏向性技术进步的影响
　　　　研究 ……………………… 191
　第三节　发展中国家技术进步技能偏向
　　　　　与资本偏向的一致性 …… 192
　　一、发展中国家的技能偏向与资本
　　　　偏向的一致性 …………… 193
　　二、中国的技能偏向与资本偏向的
　　　　一致性 …………………… 193
　第四节　研究述评 ………………… 194
　本章思考题 ………………………… 194
　参考文献 …………………………… 195

五　制度与政策篇

第十章　制度与国际贸易研究的发展脉络
　　　　　及进展概述 …………… 201
　第一节　制度为何重要 …………… 203
　　一、什么是制度 ……………… 203
　　二、国际贸易中的交易成本 … 204
　第二节　国内制度与国际贸易 …… 205
　　一、理论研究的发展脉络 …… 205
　　二、实证研究的最新进展 …… 207
　第三节　国内制度与外包及纵向
　　　　　一体化 …………………… 209
　　一、理论研究的发展脉络 …… 209
　　二、实证研究的最新进展 …… 210
　第四节　国际规制与国际贸易 …… 211
　　一、多边贸易体制与国际贸易 … 211
　　二、区域及双边贸易协定与
　　　　国际贸易 ………………… 213
　第五节　研究述评 ………………… 214
　本章思考题 ………………………… 215
　参考文献 …………………………… 215

第十一章　开放经济下的宏观经济政策：
　　　　　　理论前沿与中国实践 … 221
　第一节　开放经济下的货币政策 … 223
　　一、开放宏观经济学的研究方法与
　　　　分析框架 ………………… 223
　　二、开放经济下货币政策的
　　　　有效性 …………………… 224
　第二节　全球金融体系的（不）稳定性
　　　　　与宏观审慎政策 ………… 226

一、货币政策和宏观审慎政策框架：
　　汇率的角色 …………………… 226
二、资本流动的宏观审慎政策 ……… 227
第三节　开放经济下的宏观经济政策：
　　中国实践 …………………… 229
一、开放经济下中国的货币政策 …… 229
二、金融开放改革 …………………… 232
第四节　研究述评 …………………… 233
本章思考题 …………………………… 233
参考文献 ……………………………… 234

一
对外合作篇

第一章

"一带一路"倡议的相关问题研究综述

本章学习目标

- 掌握"一带一路"倡议的深刻内涵,同时了解"一带一路"建设过程中可能存在的挑战。
- 熟悉中国与"一带一路"沿线国家的经贸关系,能够分析与上述不同国家之间经贸关系的特征。
- 了解"一带一路"建设对各国产生的积极影响,包括经济增长、价值链构建、产业转型升级等方面。

本章思维导图

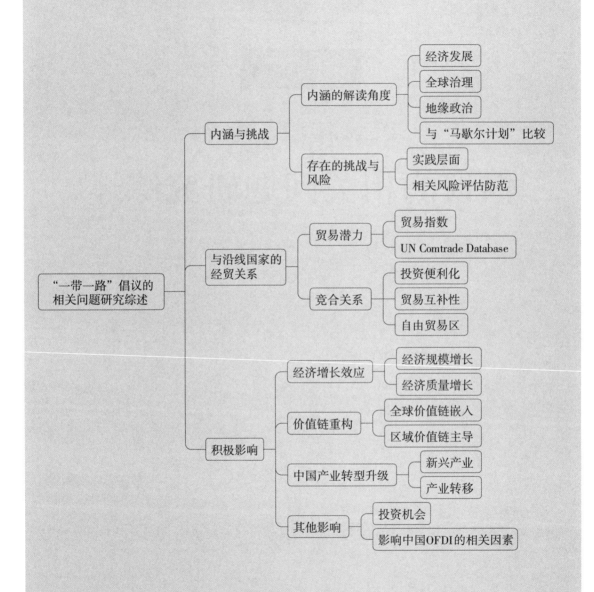

当今世界正经历着复杂的变化，周期性经济危机对世界经济造成严重影响，各国面临的发展问题依然严峻，全球政治经济不确定性较高。在此"百年未有之大变局"的背景下，我国于2013年提出"一带一路"倡议，它不同于以往合作中"赢者通吃"的理念，而是更多地体现了"互惠互利、平等共赢"的思想，相较于以往的跨国合作更具有开放性和包容性，也体现出了中国发展的国际视野。从国内环境来看，目前我国经济发展进入"新常态"，经济增长逐步从要素驱动、投资驱动转向创新驱动，同时在区域经济发展和对外开放格局上面临东西部差距大的现状；从国际环境来看，随着经济全球化的发展，区域经济合作组织的建设已成为世界经济发展的潮流和趋势。"一带一路"倡议是对国际和国内经济格局的重塑，是促进中国经济结构转型升级的重大举措。因此，如何理解"一带一路"倡议，如何推进"一带一路"国际经济合作，"一带一路"倡议会给我国以及沿线国家带来什么样的影响，这些都是值得我国政府部门和学术界认真研究的重大问题。

自"一带一路"倡议诞生以来，学术界在该主题上发表的成果数量迅速增加。目前，"一带一路"倡议已成为学术界最受欢迎的研究领域之一，这对"一带一路"倡议相关概念的解释和宣传发挥了积极作用（李向阳，2019）。从现有文献看，学者们主要从以下八个角度对"一带一路"相关问题进行研究，分别为"一带一路"倡议的内涵、"一带一路"建设存在的挑战与风险、中国与"一带一路"沿线国家的经贸关系、"一带一路"建设的经济增长效应、"一带一路"建设与区域价值链构建、"一带一路"建设与中国产业转型升级、"一带一路"倡议给沿线国家带来的影响，以及"一带一路"倡议下影响中国对外直接投资的相关因素等。

第一节　"一带一路"倡议的内涵与挑战

一、"一带一路"倡议的内涵

依据分析角度的不同，学者们对"一带一路"倡议的内涵进行了各种解读。从经济发展的角度来看，"一带一路"倡议与绝大多数以市场制度建设为主导的区域经济增长路径不同，它以政策沟通、设施联通、贸易畅通、资金融通、民心相通为主要内容，为沿线所有国家提供合作交流的平台，是促进区域经济增长的一条新路径（朴光姬，2015；Nazarko et al.，2017）。Cheng（2016）认为，因为缺乏某些先决条件，所以在一般情况下可能无法实现互惠互利，但"一带一路"倡议可以提供互惠互利所需要的公共产品。对中国自身发展而言，"一带一路"倡议又具有对外、对内两个方面的作用，对外可以理解为它是中国对外开放格局的全面提升（袁新涛，2014；张燕生，2015），对内可以理解为它是推进西部地区对外贸易开放、承接国内过剩产能重要途径（Lai et al.，2017；胡必亮，2018），从而使得中国的外部、内部发展环境得到优化（王辉，2015）。李晓等（2015）回顾历史，并以大国崛起与发展的困境为视角讨论了"一带一路"倡议对经济发展的作用，分析指出中国推行"一带一路"倡议是为了构建一个区域性、世界性的公共产品，以此促进中国长期可持续发展。裴长洪等（2018）认为"一带一路"倡议可以使中国形成陆海内外联动、东西双向互济的开放格局，可以将中国对外开放空间布局中所出现的非均衡、不充分的问题解决，同时也对世界经济大格局下打通隔阂、将世界联系起来、共同发展、走向共荣作出伟大贡献。欧阳康（2018）认为，"一带一路"倡议是中国在全球化进程中提出的重要国际合作计划，它不仅是对反全球化的重要回应，还积极推动了全球化的发展。它的目标是建立双赢的新型国际合作平台，通过经济互通，促进政治互信、民心相通和文明互鉴，促进相关国家和地区在"共商、共建、共享"的基础上共同发展，推进新时代"人类命运共同体"的构建。李卓然（2019）认为，"一带一路"倡议是中国提出的旨在建立"人类命运共同体"、超越地缘政治和意识形态并实现双赢的国家高层合作倡议。

从全球治理角度看，"一带一路"倡议体现了中国长期一直以来提倡的多极世界、包容多样、和平发展、人文交流、"人类命运共同体"等治理理念，它是对整个全球治理体系的有益补充（库恩，2014；裴长洪，2015；刘卫东，2017）。毛艳华（2015）认为"一带一路"倡议以亚洲国家为重点方向，通过互联互通为亚洲各国提供更多公共产品，致力于提高亚洲价值、扩大亚洲投资、发展亚洲市场，联手培育新的经济增长点和竞争优势，很好地体现了发展中国家的利益。同时，"一带一路"倡议鼓励向西开放，带动我国西部的发展并加强我国与中亚国家的合作，向国际社会推行全球化的包容性治理理念。奈斯比特等（2017）从国际角度分析中国提出的"一带一路"倡议，并对其政治和经济影响进行了客观评价，他们指出"一带一路"倡议恰恰是多中心全球战略秩序和多元化经济结构的重要支柱。

从地缘政治角度看，过去以美国为首的发达国家是主导性的地缘政治影响因素，但"一带一路"倡议是由发展中国家发起并主导的，它以中国为网络枢纽引发全球地缘板块联动"共振"，影响了国际政治经济秩序的重塑（周强等，2018）。卢锋等（2015）论述了"一带一路"倡议的内涵、由来和背景，指出"一带一路"倡议是新时期中国全面对外开放战略的重要组成部分，它具有三重战略定位和多种积极影响，包括经济外交、全球增长和结构调整。Lo（2015）认为"一带一路"倡议是中国利用投资和贸易重塑地缘政治格局的手段。除上述角度外，Nazarko 等（2016）认为"一带一路"倡议所建设的两条"纽带"将影响运输和供应链，并决定参与国在国际分工中的地位。Zeng（2016）认为"一带一路"倡议的提出显示了中国理论力量的增强和在全球秩序中地位的上升。

由于美国曾经提出过"马歇尔计划"，因此中国提出的"一带一路"倡议自然而然地被拿去作对比。"马歇尔计划"于第二次世界大战（简称"二战"）后提出，是美国为了取得世界主导权所采取的行动，主要是为了在满足二战后西欧发达国家恢复发展经济需求的同时，实现美国的产品输出、资本输出和政治输出（卢山冰等，2015）。有学者认为"一带一路"倡议与美国的"马歇尔计划"相似，两者都是试图通过经济手段实现内外经济政策目标的产物，并认为中国在"一带一路"倡议的实施过程中可以将"马歇尔计划"作为学习的范本（Tiezzi，2014；严佳佳等，2017）。也有学者认为"一带一路"倡议和"马歇尔计划"存在着区别，不能简单地认为"一带一路"倡议与"马歇尔计划"相同。卢山冰等（2015）针对"一带一路"倡议与"马歇尔计划"之间的本质区别，对"一带一路"倡议的内涵、外延和未来价值进行了详细分析，指出"一带一路"倡议本着平等、互利、开放和包容的原则，从点到面，从线到片，逐步形成区域合作，使沿线国家和人民受益。何维达等（2015）指出，"一带一路"倡议的实施有助于解决中国经济进入"新常态"发展阶段所面临的产业升级和产能过剩问题，中国的"一带一路"倡议与二战后的美国在欧洲实施的"马歇尔计划"类似，但两者之间存在差异。王义桅（2015）认为"一带一路"倡议是中国为国际社会提供的公共产品，它是建立在合作共赢基础之上的，与附加苛刻政治条件的"马歇尔计划"全然不同。此外金玲（2015）等学者也认为中国的"一带一路"倡议与美国的"马歇尔计划"存在根本上的差异。裴长洪（2015）认为"马歇尔计划"是冷战思维下的"两个平行世界市场"的产物，而"一带一路"倡议是对整个全球经济治理、能源治理、金融治理的一个补充。Shen等（2018）通过比较促进出口、影响战略制定等五方面，认为"一带一路"倡议虽然与"马歇尔计划"有相似点，但还是不能将两者完全画等号。

二、"一带一路"建设存在的挑战与风险

通过对"一带一路"倡议内涵的分析，学者们发现"一带一路"建设是一项系统工程，在"一带一路"建设过程中存在着许多方面的挑战与风险。

从挑战角度来看，金玲（2015）认为"一带一路"建设过程中面临的挑战主要来源于所涉国家多样性、合作领域广泛性以及国际环境复杂性。首先，国家多样性是指"一带一路"沿线国家不仅在文化、宗教信仰等多方面存在异质性，而且他们对中国具有不同的认知，彼此之间存在冲突，有的甚至还身处大国博弈的核心；其次，合作领域广泛性是指"一带一路"建设涉及的领域广泛，包括贸易、投资、金融、交通和人文等诸多领域，不同领域交叉可能会造成双边协调、多边对接以及一系列规则和标准的沟通、融合问题；最后，国际环境复杂性是指中国影响力的增强使中国被视为挑战现有国际秩序的潜在主要力量，从而遭受西方国家的质疑。李向阳（2019）认为，"一带一路"建设需要处理好六个方面的关系：政府与企业的关系、中央政府与地方政府的关系、历史与现实的关系、利用现有比较优势与开发新优势的关系、经济合作与非经济合作的关系、机制化合作与非机制化合作的关系，如何处理上述关系是一个值得继续探讨的话题。

从风险角度来看，张明（2015）认为，"一带一路"建设面临的潜在风险包括六类：一是相关投资的收益率低，二是投资安全面临更大的挑战，三是境外主体与私人部门的出资额有限，四是可能影响中国经济结构的调整，五是沿线国家的怀疑和抵制，六是如何处理与美国的关系。他从战略角度指出"一带一路"建设可能面临的风险，包括但不限于投资风险。周五七（2015）认为中国对"一带一路"沿线国家的直接投资面临一些困难，他从投资发展不平衡、地区不稳定和不确定因素等方面，指出了中国对"一带一路"沿线国家进

行对外直接投资需要面对的挑战和安全威胁。王义桅（2015）在"一带一路"建设的"三五效应"的基础上分析了"一带一路"建设的风险，并强调了跨国投资中的安全风险，其中包括四个层级的风险：公司经营风险、国家内部治理相关的风险、国家间冲突引起的风险以及全球问题引起的风险。李志斐（2015）认为，当前的非传统安全问题已成为能否顺利推进"一带一路"建设的重要安全因素。盛斌等（2016）认为国内区域间的利益协调、沿线国家的反应与合作意愿、区域大国的竞争与博弈、西方国家的质疑与阻挠这四个方面是中国推动"一带一路"建设所面临的主要制约因素。Aris（2016）、Sarker等（2018）认为基础设施建设的绝对规模和各国对"一带一路"倡议内涵的理解程度是"一带一路"建设面临的主要挑战。He（2020）认为，由于除中国政府和亚洲基础设施投资银行（简称亚投行）需要提供资金用以完成"一带一路"建设的基础设施，还需要更多的私人资金，而要想获得私人资金支持并非易事，因此"一带一路"建设面临较大的资金风险。Liu（2020）则认为安全问题是"一带一路"沿线国家面临的主要风险。李锋（2016）从周围环境及自身因素（包括地缘政治因素，恶劣的商业环境，公司自身的问题以及区域集中度和行业分布敏感）中探索了"一带一路"建设投资风险的根源和成因。李兵等（2018）发现，恐怖袭击使"一带一路"沿线国家的进出口额严重下降。计金标等（2019）发表了关于"一带一路"投资安全的一系列报告，报告重点分析"一带一路"建设中存在的安全隐患等重要问题，评估沿线国家的投资合作环境，并对相关产业投资面临的机遇和风险进行分析，并据此提出有针对性的对策。许培源等（2019）将中国在"一带一路"沿线65个国家的投资数据作为实证检验的样本，表明制度异质性带来的高风险和高壁垒大大抑制了中国公司的海外投资。

还有学者对"一带一路"建设进行了风险模型和预警系统的研究。经济学人智库（The Economist Intelligence Unit, 2015）通过对被投资国的整体业务运营风险模型进行内部评估，考虑了十种单独的风险标准和一些二级指标，以量化投资公司在特定国家的投资风险。最后，根据风险评估得分，得出了"一带一路"沿线国家的总体风险地图。黄雯（2017）从东道国的特点出发，运用国家风险对外商直接投资的影响机制原理，对"一带一路"沿线直接投资国家进行风险识别和风险评估，并设计了预警和响应系统。此外，一些学者对"一带一路"建设在一定领域的投资风险进行了定量的风险评估。许勤华（2016）着重从政治风险的角度分析"一带一路"建设中的能源投资风险。聂娜（2016）将研究重点放置于中国对外直接投资面临的风险，即公司的外部环境风险和内部业务风险。外部环境风险主要包括政治风险、经济风险和文化风险，公司的内部业务风险主要包括决策风险、经营风险和财务风险，并提出了防范各种风险的政策建议。张明等（2019）完成的报告涵盖了中国57个主要目标投资国家的风险评估，在"一带一路"沿线国家的投资风险子报告中，他们对沿线35个样本国家的国家风险进行了风险评估，发达国家的评级结果总体上优于发展中国家。根据得分排名，作为"一带一路"沿线的发达国家，新加坡已连续多年排名第一，各项指标得分均很高。相对而言，尽管"一带一路"沿线的发展中国家与中国保持着良好的双边关系，但因复杂的政治和经济条件，他们仍具有较高的投资风险。该系列报告是我国相对权威的"一带一路"建设风险评估研究成果，为中国公司沿"一带一路"投资提供了很好的参考。

通过相关风险的详细评估，有学者进一步研究了"一带一路"倡议中相关风险的防范。刘洪铎等（2016）认为，在实施"一带一路"倡议的过程中，中国应关注沿线国家不同文明的群体差异，通过大力推动文化交流来解决潜在的贸易壁垒，在促进中国与沿线国家经贸关系持续稳定发展的基础上，促进"一带一路"倡议蓝图的顺利实现。在此过程中，"走出去"的公司将面临东道国的政治、经济、文化、法律和其他挑战与风险，他们需要采取签署和升级双边投资协议、创新海外经贸合作区的建设、改善投资环境并积极推进公共服务平台建设等措施来解决和回应上述问题。王正文等（2018）建立了一个联立方程，证明"一带一路"沿线国家的国家风险对中国的出口贸易和直接投资有重大影响，"一带一路"沿线国家的出口贸易与直接投资之间存在相互补偿的关系。由此可见，出口贸易和直接投资可以反向降低"一带一路"沿线国家的国家风险。尹美群等（2018）介绍了三个中国公司在三个不同的东南亚国家投资的案例，并从国家风险、法律、劳工和汇率等方面提出了投资风险预警和控制措施，从而向参与"一带一路"建设的中国公司提供了一些风险管理建议。孙利娟等（2018）认为，在"一带一路"倡议下，中国对外直接投资不可避免地面临相应的风险，因此，为避免此类风险，中国应加强对投资环境的评估，并加强对投资合作过程中和事后的监管。赵磊（2019）主编的报告主要通过案例研究来分析中国公司如何更好地沿着"一带一路"进行投资，并为中国公司参与"一带一路"建设提供指导性建议。栾梦等（2020）使用灰色关联支持向量回归预测模型（GRA-SVR），通过模拟"一带一路"沿线国家的数据来预测"一带一路"沿线国家的恐怖主义风险，为制定我国"一带一路"建设的安全战略提供参考。

第二节　中国与"一带一路"沿线国家的经贸关系

除关于"一带一路"倡议的内涵和风险的研究，更多学者关注我国与"一带一路"沿线国家的经贸关系。从贸易指数测度来看，许多学者发现中国与"一带一路"沿线国家的贸易潜力很大。Wu 等（2006）在分析中印贸易时，利用显性比较优势（RAC）指数发现两国竞争产品种类有重合，可以发展产业内贸易。沈国兵等（2014）在研究中美两国在印度、巴基斯坦、俄罗斯市场的贸易竞争时测算了贸易相似度指数。谭秀杰等（2015）利用随机前沿模型对"21 世纪海上丝绸之路"主要国家的贸易潜力进行了估算，并基于一步估计法对影响因素进行了分析。结果表明，"21 世纪海上丝绸之路"贸易效率呈现上升趋势，中国对沿线国家的出口仍有很大潜力。孔庆峰等（2015）构建了贸易便利化指标体系，对"一带一路"沿线国家的贸易便利化水平进行测算。王金波（2017）利用 UN Comtrade Database（联合国商品贸易统计数据库）的相关数据测算了中国与"一带一路"沿线国家间的贸易互补性指数、产业内贸易指数、Lafay 指数、出口相似度指数和贸易密集度指数。顾春光等（2017）则构建了"一带一路"贸易投资指数指标体系。Shuai 等（2018）以"一带一路"倡议为背景，利用 RCA 指数测算方法对中国太阳能光伏产品的国际竞争力进行长期趋势分析。周冲等（2020）选取 2001—2018 年的数据，并使用扩展引力模型来计算中国与 30 个拉丁美洲国家之间的贸易潜力。计算结果表明，中国与大多数拉丁美洲国家的贸易为潜力开拓型，并且未来仍然存在较大的贸易空间，应进一步推进"一带一路"倡议与拉丁美洲国家对接，加快推进中拉自由贸易协定升级和自由贸易试验区建设，深化中拉经贸发展，形成多元化的发展格局。陈烨丹等（2020）发现中俄商品贸易是高度互补的，几乎100%的互补贸易都是行业间的互补。孙艳琳等（2020）基于UN Comtrade Database 2005—2016年的数据，利用贸易互补性指数和出口相似指数计算了中国与"一带一路"沿线国家之间服务贸易的互补性和竞争力。研究表明，就互补性而言，中国出口与沿线国家进口在货物相关服务贸易中单向互补合作优势大。

从中国与"一带一路"沿线国家之间的经贸现状来看，存在发展不均衡、竞合关系复杂的特征。张亚斌（2016）建立了系统的投资便利化衡量体系，运用均值主成分分析法对"一带一路"沿线的共计50个亚洲、欧洲和非洲国家的投资便利化水平进行了衡量。该研究表明，各国之间的投资便利化水平差异很大，欧洲国家普遍高于亚洲国家和非洲国家，中亚、南亚、东欧和非洲是迫切需要改善投资便利化的关键区域。顾春光等（2017）发现，截至2016年，中国与"一带一路"沿线国家的整体贸易投资合作在总体上处于合格水平，但呈现整体水平偏低、发展不均衡、竞合关系复杂等特征。陈继勇和卢世杰于2017年测算了2000—2015年中国与"21世纪海上丝绸之路"沿线国家的以两位数代码分类的出口商品的附加值和出口相似度指数。研究发现，东南亚八国和南亚四国与中国贸易竞争性强于西亚七国和非洲四国与中国的贸易竞争性，东南亚八国与中国在低、中、高附加值商品领域上竞争性依次递增，南亚四国与中国在低附加值商品领域上竞争性最强，而西亚七国和非洲四国与中国在各类商品领域中的贸易竞争性均较弱。陈继勇等（2017）三位学者利用波特的"钻石模型"对中国与"一带一路"沿线国家贸易竞争性的影响因素进行了实证检验，研究结果显示，产品域视角下生产要素、需求条件、关联产业和企业战略对产品的竞争优势具有显著的异质性影响；市场域视角下"一带一路"沿线国家的要素禀赋和外商直接投资与两国间的出口相似度负相关，而技术水平、市场规模和金融发展水平对其贸易竞争关系具有显著的正向作用。孙楚仁等（2017）认为中国与"一带一路"沿线国家间的贸易互补性较强，认为"一带一路"倡议的提出可能使中国对"一带一路"沿线国家的出口额增长，最后他们利用1996—2014年的数据证实了这一想法。Jackson等（2021）利用贸易引力模型进行分析，得出"一带一路"倡议实施后因中欧贸易的运输成本下降，双方的消费者均得到福利改善的结论。孙玉琴等（2018）从贸易便利化的角度考察了中国与欧盟成员的产品出口，发现我国应该大力推动"一带一路"倡议的实施，帮助欧盟成员进行交通基础设施的建设更新，这有利于中国产品向欧盟成员出口。尚涛等（2018）在分析中国贸易数据时发现中国与"一带一路"沿线国家的贸易联系越来越紧密，"一带一路"沿线国家在中国出口贸易占比越来越高，同时通过将中国与"一带一路"沿线国家贸易增长分解后，他们发现"一带一路"倡议的实施提高了中国出口产品的多样性，为中国产业结构改变与贸易模式转型提供了机遇。李兵等（2018）、方英等（2018）分别从公共安全与文化贸易潜力视角分析，发现如果继续大力推进"一带一路"倡议的实施，那么将增加中国与"一带一路"沿线国家之间的贸易额。

此外，对于如何加强中国与"一带一路"沿线国家的经贸关系，陈万灵等（2015）基于1992年海关编码协调制度（HS）的产品代码和数据，分析了"21世纪海上丝绸之路"沿线国家产品进口需求和构成的变化。结果表明，"21世纪海上丝绸之路"沿线国家的进口需求持续增加，出现了各种类型的进口需求差异化的趋势，资本密集型和劳动密集型产品的进口比例下降，资源密集型产品的进口比例大幅提升，技术密集型产品的进口比例大幅下降。裴长洪（2015）认为中国有能力也有自信，全面地参与全球无论是双边还是多边的高标准的自由贸易协定谈判。盛斌（2015）认为随着"一带一路"倡议的逐步实施，更多贸易伙伴将成为我国区域经济的合作对象，中国面向全球的高标准自由贸易试验区网络日臻成熟。

第三节 "一带一路"建设的积极影响

一、"一带一路"建设的经济增长效应

"一带一路"建设的经济增长效应是学者们关注的另一重要方面。具体的经济增长效应可细分为经济规模增长效应和经济质量增长效应。

在经济规模增长效应方面，学者们的研究视角主要集中在国际贸易驱动、基础设施建设驱动、投资驱动和能源安全等方面。在国际贸易驱动上，王美昌等（2016）分析了"一带一路"沿线国家双边贸易与中国经济增长之间的动态关系，认为两者具有长期均衡关系。陈继勇和陈大波于2017年测算了中国与"一带一路"沿线国家的贸易开放度和经济自由度，发现其中绝大部分国家都是贸易开放、中等经济自由度国家，同时发现这两个要素高度影响中国与"一带一路"沿线国家的经济增长，由此得出中国应该继续大力推进"一带一路"倡议的实施。Lu等（2018）研究了"一带一路"沿线国家对外直接投资对国内出口贸易的创造作用，并发现这种创造作用主要集中在技术复杂度较低的贸易中。葛纯宝等（2020）使用中国2008—2017年对"一带一路"沿线国家的HS四位数产品出口数据，研究了沿线国家贸易便利化对中国出口的影响，发现沿线国家贸易便利化程度的提高大大促进了中国的出口，进口文件数量每减少1%，港口基础设施质量每增加1%，中国的出口就会分别增长2.8%和0.3%。在基础设施建设驱动上，Felipe等（2012）发现中亚七国的贸易便利化程度加深，尤其基础设施的改善显著促进了贸易收入的提高。廖萌（2015）指出，中国企业对外投资的重点领域是基础设施建设，"一带一路"倡议为中国企业"走出去"提供了新的机遇，但也带来了挑战。隋广军等（2017）认为基础设施建设对"一带一路"沿线国家的经济发展起到巨大推动作用。张艳艳等（2018）认为中国在"一带一路"倡议中推进基础设施联通的措施将显著带动"一带一路"沿线国家的经济发展。李建军等（2018）也得出从互联互通基础设施建设起步的"一带一路"倡议会促进沿线国家经济发展。Du等（2018）认为在基础设施领域，中国国有控股公司发挥了主导作用。Fang等（2021）发现随着公路运输的快速发展，"丝绸之路经济带"及其周边地区在促进贸易、资金自由流动和生产方面发挥着重要作用。铁路运输也促进了经济增长，但效果并不明显。孙楚仁等（2017）通过实证研究发现，"一带一路"倡议的提出极大地促进了中国对"一带一路"沿线国家的出口额增长，且对出口额增长的影响大于对价格上涨的影响，对异质性产品出口额增长的影响大于对同质产品出口额增长的影响，对非邻国的出口促进作用大于对邻国的出口促进作用，对我国与"21世纪海上丝绸之路"沿线国家出口的促进作用大于对"丝绸之路经济带"沿线国家的出口

促进作用。在投资驱动上,贾庆国(2015)在对外开放模型的分析中指出,对外直接投资是"一带一路"建设的直接驱动力,它不仅是简单的投资或对基础资源的收购,也是管理和技术的输出,目标是与东道国实现共同发展。黄亮雄等(2016)使用 2003—2013 年 55 个"一带一路"沿线国家的数据构建了一个面板 VAR 模型,结果发现,中国对"一带一路"沿线国家的直接投资显著提高了这些国家的人均 GDP。隋广军等(2017)认为中国对"一带一路"沿线国家的直接投资推进了这些国家的基础设施更新,从而带动了经济发展。金刚等(2019)发现"一带一路"倡议极大地扩大了中国公司在沿线国家运输行业中的投资规模,但同时却没有显著增加在运输方面的"问题投资",因此,"债务陷阱理论"所认为的"一带一路"倡议试图在沿线国家运输行业进行"问题投资",然后利用债务减免来交换东道国的主权这一观点缺乏证据支持。吕越等(2019)使用双重差分法全面评估了"一带一路"倡议的投资促进效果,研究发现,"一带一路"倡议的实施极大地促进了中国公司外国绿地投资规模的增长,沿线国家的投资项目数量增加了约 32%。刘晓丹等于 2020 年将"一带一路"倡议视为一种准自然实验,他们以 2011—2017 年中国上市公司为研究对象,并采用 PSM-DID 方法探讨"一带一路"倡议对中国公司投资效率的影响。研究表明,"一带一路"倡议可以显著提高中国公司的投资效率,而且这种提高效果正在逐年增加。在能源安全上,赵东麒等(2016)使用了 UN Comtrade Database 2007—2014 年的统计数据,发现西亚国家在资源密集型产品领域具有强大的国际竞争力,这是确保我国能源稳定供应和维护国家经济安全的关键。余晓钟等(2020)认为,"一带一路"能源伙伴关系的建立是我国外交方面的重要成就和伙伴关系的有效延伸。

在经济质量增长效应方面,Brunner 等(2006)采用出口单位价值指数分析了"一带一路"沿线四个南亚国家制造业出口竞争力情况,发现相较于东南亚国家,南亚国家的出口竞争力有所提升,但是,南亚国家的出口增长主要受到相对数量扩张的推动和相对成本降低的影响,与相对质量的提高关联性不大,且出口增长主要集中在自然资源密集型、标准技术密集型和劳动密集型领域。李小平等(2017)测算了 1992—2014 年"一带一路"沿线主要国家的碳生产率,并发现对外开放度和工业化率对碳生产率有正向影响,因此这些国家应当积极参与到"一带一路"倡议中,注重经济质量的提升。葛鹏飞等(2018)认为创新是"一带一路"沿线国家从高能耗、高污染走向绿色发展的道路,基础创新与技术创新会显著提高"一带一路"沿线国家的绿色全要素生产率。齐绍洲等(2018)选取"一带一路"沿线 31 个国家作为样本进行研究,发现贸易开放程度正向影响"一带一路"沿线国家的绿色全要素生产率。

二、"一带一路"建设与区域价值链构建

"一带一路"倡议除了可以促进中国经济增长,还可以通过构建以"一带一路"沿线国家为主的区域价值链,使得中国由全球价值链中的嵌入者转变为区域价值链中的主导者,从而摆脱中国在全球价值链中"低端锁定"的被动局面。一些学者就中国主导的"一带一路"区域价值链构建的可行性进行了一些探讨。白永秀等(2015)通过梳理中国西北地区的工业发展现状以及中亚五国和俄罗斯的经济发展水平,发现这些地区的资源禀赋和工业体

系优势互补，具有良好的合作基础，非常有利于构建一条价值链。孟祺（2016）通过对比分析"一带一路"沿线国家的经济状况和资源禀赋以及二战后的三次国际制造业产业转移浪潮，认为中国在"一带一路"沿线区域内构建价值链具有一定的必要性和可行性。黄先海等（2017）认为中国要以"一带一路"国际产能合作为基础重新构建全球价值链，推动以中国为核心的双向"嵌套型"价值链分工体系，并从环节专精、链条广延和网络纵深三个方面提高中国在国际分工体系中的地位。张辉等（2017）认为，目前全球价值链出现了一个双环流现象，而中国又处于双环流中间，成为了连接双环流的纽带。中国通过"一带一路"倡议一方面可以分享自身发展的经验帮助广大发展中国家发展，另一方面还可以通过合作实现更大范围的国际分工，提高资源配置效率，为世界发展带来新活力。陈健等（2018）认为"一带一路"倡议的实施为中国构建以中国为核心的区域价值链创造了条件，中国与"一带一路"沿线国家的合作既满足了中国淘汰落后产能的需要，又满足了沿线国家经济和现代工业发展的需求。通过"一带一路"区域价值链的构建，必然能使全球经济发展的不平衡现状得到改善。王恕立等（2018）比较了中国与14个"一带一路"沿线国家所处的国际分工位置，发现"一带一路"倡议可以使中国向全球价值链的高端攀爬，同时也提高了中国在区域分工中的地位。卢潇潇等（2020）在"一带一路"倡议框架下，论证了影响全球价值链重组的基础设施作用机制。研究表明，基础设施建设可以促进一个国家（或地区）的经济发展，然后促进其打破现有的劳动分工，实现价值链攀升。在"一带一路"建设中，沿线国家对基础设施建设有潜在的需求。由于中国在基础设施建设领域具有明显的比较优势和市场潜力，因此中国有能力在基础设施建设中发挥带头作用，加强与"一带一路"沿线国家的合作，充分发挥基础设施建设的基本产出作用、技术驱动作用和配置协调作用，以共同实现经济发展，促进全球价值链重构。

三、"一带一路"建设与中国产业转型升级

通过"一带一路"区域价值链的构建，中国可以实现产业的转型升级，这同样备受学术界的关注。卫玲等（2017）以新结构经济学、协调创新理论和"雁行模式"为理论基础，提出创新驱动下的"一带一路"产业转移可以打破落后生产带来的"低端锁定"和长期路径依赖，从而促进新兴产业和优势产业的发展。马骥等（2017）认为"一带一路"建设的贸易畅通等合作重点起到推动中国出口贸易结构调整、提高贸易自由化和便利化、激发和创造新的国际市场需求等作用，从而为出口贸易促进中国产业结构升级带来新的机遇。王桂军等（2019）以"一带一路"倡议提出的准自然实验为出发点，采用双重差分法研究了"一带一路"倡议对企业和产业升级的影响及作用路径。研究发现，"一带一路"倡议可以通过研发和创新来促进中国企业的升级，且对瓶颈产业升级的影响最大，其后依次是新兴产业和成熟产业。当然，也有学者具有不同观点。例如，杨英等（2015）选取2003—2013年中国对64个"一带一路"沿线国家的直接投资数据，研究了对外直接投资与中国产业结构升级的关系。结果表明，中国对"一带一路"沿线国家的直接投资对国内产业转型升级影响不显著。

一些学者认为，中国产业转型升级会对"一带一路"建设产生作用。张理娟等（2016）认为，"一带一路"沿线国家的产业转移需要考虑两个方向：其一，国内产业应积极寻求效

率驱动和创新驱动；其二，"一带一路"沿线国家的产业转移应积极适应新的国家产业转移趋势。张茉楠（2016）提出建立一种以中国为核心的"新雁行模式"，选择符合转移条件的产业进行"腾笼换鸟"式再升级，转移我国优势较弱的产业，并通过建设海外经贸合作园区，实现我国的产业转型升级。

四、"一带一路"倡议给沿线国家带来的影响

"一带一路"倡议给我国带来经济增长、产业转型升级等诸多好处的同时，也会给沿线国家带来好处，最终实现互惠互利、合作共赢。因此，许多学者研究了"一带一路"倡议给沿线国家带来的影响。李婧（2015）分析了"一带一路"倡议下中国企业在俄罗斯的投资机会，指出了中国企业在"一带一路"建设过程中，在俄罗斯投资面临的挑战和问题，并提出了促进中国对俄罗斯投资的政策建议。刘彦君（2017）认为，中国和俄罗斯应在"一带一路"倡议下大力推进"跨国次区域经济合作"。陆瑾（2015）发现伊朗拥有良好的工业基础，但缺乏完整的工业体系。因此，在"一带一路"倡议实施期间，中国可以从伊朗的工业优势中获益，而伊朗在这一过程中也可以提高自己的工业水平并完善其工业体系。Casarini（2015）更加关注"一带一路"倡议对欧盟成员的影响。他指出"一带一路"倡议的快速建设和发展可能导致欧盟成员之间的分歧，也可能导致欧盟成员与美国之间的关系发生变化。Irshad 等（2015）的研究对象是巴基斯坦，认为中巴合作建设"一带一路"时，需要在人才、媒体和教育领域深入加强合作。Huang 等（2017）分析了中国对巴基斯坦的直接投资，他们认为，巴基斯坦的利益相关者对中国在巴基斯坦的外商直接投资（Foreign Direct Investment，FDI）持积极态度，但是空气质量和水消耗是中国在巴基斯坦 FDI 面临的两个主要挑战。Chen 等（2016）分析了"一带一路"倡议对非洲国家的影响，他们认为，过去十年以来中国在非洲的投资增长迅速，但这与中国对外投资的增长并不相称。他建议非洲国家采取行动，抓住"一带一路"倡议的重要机遇。其中，完善中非双边投资条约是必要而有效的措施。Huang（2016）认为，"一带一路"建设可能会促进亚洲和非洲一些新兴经济体的经济增长，但也面临着诸如缺乏中央协调机制、不同政治制度之间有潜在冲突以及跨境金融难度大等问题。Liu 等（2016）认为，"一带一路"倡议可以促进新兴经济体的发展，包括现代化和扶贫工作等。肖光恩等（2017）发现中国与东盟成员在经济上存在着以贸易与投资为关联机制的外部空间溢出效应，"一带一路"倡议的提出将有利于东盟成员的经济发展。贾妮莎等（2019）基于开放经济国家产业结构升级的数学模型，利用 2003—2015 年中国对"一带一路"沿线国家的直接投资流量和存量数据，以及沿线 43 个国家的经济指标进行研究，发现中国对沿线国家的直接投资有助于这些国家的产业升级。

五、"一带一路"倡议下影响中国对外直接投资的相关因素

对外直接投资（Outward Foreign Direct Investment，OFDI）是我国推进"一带一路"倡

议实施的主要形式之一，总结"一带一路"倡议下影响中国对外直接投资的相关文献，主要从东道国因素、母国因素以及第三国因素这三个方面进行分析研究。

东道国因素是主流对外直接投资理论中较为重要的组成部分。赵明亮（2017）分析了国际投资风险因素对中国在"一带一路"沿线国家对外直接投资的影响，通过构建扩展投资引力模型，他提出了相应的研究假设，并使用泊松伪极大似然估计方法进行了实证研究。结果表明，政府治理水平与对外直接投资的相关性不显著，但是经济自由度与对外直接投资显著正相关。许陈生等（2017）研究了东道国领导人的任期与中国在"一带一路"沿线国家的直接投资之间的关系，结果表明，两者之间存在二次"倒U"型关系。程中海等（2018）在"一带一路"倡议的框架下分析了东道国体制环境对中国对外直接投资的影响，并特别分析了对外直接投资的效率和潜力，发现东道国的体制环境越好，其投资潜力越大。吉生保等（2018）研究了"一带一路"沿线国家与中国在地理、经济、文化和制度上的多维距离对中国对其直接投资的影响，他们借助传统的贸易引力模型进行的实证检验表明，地理距离和文化距离对中国对外直接投资起抑制作用。范秋芳等（2019）研究发现，贸易便利化水平较高、沿线国家的GDP较高、沿线国家与中国接壤以及与中国签订了自由贸易协定等因素，都可以对中国对该国的出口贸易产生积极影响；关税水平和人均GDP较低，以及沿线国家的首都与北京之间的直线距离较远等因素，对中国向该国的出口贸易产生负面影响。刘娟（2019）以"一带一路"沿线国家为研究对象，分析了东道国的制度环境对中国企业对外直接投资的影响。结果表明，东道国的市场资源禀赋极大地促进了中国企业的对外直接投资。韩永辉等（2019）则建立了评估"一带一路"沿线国家投资价值的评估指标体系，并对区位划分和空间格局进行了分析，他们发现对外直接投资价值较高的是西亚和北非地区，中东欧部分地区则相对靠后，总体上具有"东高西低"的空间分布特征。该研究为中国企业在"一带一路"沿线国家选址提供了参考。李俊久等（2020）基于中国在"一带一路"沿线61个国家的对外直接投资数据，发现制度距离促进了中国的对外直接投资，而文化距离则抑制了中国的对外直接投资。他们还认为，有必要考虑制度距离和文化距离的不同投资效应，不断优化"一带一路"沿线的投资布局。齐俊妍等（2020）基于数字经济内涵的界定选取代表性指标，构建"一带一路"沿线国家数字经济发展指标评价体系，并采用主成分分析法定量测度"一带一路"沿线43个国家的数字经济发展水平，实证检验东道国数字经济发展对中国对外直接投资区位偏好和规模变化的影响。研究发现，"一带一路"沿线国家间数字经济发展水平差距明显，但若数字经济发展水平较高，则显著促进中国对其直接投资规模的增长。数字经济发展水平成为区位选择的决定因素之一。

在母国因素方面，龚静等（2018）在"一带一路"倡议下研究我国国内产业结构升级对对外直接投资的影响，利用2003—2015年"一带一路"沿线国家的对外直接投资数据，借助系统GMM动态面板模型进行实证检验。结果表明，在研究期内，我国的产业结构不断优化，对外直接投资规模不断扩大。张友棠等（2018）以2007—2015年"一带一路"沿线国家的相关税收数据为样本，编制了综合的国家税收竞争力指数，以衡量目标国家的税收竞争力水平，并通过GMM模型对其进行分析。

相较于前两个因素，关于第三国因素的相关分析则相对较少。马述忠等（2016）从空间角度构建了空间计量经济学模型，利用2003—2014年"一带一路"沿线42个国家的面板数据对中国对外直接投资的第三国效应进行了实证检验。研究发现，中国在"一带一路"

沿线国家的对外直接投资具有显著的第三国效应，其具体表现形式是挤出效应。唐礼智等（2017）引入了"邻国"因素，构建了包括对外直接投资和政治风险两个因素的理论模型，从而解释了邻国政治风险对中国对外直接投资的影响。该模型表明，当邻国的政治风险溢出效应越大时，中国公司采用的政治风险防范策略的水平越高，中国公司的利润就越低。因此，在评估中国公司对外直接投资的政治风险时，还必须考虑邻国政治风险的溢出效应。随后，他们利用2003—2015年中国在17个"一带一路"沿线国家的投资数据，建立了空间计量经济学模型进行实证检验。结果表明，东道国的腐败对中国的对外直接投资具有显著的抑制作用，但是如果考虑到邻国的空间溢出效应，邻国腐败程度的控制、内部冲突的减弱、外部冲突的减少等都会对中国的对外直接投资产生积极的溢出效应。

第四节 研究述评

通过整理与"一带一路"倡议相关的文献后可以发现，学者们大多从"一带一路"倡议的内涵、"一带一路"建设存在的挑战与风险、"一带一路"倡议给沿线国家带来的影响以及"一带一路"倡议下影响中国对外直接投资的相关因素等方面着手进行分析研究。第一，关于"一带一路"倡议的内涵，学者们基本上可以达成共识，认为"一带一路"倡议是中国本着平等、互利、开放和包容的原则，为全球治理体系贡献中国智慧，推进新时代"人类命运共同体"的构建的倡议，与"马歇尔计划"有着本质区别。第二，众多学者认为，"一带一路"倡议在推进的过程中面临着许多挑战与风险，如成员内部矛盾（文化、宗教、领土等方面）、西方部分国家阻挠、各部门之间配合不协调、恐怖主义威胁、资金需求量巨大等，因此，在推进"一带一路"倡议的过程中，要通过增强产品技术竞争力、大力推动文化交流以及加强对投资环境的评估等措施来防范风险。第三，许多研究发现，从中国与"一带一路"沿线国家的经贸关系来看，存在发展不均衡，竞合关系复杂的特征。也有学者通过测算发现，中国与"一带一路"沿线国家的贸易潜力很大，因此，可以通过签订自贸协议、建立自由贸易试验区等措施扩大我国与"一带一路"沿线国家的经贸合作关系。第四，众多学者认为，"一带一路"倡议可以从国际贸易驱动、基础设施建设驱动、投资驱动、能源安全等方面促进我国经济增长，并且带来经济质量的提升。第五，众多学者认为，由于我国可以和"一带一路"沿线国家实现资源禀赋和工业体系的优势互补，因此具备构建区域价值链的可行性。第六，我国传统产业面临的产能过剩，可以通过跨国投资和产业转移加以解决，并通过建设海外经贸合作园区，实现我国的产业转型升级。第七，许多研究发现，"一带一路"倡议也会给沿线国家带来积极影响，例如可以使沿线国家完善基础设施、提高工业化水平、实现产业升级等，进而促进"一带一路"沿线国家的经济增长并提高人民的生活水平。第八，还有许多学者关注"一带一路"倡议下影响中国对外直接投资的因素，大量研究发现，东道国的经济自由度、贸易便利化水平、政府任期、体制环境、资源禀赋、经济发展水平、与中国的地理距离和文化距离、我国产业结构调整升级以及第三国因素等，都对我国向"一带一路"沿线国家进行直接投资产生显著影响。

综上所述，现有关于"一带一路"倡议的学术成果颇丰，研究角度也比较全面，不仅有学者从经济学角度研究"一带一路"倡议给我国以及沿线国家可能带来的影响，也有学者从社会学、政治学、文化等视角探究"一带一路"倡议对提升我国国际地位、增进各国对我国的了解，以及促进文化交流等方面的积极作用。众多学者认为，"一带一路"倡议给我国带来积极影响的同时，也可能给我国带来一定的风险，但是该方面的研究尚待补充。例如，关于"一带一路"倡议的风险研究还是以理论研究为主，实证研究相对较少，现有的实证研究也基本上聚焦于投资风险，对其他风险的实证研究较少。而"一带一路"倡议给我国以及沿线国家带来的经济增长效应是学者们最为关注的问题，大量研究分析了"一带一路"倡议促进我国和沿线国家经济增长的渠道和机制，这为我国"一带一路"倡议的实施提供了很好的理论指导和理论支持。但是，国际社会对我国"一带一路"倡议尚存误解和猜疑，因此，还需要广大学者从理论上进行多方面、多视角、深层次的回应，使关于"一带一路"倡议的理论研究更上一层楼，也为我国"一带一路"倡议的顺利推进提供更多的理论参考。

本章思考题

（1）中国提出"一带一路"倡议的意义何在？
（2）"一带一路"建设存在哪些现实挑战？
（3）为什么会有越来越多的国家参与到"一带一路"建设中？这有何启示？
（4）"一带一路"建设与全球价值链分工有何联系？

参考文献

白永秀，王颂吉，2015. 价值链分工视角下丝绸之路经济带核心区工业经济协同发展研究 [J]. 西北大学学报（哲学社会科学版），45（3）：41-49.

陈继勇，陈大波，2017. 贸易开放度、经济自由度与经济增长：基于中国与"一带一路"沿线国家的分析 [J]. 武汉大学学报（哲学社会科学版），70（3）：46-57.

陈继勇，蒋艳萍，王保双，2017. 中国与"一带一路"沿线国家的贸易竞争性研究：基于产品域和市场域的双重视角 [J]. 世界经济研究（8）：3-14.

陈继勇，卢世杰，2017."21世纪海上丝绸之路"沿线国家贸易竞争性测度及影响因素 [J]. 经济与管理研究，38（11）：3-14.

陈健，龚晓莺，2018. 中国产业主导的"一带一路"区域价值链构建研究 [J]. 财经问题研究（1）：43-49.

陈万灵，吴旭梅，2015. 海上丝绸之路沿线国家进口需求变化及其中国对策 [J]. 国际经贸探索，31（4）：87-100.

陈烨丹，刘毅，2020."一带一路"倡议下中俄货物贸易互补性变化研究[J].西安财经大学学报，33（5）：82-90.

程中海，南楠，2018."一带一路"框架下东道国制度环境与中国对外直接投资潜力[J].软科学，32（1）：36-40.

方英，马芮，2018.中国与"一带一路"沿线国家文化贸易潜力及影响因素：基于随机前沿引力模型的实证研究[J].世界经济研究（1）：112-121.

范秋芳，王嫚，李苏，2019."一带一路"沿线国家贸易便利化水平对中国出口贸易影响研究[J].工业技术经济，38（8）：20-31.

顾春光，翟崑，2017."一带一路"贸易投资指数：进展、挑战与展望[J].当代亚太（6）：4-23.

龚静，尹忠明，2018."一带一路"背景下国内产业结构升级与对外直接投资关系研究：基于沿线62个国家OFDI跨境面板数据分析[J].哈尔滨商业大学学报（社会科学版）（3）：3-16.

葛纯宝，于津平，2020."一带一路"沿线国家贸易便利化与中国出口：基于拓展引力模型的实证分析[J].国际经贸探索，36（9）：22-35.

葛鹏飞，黄秀路，韩先锋，2018.创新驱动与"一带一路"绿色全要素生产率提升：基于新经济增长模型的异质性创新分析[J].经济科学（1）：37-51.

何维达，辛宇非，2015."马歇尔计划"的成功经验对"一带一路"建设的启示[J].学术论坛，38（8）：80-84.

胡必亮，2018."一带一路"：倡议 实施 前景[J].中国人口科学（1）：2-18.

黄亮雄，钱馨蓓，2016.中国投资推动"一带一路"沿线国家发展：基于面板VAR模型的分析[J].国际经贸探索，32（8）：76-93.

黄雯，2017.中国企业对"一带一路"沿线国直接投资的国家风险研究[M].北京：经济科学出版社.

黄先海，余骁，2017.以"一带一路"建设重塑全球价值链[J].经济学家（3）：32-39.

韩永辉，韦东明，谭锐，2019."一带一路"沿线国家投资价值评估研究：基于GPCA模型的测算分析[J].国际经贸探索，35（12）：41-56.

计金标，梁昊光，2019.中国"一带一路"投资安全研究报告2019[M].北京：社会科学文献出版社.

吉生保，李书慧，马淑娟，2018.中国对"一带一路"国家OFDI的多维距离影响研究[J].世界经济研究（1）：98-111.

金刚，沈坤荣，2019.中国企业对"一带一路"沿线国家的交通投资效应：发展效应还是债务陷阱[J].中国工业经济（9）：79-97.

金玲，2015."一带一路"：中国的马歇尔计划？[J].国际问题研究（1）：88-99.

贾妮莎，雷宏振，2019.中国OFDI与"一带一路"沿线国家产业升级：影响机制与实证检验[J].经济科学（1）：44-56.

贾庆国，2015.大胆设想需要认真落实"一带一路"亟待弄清和论证的几大问题[J].人民论坛（9）：28-30.

孔庆峰，董虹蔚，2015."一带一路"国家的贸易便利化水平测算与贸易潜力研究[J].国际贸易问题（12）：158-168.

库恩，2014."丝绸之路经济带"战略：实现习近平主席的外交政策[J].公共外交季刊，20（4）：117-121.

卢锋，李昕，李双双，等，2015. 为什么是中国？："一带一路"的经济逻辑 [J]. 国际经济评论（3）：9-34.

卢山冰，刘晓蕾，余淑秀，2015. 中国"一带一路"投资战略与"马歇尔计划"的比较研究 [J]. 人文杂志（10）：36-43.

卢潇潇，梁颖，2020. "一带一路"基础设施建设与全球价值链重构 [J]. 中国经济问题（1）：11-26.

刘洪铎，李文宇，陈和，2016. 文化交融如何影响中国与"一带一路"沿线国家的双边贸易往来：基于1995—2013年微观贸易数据的实证检验 [J]. 国际贸易问题（2）：3-13.

刘娟，2019. 东道国特征对中国OFDI影响的空间邻近效应：基于"一带一路"沿线国家的经验数据分析 [J]. 经济经纬，36（1）：56-63.

刘卫东，2017. "一带一路"：引领包容性全球化 [J]. 中国科学院院刊，32（4）：331-339.

刘彦君，2017. "一带一路"倡议下的中俄经济合作：新趋势、挑战及应对 [J]. 国外社会科学（3）：102-112.

吕越，陆毅，吴嵩博，等，2019. "一带一路"倡议的对外投资促进效应：基于2005—2016年中国企业绿地投资的双重差分检验 [J]. 经济研究，54（9）：187-202.

李兵，颜晓晨，2018. 中国与"一带一路"沿线国家双边贸易的新比较优势：公共安全的视角 [J]. 经济研究，53（1）：183-197.

李锋，2016. "一带一路"沿线国家的投资风险与应对策略 [J]. 中国流通经济（2）：115-121.

李建军，李俊成，2018. "一带一路"倡议是否增进了沿线国家基础设施绩效？[J]. 兰州大学学报（社会科学版），46（4）：61-73.

李婧，2015. "一带一路"背景下中国对俄投资促进战略研究 [J]. 国际贸易（8）：25-29.

李俊久，丘俭裕，何彬，2020. 文化距离、制度距离与对外直接投资：基于中国对"一带一路"沿线国家OFDI的实证研究 [J]. 武汉大学学报（哲学社会科学版），73（1）：120-134.

李向阳，2019. "一带一路"的研究现状评估 [J]. 经济学动态（12）：27-37.

李小平，王洋，2017. "一带一路"沿线主要国家碳生产率收敛性及其影响因素分析 [J]. 武汉大学学报（哲学社会科学版），70（3）：58-76.

李晓，李俊久，2015. "一带一路"与中国地缘政治经济战略的重构 [J]. 世界经济与政治（10）：30-59.

李志斐，2015. "一带一路"构建中的非传统安全问题 [M]// 张洁. 中国周边安全形势评估："一带一路"与周边战略2015. 北京：社会科学文献出版社：202-218.

李卓然，2019. 西方对"一带一路"认知改变与我国引导策略 [J]. 湖南社会科学（6）：163-168.

陆瑾，2015. 历史与现实视阈下的中伊合作：基于伊朗人对"一带一路"认知的解读 [J]. 西亚非洲，245（6）：53-69.

栾梦，孙多勇，李占锋，等，2020. 基于GRA-SVR的恐怖主义风险预测模型：以"一带一路"为例 [J]. 情报杂志，39（3）：36-41.

廖萌，2015. "一带一路"建设背景下我国企业"走出去"的机遇与挑战 [J]. 经济纵横（9）：30-33.

马骥，马相东，2017. "一带一路"建设与中国产业结构升级：基于出口贸易的视角 [J]. 亚太经济（5）：31-37.

马述忠，刘梦恒，2016. 中国在"一带一路"沿线国家OFDI的第三国效应研究：基于空间计量方法 [J]. 国际贸易问题（7）：72-83.

毛艳华，2015."一带一路"对全球经济治理的价值与贡献[J].人民论坛（9）：31-33.

孟祺，2016.基于"一带一路"的制造业全球价值链构建[J].财经科学（2）：72-81.

奈斯比特D，奈斯比特J，龙安志，2017.世界新趋势："一带一路"重塑全球化新格局[M].张岩，译.北京：中华工商联合出版社.

聂娜，2016.中国参与共建"一带一路"的对外投资风险来源及防范机制[J].当代经济管理，38（9）：84-90.

欧阳康，2018.全球治理变局中的"一带一路"[J].中国社会科学（8）：5-16.

朴光姬，2015."一带一路"与东亚"西扩"：从亚洲区域经济增长机制构建的视角分析[J].当代亚太（6）：37-62.

裴长洪，2015."一带一路"的核心要义[J].新产经，58（8）：50-52.

裴长洪，刘洪愧，2018.习近平经济全球化科学论述的学习与研究[J].经济学动态（4）：4-18.

齐俊妍，任奕达，2020.东道国数字经济发展水平与中国对外直接投资：基于"一带一路"沿线43国的考察[J].国际经贸探索，36（9）：55-71.

齐绍洲，徐佳，2018.贸易开放对"一带一路"沿线国家绿色全要素生产率的影响[J].中国人口·资源与环境，28（4）：134-144.

孙楚仁，张楠，刘雅莹，2017."一带一路"倡议与中国对沿线国家的贸易增长[J].国际贸易问题（2）：83-96.

孙利娟，张二震，张晓磊，2018."一带一路"倡议下对外投资合作的事中事后监管[J].宏观经济管理（10）：76-81.

孙艳琳，王诗慧，刘琴，2020.中国与"一带一路"沿线国家服务贸易的互补性和竞争性[J].武汉理工大学学报（社会科学版）（1）：103-114.

孙玉琴，苏小莉，2018."一带一路"倡议下中东欧贸易便利化对中国与欧盟出口影响的比较[J].上海对外经贸大学学报，25（1）：29-36.

沈国兵，陈芳萍，2014.中美两国在印巴俄市场的贸易竞争关系[J].世界经济研究（5）：74-80.

尚涛，殷正阳，2018.中国与"一带一路"地区的新产品边际贸易及贸易增长研究：基于不同贸易部门性质的分析[J].国际贸易问题（3）：67-84.

盛斌，2015.亚投行热与习式经济外交新战略[J].人民论坛（12）：49-51.

盛斌，黎峰，2016."一带一路"倡议的国际政治经济分析[J].南开学报（哲学社会科学版）（1）：52-64.

隋广军，黄亮雄，黄兴，2017.中国对外直接投资、基础设施建设与"一带一路"沿线国家经济增长[J].广东财经大学学报，32（1）：32-43.

唐礼智，刘玉，2017."一带一路"中我国企业海外投资政治风险的邻国效应[J].经济管理（11）：6-20.

谭秀杰，周茂荣，2015.21世纪"海上丝绸之路"贸易潜力及其影响因素：基于随机前沿引力模型的实证研究[J].国际贸易问题，6（2）：3-12.

卫玲，梁炜，2017.以创新驱动推进"一带一路"产业升级[J].江苏社会科学（5）：32-40.

王桂军，卢潇潇，2019."一带一路"倡议与中国企业升级[J].中国工业经济（3）：43-61.

王辉，2015."一带一路"：全面优化我国发展战略环境[N].中国经济时报，05-25（5）.

王金波，2017."一带一路"经济走廊贸易潜力研究：基于贸易互补性、竞争性和产业国际竞争力的实证分析[J].亚太经济（4）：93-100.

王美昌，徐康宁，2016. "一带一路"国家双边贸易与中国经济增长的动态关系：基于空间交互作用视角 [J]. 世界经济研究（2）：101-110.

王恕立，吴楚豪，2018. "一带一路"倡议下中国的国际分工地位：基于价值链视角的投入产出分析 [J]. 财经研究，44（8）：18-30.

王义桅，2015. 绸缪"一带一路"风险 [J]. 中国投资（2）：51-54.

王正文，但钰宛，王梓涵，2018. 国家风险、出口贸易与对外直接投资互动关系研究：以中国—"一带一路"国家为例 [J]. 保险研究（11）：41-53.

许陈生，陈荣，2017. 东道国领导人任期与中国在"一带一路"沿线的直接投资 [J]. 国际经贸探索，33（11）：93-112.

许培源，王倩，2019. "一带一路"视角下的境外经贸合作区：理论创新与实证检验 [J]. 经济学家（7）：60-70.

许勤华，2016. "一带一路"能源资源投资政治风险评估报告 [R]. 北京：中国人民大学国家发展与战略研究院能源与资源战略研究中心.

肖光恩，刘锦学，2017. 中国与"一路"中东盟成员国经济增长时空依赖关系研究：基于时间与空间效应的视角 [J]. 武汉大学学报（哲学社会科学版），70（3）：77-89.

尹美群，曹洋，文秀，等，2018. "一带一路"背景下海外投资风险：在东南亚国家投资案例分析 [M]. 北京：经济管理出版社.

严佳佳，辛文婷，2017. "一带一路"倡议对人民币国际化的影响研究 [J]. 经济学家（12）：83-90.

杨英，刘彩霞，2015. "一带一路"背景下对外直接投资与中国产业升级的关系 [J]. 华南师范大学学报（社会科学版）（5）：93-101.

余晓钟，罗霞，2020. "一带一路"能源合作伙伴关系内涵与推进策略 [J]. 亚太经济（4）：5-17.

袁新涛，2014. "一带一路"建设的国家战略分析 [J]. 理论月刊（11）：5-9.

张辉，易天，唐毓璇，2017. 一带一路：全球价值双环流研究 [J]. 经济科学（3）：5-18.

张理娟，张晓青，姜涵，等，2016. 中国与"一带一路"沿线国家的产业转移研究 [J]. 世界经济研究（6）：82-92.

张明，2015. 直面"一带一路"的六大风险 [J]. 国际经济评论（4）：38-41.

张明，王碧珺，等，2019. 中国海外投资国家风险评级报告2019[M]. 北京：中国社会科学出版社.

张茉楠，2016. 基于全球价值链的"一带一路"推进战略 [J]. 宏观经济管理（9）：15-18.

张亚斌，2016. "一带一路"投资便利化与中国对外直接投资选择：基于跨国面板数据及投资引力模型的实证研究 [J]. 国际贸易问题（9）：165-176.

张艳艳，于津平，李德兴，2018. 交通基础设施与经济增长：基于"一带一路"沿线国家铁路交通基础设施的研究 [J]. 世界经济研究（3）：56-68.

张燕生，2015. "一带一路"的战略背景与实践机遇 [J]. 清华金融评论，22（9）：42-45.

张友棠，杨柳，2018. "一带一路"国家税收竞争力与中国对外直接投资 [J]. 国际贸易问题（3）：85-99.

周冲，周东阳，2020. "一带一路"背景下中国与拉美国家贸易潜力研究：基于引力模型的实证分析 [J]. 工业技术经济（4）：63-71.

周强，杨宇，刘毅，等，2018. 中国"一带一路"地缘政治研究进展与展望 [J]. 世界地理研究，27（3）：1-10.

周五七，2015. "一带一路"沿线直接投资分布与挑战应对[J]. 改革（8）：39-47.

赵磊，2019. "一带一路"年度报告：企业践行：2019[M]. 北京：商务印书馆.

赵明亮，2017. 国际投资风险因素是否影响中国在"一带一路"国家的OFDI：基于扩展投资引力模型的实证检验[J]. 国际经贸探索，33（2）：29-43.

赵东麒，桑百川，2016. "一带一路"倡议下的国际产能合作：基于产业国际竞争力的实证分析[J]. 国际贸易问题（10）：3-14.

ARIS S, 2016. One Belt, One Road: China's vision of "connectivity": CSS analyses in security policy(195) [R/OL].(09-02)[2022-10-01]. https://css.ethz.ch/content/dam/ethz/special-interest/gess/cis/center-for-securities-studies/pdfs/CSSAnalyse195-EN.pdf.

BRUNNER H P, CALÌ M, 2006. The dynamics of manufacturing competitiveness in South Asia: an analysis through export data[J]. Journal of Asian economics, 17(4): 557-582.

CASARINI N, 2015. Is Europe to benefit from China's Belt and Road Initiative: IAI working papers 15(40) [R/OL].(10-18)[2022-10-05]. https://www.iai.it/sites/default/files/iaiwp1540.pdf.

CHEN Z, FANG T, 2016. Chinese returnees and high-tech sector outward FDI: the case of Changzhou [J]. Asian economic papers, 15(3): 195-215.

CHENG L K, 2016. Three questions on China's "Belt and Road Initiative" [J]. China economic review, 40: 309-313.

DU J, ZHANG Y, 2018. Does One Belt One Road Initiative promote Chinese overseas direct investment? [J]. China economic review, 47: 189-205.

FANG L, KLEIMANN M, LI Y, et al., 2021. The implications of the New Silk Road railways on local development[J]. Journal of Asian economics, 75: 101326.

FELIPE J, KUMAR U, 2012. The role of trade facilitation in Central Asia: a gravity model[J]. Eastern European economics, 50(4): 5-20.

HE A, 2020. The Belt and Road Initiative: motivations, financing, expansion and challenges of Xi's ever-expanding strategy[J]. Journal of infrastructure, policy and development, 4(1): 139-169.

HUANG Y P, 2016. Understanding China's Belt & Road Initiative: motivation, framework and assessment [J]. China economic review, 40: 314-321.

HUANG Y Y, Fischer T B, Xu H, 2017. The stakeholder analysis for sea of Chinese foreign direct investment: the case of "One Belt, One Road" Initiative in Pakistan [J]. Impact assessment and project appraisal, 35(2): 158-171.

IRSHAD M S, XIN Q, ARSHAD H, 2015. One Belt and One Road: dose China-Pakistan economic corridor benefit for Pakistan's economy? [J]. Journal of economics and sustainable development, 6(24): 200-207.

JACKSON K, SHEPOTYLO O, 2021. Belt and Road: the China dream?[J]. China economic review, 67: 101604.

LAI L, GUO K, 2017. The performance of One Belt and One Road exchange rate: based on improved singular spectrum analysis[J]. Physica A: statistical mechanics and its applications, 483: 299-308.

LIU F, 2020. The recalibration of Chinese assertiveness: China's responses to the Indo-Pacific challenge[J]. International affairs, 96(1): 9-27.

LIU W D, DUNFORD M, 2016. Inclusive globalization: unpacking China's Belt and Road Initiative [J]. Area development and policy, 1(3): 323-340.

LO C, 2015. China's Silk Road strategy[J]. The international economy, 29(4): 54-55.

LU Y, LU Y L, ZENG K, et al., 2018. China's outward foreign direct investment and the margins of trade: empirical evidence from "One Belt, One Road" countries [J]. China: an international journal, 16(1): 129-151.

NAZARKO J, KUŹMICZ K A, 2017. Introduction to the STEEPVL analysis of the New Silk Road Initiative[J]. Procedia Engineering,182: 497-503.

NAZARKO J, KUŹMICZ K A, FILIPOWICZ K C, 2016. The New Silk Road: analysis of the potential of new Eurasian transport corridors: Proceedings of the 9th International Scientific Conference "Business and Management 2016", May 12-13[C/OL]. [2022-10-15]. http://dx.doi.org/10.3846/bm.2016.58.

SARKER M, HOSSIN M, YIN X, et al., 2018. One Belt One Road Initiative of China: implication for future of global development[J]. Modern economy, 9(4): 623-638.

SHEN S, CHAN W, 2018. A comparative study of the Belt and Road Initiative and the Marshall Plan[J]. Palgrave communications,4: 32.

SHUAI J, CHEN C, CHENG J, et al., 2018. Are China's solar PV products competitive in the context of the Belt and Road Initiative? [J]. Energy policy, 120: 559-568.

The Economist Intelligence Unit, 2015. Prospects and challenges on China's "One Belt, One Road": a risk assessment report [R/OL]. [2022-10-11]. https://static1.squarespace.com/static/529fcf02e4b0aa09f5b7ff67/t/554c49cee4b06fc215162cb4/1431062990726/One+Belt%2C+One+Road.pdf.

TIEZZI S, 2014. The New Silk Road: China's Marshall Plan[J]. The diplomat, 14: 70-83.

WU Y, ZHOU Z, 2006. Changing bilateral trade between China and India[J]. Journal of Asian economics, 17(3): 509-518.

ZENG L L, 2016. Conceptual analysis of China's Belt and Road Initiative: a road towards a regional community of common destiny[J]. Chinese journal of international law,15(3): 517-541.

第二章

跨国并购问题的研究进展

本章学习目标

- 了解跨国并购问题研究的发展历程,总结现有跨国并购研究的不足以及未来研究可能的拓展方向。
- 熟悉跨国并购问题研究的理论基础,理清其发展脉络。
- 掌握跨国并购的动因、影响因素及其绩效表现。

本章思维导图

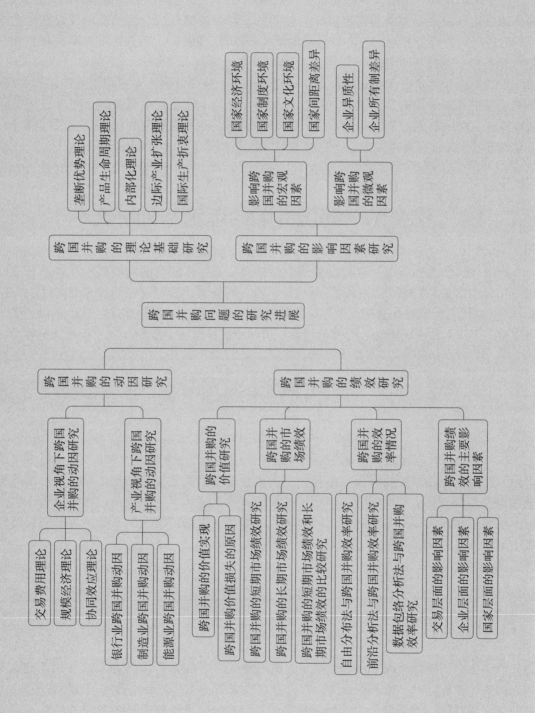

党的二十大报告指出："推进高水平对外开放""增强国内国际两个市场两种资源联动效应"并且"深度参与全球产业分工和合作，维护多元稳定的国际经济格局和经贸关系"。在经济全球化背景下，跨国并购是企业开拓国际市场、参与全球市场竞争的重要方式之一，它具体是指一国企业为了其特定目标，买下另一国企业部分或全部的股份或资产，进而对标的方进行部分或全部控制的一种经营活动（张洋等，2014）。因为跨国并购兼备企业并购和对外直接投资的双重特点，使得其在现实操作中更具有复杂性、不确定性以及风险性，因此仅基于对外直接投资理论或者企业并购理论并不能充分解释企业跨国并购的相关问题，还需要根据跨国并购的实际情况进行针对性研究。综上所述，本章将结合对外直接投资相关理论，从跨国并购的理论基础研究、动因研究、影响因素研究和绩效研究进行探讨，并且在此基础上发掘现有跨国并购研究的不足以及未来研究可能的拓展方向。

第一节 跨国并购的理论基础研究

跨国并购作为企业对外直接投资的一种特殊形式，其理论的发展离不开对外直接投资理论和实践的支撑（杨波，2019）。国内外学者在对外直接投资领域的研究很丰富，20世纪60至70年代形成的对外直接投资理论为后期跨国并购理论的发展奠定了基础，包括垄断优势理论、产品生命周期理论、内部化理论、边际产业扩张理论和国际生产折衷理论等。

一、垄断优势理论

较早研究对外直接投资的是垄断优势理论，由美国教授海默于1976年提出。根据这一理论，跨国企业在国外能够长期生存并与当地企业进行有效竞争的根本原因是市场的不完全性以及其本身具有垄断优势，该理论最大的贡献在于将研究方向从流通领域引入生产领域，摆脱了新古典贸易和金融理论的束缚。但该理论无法解释不具有技术等垄断优势的发展中国家向发达国家的直接投资日益增多的现象。

二、产品生命周期理论

产品生命周期理论源于市场营销学，美国经济学家弗农于1966年首次使用此概念来分析对外直接投资活动。该理论认为，对外直接投资的产生是产品生命周期四阶段（导入期、增长期、成熟期、衰退期）更迭的必然趋势，新产品依次经历上述四阶段并将在不同发展水平的国家间转移。该理论解释了企业进行对外直接投资的原因以及投资区位的选择，但是难以对各种复杂的对外直接投资活动作出全面而科学的解释。

三、内部化理论

内部化理论由英国学者巴克利和卡森于 1976 年提出，这一理论主要从全球市场不完全性和跨国企业性质视角，解释了跨国企业对外直接投资的动机以及决定因素。当市场内部化能够帮助企业降低交易成本并实现利润最大化的目标时，企业就有动力进行内部化。综合来看，该理论认为降低交易成本可以解释大部分对外直接投资的动因。

四、边际产业扩张理论

日本著名经济学家小岛清于 1973 年首次尝试以比较优势理论为基础将国际直接投资理论与国际贸易理论融合起来，总结出了日本式对外直接投资理论，又称"产业选择理论"或"切合比较优势理论"。该理论解释了什么样的产业最有可能进行对外直接投资，由于其认为资本流动的目的是降低成本、获取技术、进入目标市场以及绕开贸易障碍等，因此对外直接投资应该从处于发展后期的产业，即边际产业开始并依次进行。该理论否定了垄断优势的决定性作用，在一定程度上解释了"雁行模式"的成因，但无法解释发展中国家对发达国家的直接投资。

五、国际生产折衷理论

一些学者认为企业对外直接投资并非仅凭借其所具有的垄断优势，其中英国经济学家邓宁于 1977 年提出的国际生产折衷理论在对外直接投资理论体系中具有较大影响。该理论将企业所有权优势、内部化优势、区位优势相结合，认为企业的对外直接投资由这三种优势共同决定，企业只有同时具备上述三种优势才会选择对外直接投资，若仅具有所有权优势或者内部化优势则会选择授权或者出口等方式。

第二节 跨国并购的动因研究

对外直接投资理论在一定程度上阐释了企业进行对外直接投资的动因，在此基础上学者们结合跨国并购的特殊性，从交易费用、规模经济、协同效应等视角阐释了企业进行跨国并购的原因。此外，不同行业具有不同的特征，这会导致跨国并购的动因有所不同，因此有关跨国并购的动因研究主要从企业和产业两个视角展开。

一、企业视角下跨国并购的动因研究

（一）交易费用理论

交易费用理论最早可以追溯到英国学者科斯 1937 年发表的《企业的性质》，文中提出企业的边界是可变的、可收缩的、可扩展的，企业内部交易与市场交易之间的成本差异，可以影响企业的边界。交易费用理论主要是以交易成本为基础分析跨国并购的动因，当企业集团内部交易比海外企业外部交易成本更低的时候，企业往往会选择跨国并购的方式进入国际市场（曾广胜，2002）。换言之，企业可以通过纵向并购来确保销售和供应，将外部交易内部化从而降低交易成本，也可以通过横向并购来扩张规模。而企业实行混合并购则是在将市场交易和内部化经营进行充分对比之后，做出对降低交易成本而言最有利的选择。

（二）规模经济理论

规模经济是指企业通过扩大生产和销售规模，实现成本的降低和收益的提高。早期的经济学家对此概念的界定虽然有争议，但大多意识到了规模经济的重要性。斯密在《国民财富的性质和原因的研究》（简称《国富论》）中指出，分工提高效率，而分工的基础在于规模生产。规模经济理论的典型代表人物是美国经济学家马歇尔，他揭示了规模经济的形成渠道：一是企业对自身拥有的资源进行有效配置、加强管理后所产生的"内部规模经济"；二是企业间因适宜的分工与协作、恰当的区位互补等而产生的"外部规模经济"。实际上，我们可以认为企业跨国并购是追逐外部规模经济内部化的一种特殊经济活动。

（三）协同效应理论

哈肯在 1976 年系统地论述了协同效应理论，该理论的主要观点是客观环境中的各个系统之间存在着相互合作、相互影响的关系，社会现象也同样如此。经济学家将该理论应用于解释企业跨国并购动因，Sirower（1997）认为两个企业在跨国并购后，跨国并购带来的整体效益大于两个企业作为独立企业的预期效益之和，则超出预期效益之和的这部分为协同效应。

协同效应理论在解释跨国并购动因方面已形成较为成熟的理论体系，主要包含管理协同效应、经营协同效应和财务协同效应三方面。该理论认为，跨国并购的核心动因是通过调整和优化资源配置来提高企业的利润和经营效率。企业在跨国并购后可以通过提高经营管理效率从而实现收益提升，并且实现从增长有限的本产业向具有高增长空间的目标产业转移的目的。

二、产业视角下跨国并购的动因研究

企业会通过跨国并购来弥补母国某些资源的不足以及获取东道国比较优势,例如 Ruckman(2005)研究发现,美国医药企业的跨国并购更倾向于选择研发投入高的东道国,以便获取技术。学者们通常把跨国并购动因划分为资源寻求型(Bass et al.,2014;Reddy,2017)、市场寻求型(Hitt et al.,2001)、战略资源寻求型(刘青等,2017)、技术获取型(吴先明等,2014)和税收驱动型(Gan et al.,2019;Foss et al.,2019)等。此外,企业所属产业的性质、特征等方面的差异,使得企业跨国并购动因会有所差别,因此部分学者聚焦于具体产业中企业的跨国并购活动,包括银行业、制造业、能源业等。

(一)银行业跨国并购动因

关于跨国并购尤其是银行业跨国并购的动因研究成果丰富。其中,银行参与跨国并购在国家层面的动因问题早已引起学者们的极大关注(Buch,2004;Amel et al.,2004)。学者们的研究结果表明,国家间地理距离、文化距离(Rottig et al.,2014)以及市场规模等国家特征会使银行进行跨国并购(Focarelli,2008)。此外,母国和东道国双边因素也会影响银行间的跨国并购(Claessens,2014)。银行业跨国并购的动因还包括满足客户需要、提升服务水平、扩大规模、提高市场地位、实现协同效应、实现洼地效应并提高股东价值等(刘明坤,2011)。还有研究把银行业跨国并购动因分为微观动因和宏观动因,并进一步将两类动因细分为内涵式增长动因与外延式增长动因(周恩静,2013)。

(二)制造业跨国并购动因

制造业是国家经济发展的重要产业,关于制造业跨国并购内部动因的论述比较多,比如邵慰等(2012)研究发现,制造业企业跨国并购主要归因于:获取核心技术,实现技术跨越;追求规模经济,打破贸易壁垒;拓展对外投资渠道,实施全球化战略等。也有学者研究了外部动因,徐晓慧(2017)对中国制造业 A 股上市企业的数据进行实证分析,结果表明,金融危机冲击的加剧对企业跨国并购行为有正向推动作用,金融危机使企业进行跨国并购的意愿更加强烈。总之,国内外的相关研究更倾向于以制造业为代表来反映跨国并购问题,但专门研究制造业跨国并购动因的文献仍然较少。

(三)能源业跨国并购动因

能源业是我国重点关注的产业,该产业的跨国并购动因值得研究。学者们研究发现,能源业跨国并购的主要动因有:获取核心技术与人才(高建等,2009)、获取生产资源(李友田等,2013)、产能过剩(赵先进等,2015)等。Reddy(2017)从地理特征的角度研究发现,来自亚洲国家的国有石油企业和欧洲国家的石油企业迅速扩张到资源丰富的国家,是为了提高石油储量并收购特定产业的战略资产。总体来看,对能源业跨国并购动因进行研究的文献相对较少。

第三节 跨国并购的影响因素研究

跨国并购是一项涉及跨境的投资活动，企业跨国并购不仅需要考虑母国、自身所处产业及企业自身特征带来的影响，还需要考虑东道国和目标企业等其他因素产生的影响，因此有关企业跨国并购的影响因素可以分为宏观和微观两个方面。

一、影响跨国并购的宏观因素

（一）国家经济环境

国家经济环境包括税收、汇率水平、国内生产总值（GDP）、货币供应量等因素。在母国宏观经济环境方面，跨国并购会受到母国所提供的外部环境影响（Boateng et al.，2014），企业通过跨国并购的途径弥补劳动力等要素资源的不足（Gomes et al.，2013）。Kang 等（2000）认为母国的经济增长会提高该国企业跨国并购的资本规模。杨波和张佳琦于 2016 年基于 VAR 模型和误差修正模型分析了中国企业跨国并购，认为中国通货膨胀率和股票价格指数对跨国并购的影响不显著，而中国 GDP、汇率水平、货币供应量和利率水平对跨国并购具有显著的影响。Feld 等（2016）认为资本利得税阻碍了资源的有效配置，增加了跨国并购的交易成本，不利于企业进行跨国并购。

此外，部分研究从东道国视角分析跨国并购，相关研究表明，在东道国社会经济发展水平、国家管理水平、地理位置和自然环境等因素中，社会经济发展水平对跨国并购影响较大（李鸿阶等，2012）。一般而言，东道国经济环境越不自由，在企业进行跨国并购时存在的限制因素就会越多（Dang et al.，2018），而跨国企业在东道国运输成本、物流质量等方面的考虑，使得其更加偏好在具有较高交通运输能力的国家进行跨国并购（杨波等，2020）。

最后，部分学者从两国汇率水平变动的角度研究其对跨国并购的影响。Georgopoulos（2008）在分析美国和加拿大的双边跨国并购数据之后，得出跨国并购数量将会因东道国货币贬值而增加的结论，由此验证了 Blonigen（1997）的跨国并购资产假说。何蓉等（2017）认为人民币升值使得中国企业因为相对拥有更多财富而扩大跨国并购业务。但部分学者对此持反对意见，他们认为母国货币的相对升值会阻碍该国企业的跨国并购（Campa，1993）。

（二）国家制度环境

在跨国并购活动过程中，法律法规、政治稳定性等众多东道国制度特征会影响企业管理层的对外直接投资决策（Maung et al.，2019）。一般而言，东道国较高的制度风险会降低企业跨国并购的成功率（陈岩等，2018），企业偏好选择在政治稳定性较高的国家进行跨国并购（杨波等，2018），例如东道国在金融市场、税收等方面的制度和法律越完善，越有利于保障跨国并购的顺利进行（胡杰武等，2017；Xie et al.，2017），并且更低的政治风险有利于扩大企业跨国并购的规模（Basuil et al.，2019）。但张建红等（2010）研究发现，东道国的制度质量的高低对我国企业跨国并购能否成功没有显著的直接影响关系，但对其他影响因素起一定的调节作用。

（三）国家文化环境

一般而言，国家文化、企业文化能够影响企业对外直接投资的进入策略以及投资后的绩效收益等（Weber et al.，2011；Beladi et al.，2013；孙淑伟等，2018）。东道国与母国文化越相似则越有利于企业进行跨国并购（Bauer et al.，2016）。此外，国家层面的历史纽带关系减少了从外国并购企业获得战略资源的障碍，从而对跨国并购起到积极影响（Chowdhury et al.，2018）。

此外，文化的实际涵盖范围较广，例如宗教、语言等都属于文化范畴，东道国与母国在语言和宗教上的相似性提高了跨国并购的频率（Dowling et al.，2018）。具体来看，语言相似会在交谈和谈判中减少因语言差异产生的障碍或摩擦（Li et al.，2018），Lian 等（2021）从跨国并购交易总价值、总数及成功率等视角进行实证研究，发现东道国与母国语言的相似性显著促进了企业的跨国并购。

（四）国家间的距离差异

企业会通过评估国家间的距离差异来衡量跨国并购中存在的风险、收益及完成的可能性（Dang et al.，2018）。东道国与母国在文化、法律制度、地理位置等方面存在的距离差异会影响企业跨国并购，国家间的距离差异为企业获取东道国比较优势提供前提条件，并且其对于后进入跨国并购浪潮中的企业影响更为明显（Xu，2017）。Lim 等（2017）基于风险决策视角和组织学习理论，发现母国经济发展水平相对于东道国越高时，跨国并购完成的可能性越小，并且跨国并购公告日和实际完成日的间隔越短。

此外东道国与母国之间较为重要的距离因素为地理距离，一般而言地理距离较远不仅对企业跨国并购的成功有着负面影响（贾镜渝等，2015），而且对跨国并购的知识转移和创新效应也起反效果（Ensign et al.，2014），Cai 等（2016）发现区位和距离均对美国企业跨国并购的决策和绩效产生影响，美国企业偏向于并购距离较近的国家或地区的企业。

二、影响跨国并购的微观因素

（一）企业异质性

在现有关于影响跨国并购微观因素的文献中，由企业异质性这一视角延伸出的研究备受关注。企业异质性理论以微观企业为视角，解决企业的国际化路径及选择国际生产组织形式方面的问题（Melitz, 2003; Antràs, 2003）。目前国内企业异质性研究还主要停留在企业的生产率与出口选择的关系（邱斌等，2012）、出口的"自选择效应"（钱学锋等，2011）、"生产率悖论"（戴觅等，2014）和企业出口与 FDI 选择（蒋冠宏，2015）等层面上。

关于跨国并购与企业异质性研究的文献主要集中在生产率这一视角。Helpman 等（2004）将异质性模型扩展到对外投资领域，认为生产率较高的企业会选择 FDI 方式进入东道国市场。进一步来讲，多数学者认为企业生产率的差异，使得其进入国外市场的方式有所不同，即是选择绿地投资还是跨国并购（Stepanok, 2015）。Anderson 等（1986）指出企业的异质性将影响企业是选择绿地投资方式，还是跨国并购方式来进行对外直接投资。一般而言，生产率相对较低的企业更倾向于跨国并购，生产率相对较高的企业会选择绿地投资（Raff et al., 2012；杨波等，2017），而 Spearot（2012）针对北美地区的数据进行分析之后得出的结论却与这一结论相反。

此外，其他异质性因素也会显著影响企业跨国并购，如企业财务状况（朱勤等，2013）、企业的国际化经验（Giannetti et al., 2015）、企业高管海外经历（杨栋旭等，2018）等。此外，还有研究关注家族企业性质差异对跨国并购的影响，Shim 等（2011）研究了二战后日本家族企业和非家族企业的跨国并购，发现企业性质对跨国并购具有影响作用，非家族企业比家族企业更倾向于跨国并购。皮建才等（2016）运用了两阶段动态博弈模型进行研究，发现只有当本国企业之间的技术差异大于与外国企业的技术差异时，企业才会倾向于跨国并购。

（二）企业所有制差异

部分学者关注中国企业的所有制差异产生的影响，比如，跨国并购的企业在所有权性质上具备高度异质特征（Gerhard et al., 2011）。一般而言，国有性质的企业在跨国并购时容易被东道国视为母国政府意志的代理人（陈岩等，2018），其跨国并购决策会被看作并非纯粹的市场经济行为（Black et al., 2015），从而会使得其跨国并购成功率显著偏低（王中美，2012）。此外国有性质对企业跨国并购的股权策略有直接影响（杨波等，2016；林季红等，2013），国有企业更倾向于并购自然资源丰富的东道国企业（Ramasamy et al., 2012）。不同所有制的企业在跨国并购时所受的影响及其影响程度是存在差异的（卢汉林等，2015），但也有学者认为企业的国有性质对跨国并购的影响不大（朱华，2017）。

第四节　跨国并购的绩效研究

跨国并购过程中受到东道国与母国在政治、经济、法律、文化等方面的影响，从而使得企业进行跨国并购的收益具有不确定性。跨国并购绩效反映了跨国企业并购目标的实现情况，相关研究主要从跨国并购的价值研究、市场绩效、效率情况以及主要影响因素等方面展开。

一、跨国并购的价值研究

（一）跨国并购的价值实现

国内外学者关于跨国并购是否创造价值争议不断。部分学者倾向于认为绝大多数的跨国并购并不能创造价值，反而可能会给各企业带来价值损失（Netter et al., 2011）。但是，也有学者否定了跨国并购价值损失的观点，例如 Dos Santos 等（2008）认为在"公平价值"的基础上跨国并购不会导致价值损失，它是一个价值创造的过程（赵宇华，2012；项代有，2015），可以为企业带来正向市场绩效（Boateng et al., 2008; Li et al., 2016），并为股东创造更多的财富（Jain et al., 2019）。

（二）跨国并购价值损失的原因

中国企业跨国并购价值损失的原因，主要包括文化差异（杨波，2014；姚树洁等，2015）、缺少跨国并购经验和国外政府干预（杨波等，2013）、不清楚跨国并购流程（曹和平等，2014）、跨国并购后整合系统不健全（姚水洪，2002）、对目标企业的价值判断存在偏差（金占明等，2011）等。此外，邵新建等（2012）针对跨国并购价值的预期进行了深入分析，结果表明，并购企业的所有制性质、目标企业的战略资源及管理层能力能够影响跨国并购价值的预期，进而影响实际交易成本。

二、跨国并购的市场绩效

跨国并购的市场绩效定义为合并后企业营销及运作活动所带来的结果，如销售量增加、市场份额提升以及客户资源共享等（李善民等，2010）。学者们通常使用超额收益、财富效应等相关盈利指标对市场绩效进行衡量，并根据考察期间的不同将其划分为短期市场绩效和长期市场绩效。

（一）跨国并购的短期市场绩效研究

关于跨国并购短期市场绩效的研究，以发达国家为研究样本的较多（Masulis et al., 2007; Chari et al., 2010; Dutta et al., 2013）。然而，近几年关于发展中国家跨国并购的研究逐渐增多（Bhagat et al., 2011; Ning et al., 2014）。一方面，部分学者的研究表明，跨国并购为企业带来了正向的短期市场绩效（Gubbi et al., 2010），也有学者认为虽然跨国并购带来了正向的市场绩效，但短期来看并不显著（张合金等，2013）；另一方面，一些学者认为跨国并购不能为企业带来短期市场绩效的提升，Tao 等（2017）研究发现，中国国有企业进行跨国并购的超额收益较低，郭妍（2010）通过分析中国银行业跨国并购案例，发现短期内市场绩效并不理想。

（二）跨国并购的长期市场绩效研究

关于跨国并购长期市场绩效的研究，学者们大多从并购企业和目标企业两个视角出发。虽然，目前对于跨国并购能否为双方企业都带来正向市场绩效并未有统一的观点，但是，多数学者认为目标企业的股东可以从跨国并购中获取累计超额收益。部分学者对发达国家跨国并购的研究结果表明，企业在跨国并购后经历了负向长期超额收益时期（Cybo-Ottone et al., 2000; Mithell et al., 2000; Aw et al., 2004; Andre et al., 2004）。

此外，从产业视角分析跨国并购长期市场绩效的研究主要集中在银行业。Houston 等（2001）指出，随着时间推移，虽然银行的跨国并购效应不断提高，但员工的收入并没有显著增加。Behr 等（2011）也说明了银行跨国并购对盈利能力和成本效率的中性影响，但没有明确指出对银行长期盈利能力的影响。相反，Berger 等（2003）发现银行在跨国并购后，从长期来看，实质上提高了利润生产率，而不是成本生产率。Koetter 等（2008）认为只有约一半的德国银行在跨国并购后的长期市场绩效良好。

（三）跨国并购的短期市场绩效和长期市场绩效的比较研究

部分学者综合考虑短期和长期影响因素，比较研究企业跨国并购的短期市场绩效和长期市场绩效。顾露露等（2011）的研究发现，跨国并购的短期市场绩效显著为正，而中长期市场绩效在整体上也取得了非负的超额收益率。宋维佳等（2014）也认同短期市场绩效显著提升的观点，但他们研究发现，中长期市场绩效在跨国并购当期得到提升，之后出现下滑。而 Boubaker 等（2014）通过对英国跨国并购案例进行研究，发现长期而言并购企业的经验对财富创造具有显著正效应。这说明不同企业在不同国家和不同时期，跨国并购的市场绩效似乎有所不同，当然也有可能与研究方法不同有关，这需要进一步深入研究。

三、跨国并购的效率情况

跨国并购的市场绩效主要研究了跨国并购对企业经济数据的影响，为了对跨国并购企业进行更加全面的分析，部分学者转而研究跨国并购的效率情况，即企业的生产和经营等方面的效率。相关研究使用了自由分布法、前沿分析法、数据包络分析法等分析方法，具体研究如下所述。

（一）自由分布法与跨国并购效率研究

部分学者使用自由分布法（Distribution Free Approach，DFA）进行研究，发现企业跨国并购之后的效率没有得到提高（Berger et al., 1992; Peristiani, 1997），而跨国并购中的各种壁垒是影响效率改善的原因（Vennet, 2002）。DeLong（2001）认为通过增加分支机构而带来市场份额增加的收益，将很大程度上在被跨国并购之后的整合过程中产生的成本开支中和掉。另外，也有许多研究表明，跨国并购将会提高企业的效率（Vennet, 1996; Akhavein et al., 1997），此外，Rhoades（1998）使用自由分布法进行研究，其结论也显示跨国并购促使企业效率提升。

（二）前沿分析法与跨国并购效率研究

部分学者使用前沿分析法（Frontier Analysis，FA）研究跨国并购绩效，DeYoung（1997）使用递归厚前沿法对300多个企业的效率进行考察，发现半数以上的跨国并购将会使企业效率提高。但是，马君潞等（2008）采用前沿分析法，发现国内企业间并购在提升效率方面远远超过跨国并购，同时多数还是少数股权的并购对企业效率的影响不显著。

（三）数据包络分析法与跨国并购效率研究

随着研究的深入，数据包络分析法（Data Envelopment Analysis，DEA）也较多被用来研究企业跨国并购的效率问题。国内采用数据包络分析法进行研究的结论大多偏消极（易明阳等，2011；刘艳春等，2013）。倪中新等（2014）采用数据包络分析法并结合Malmquist指数构建了多输入输出指标评价体系，研究显示，中国跨国并购的效率整体上不高。不过也有中立的看法，如梁慧贤等（2011）使用数据包络分析法进行实证检验，结果显示，在跨国并购之后企业效率长期呈提升趋势，但短期内将会下降。郭妍（2010）运用事件研究法、数据包络分析法和经营绩效法实证研究了跨国并购后的市场绩效和经营效率，发现我国企业的跨国并购会使大多数企业的经营效率显著改善，但企业市场绩效却并没有得到显著提升。

四、跨国并购绩效的主要影响因素

（一）交易层面的影响因素

交易层面的影响因素主要包括持股比例、支付方式等。并购企业在并购后所持有目标企业股份的高低会影响跨国并购绩效（刘柏等，2017）。顾露露等（2017）研究发现，全现金支付方式显著负向影响中国企业跨国并购绩效，而这种影响可能会因为企业所属产业的不同而产生全然迥异的表现。此外，相关研究发现股票支付可以作为一种有效的激励机制，使并购企业与目标企业的目标保持一致，从而有利于后期的整合管理（Cho et al.，2017）。

（二）企业层面的影响因素

一般而言，有跨国并购经验的企业因更加熟悉跨国并购的操作流程，提高了跨国并购的可能性以及成功率（张建红等，2010）。而具有政治关系的企业进行跨国并购，虽然可以顺利完成，但这可能是以牺牲正向的公告回报和会计业绩作为代价的（Schweizer et al.，2019）。此外目标企业的规模、所有权结构、资产负债率等因素也会影响跨国并购绩效（Aybar et al.，2009；邵新建等，2012）。

（三）国家层面的影响因素

东道国GDP增速较快会提高中国企业跨国并购的绩效（冯梅等，2016），同时东道国对经济的干预程度越低，企业的跨国并购绩效就越高（田海峰等，2015）。国家文化、制度等方面的差异也会影响跨国并购绩效，制度差异越大越会负面影响跨国并购绩效（张弛等，2017），文化差异较大在短期和长期都会对并购企业的绩效产生负面影响（Boateng et al.，2019）。但也有研究发现文化差异对跨国并购绩效的影响程度主要取决于跨国并购后企业的整合水平（杜晓君等，2014）。

第五节　研究述评

国内外学者关于跨国并购问题的研究不断深入，为进一步拓展该领域的研究提供了丰富的理论支撑。目前关于跨国并购问题的研究成果，主要集中在动因研究、影响因素研究、绩效研究等方面。但是，不论是从理论研究还是实证研究来看，对于跨国并购问题的研究仍然具有进一步拓展的可能性，具体体现在以下四个方面。

第一，基于发展中国家跨国并购的研究。近年来，中国、印度等发展中国家成为跨国并购市场的新生力量，跨国并购交易数量和交易金额都处于快速上升阶段。目前大量关于跨国并购问题的研究主要针对发达国家，但是由于发展中国家和发达国家在政治环境、经济发展历程、文化认同性等方面存在较为明显的差异，因此以发达国家为研究重点的传统国际投资理论很难解释发展中国家跨国并购的兴起。因此针对发展中国家所具有的特殊性，未来可以在传统跨国并购理论的基础上进行深入研究，并且可以通过国别比较研究，进一步分析发展中国家与发达国家在跨国并购方面存在的异同。

第二，基于微观企业大数据的研究。现有研究多使用宏观层面数据研究跨国并购问题，例如跨国并购与全球价值链的相关研究主要是从国家和产业两方面展开。但是根据宏观数据进行研究得出的结论和建议，较难解释差异化的微观企业行为。随着企业微观数据可获得性的增强，使得从微观层面研究跨国并购成为可能。未来研究需要更加关注企业层面，利用微观数据对企业进行细化分类，进一步分析不同企业在跨国并购过程中的表现。

第三，跨国并购对东道国社会福利和市场影响的研究。跨国企业进入外国市场，不仅会受到东道国经济环境的影响，也反过来会对东道国的社会福利、市场竞争等方面带来各种影响。目前关于跨国并购绩效的研究主要集中于并购企业能否实现正向的市场绩效，以及能否为母国带来社会福利效应，但是忽略了并购企业对东道国社会福利和市场带来的影响。未来研究可以进一步关注跨国并购对东道国社会福利和市场的影响，例如开展对东道国技术创新、东道国就业、东道国市场竞争等的影响研究。

第四，跨国并购各阶段风险量化的研究。跨国并购的各个阶段都会使企业面临风险，不仅包括政治、经济、法律、文化等外部风险，还包括生产管理、财务税收等内部风险。但是，目前关于跨国并购风险问题的研究多采用定性分析的方式，缺少风险量化分析和实证研究。未来可以进一步通过实证研究，分阶段分析跨国并购过程中的风险问题，包括对企业跨国并购不同类型的风险进行量化，并区分企业是否存在不同的风险承受临界点，还可以度量企业跨国并购风险所导致的资产减值问题等。

本章思考题

（1）请简述跨国并购研究的理论基础。
（2）请从企业与产业两方面详细阐释跨国并购的动因。
（3）影响企业跨国并购的因素有哪些？
（4）请阐述跨国并购绩效研究的主要内容及其影响因素。

参考文献

陈岩，郭文博，2018. 制度风险与跨国并购成败：大国外交和经济"软实力"的调节作用 [J]. 世界经济研究（5）：51-64.

曹和平，巴曙松，倪正东，2014. 中国私募股权市场发展报告（2013—2014）[M]. 北京：社会科学文献出版社.

杜晓君，蔡灵莎，史艳华，2014. 外来者劣势与国际并购绩效研究 [J]. 管理科学，27（2）：48-59.

戴觅，余淼杰，MAITRA M，2014. 中国出口企业生产率之谜：加工贸易的作用 [J]. 经济学（季刊），13（2）：675-698.

冯梅，郑紫夫，2016. 中国企业海外并购绩效影响因素的实证研究 [J]. 宏观经济研究（1）：93-100.

高建，杨丹，董秀成，2009. 金融危机背景下中国石油企业海外并购战略研究 [J]. 经济与管理研究（9）：52-56.

顾露露，REED R，2011. 中国企业海外并购失败了吗？[J]. 经济研究，46（7）：116-129.

顾露露，雷悦，蔡良，2017. 中国企业海外并购绩效的制度环境解释：基于倾向配比评分的全现金支付方式分析 [J]. 国际贸易问题（12）：36-46.

郭妍，2010. 我国银行海外并购绩效及其影响因素的实证分析 [J]. 财贸经济（11）：27-33.

何蓉，连增，李超，等，2017. 汇率因素在中国对东盟直接投资中的作用：理论与实证研究 [J]. 经济经纬（4）：74-80.

胡杰武，韩丽，2017. 东道国国家风险对我国上市公司跨国并购绩效的影响 [J]. 外国经济与管理，39（9）：113-128.

金占明，段鸿，2011. 企业国际化战略 [M]. 北京：高等教育出版社.

蒋冠宏，2015. 企业异质性和对外直接投资：基于中国企业的检验证据 [J]. 金融研究（12）：81-96.

贾镜渝，李文，郭斌，2015. 经验是如何影响中国企业跨国并购成败的：基于地理距离与政府角色的视角 [J]. 国际贸易问题（10）：87-97.

卢汉林，廖慧，2015. 中国不同所有制企业 OFDI 影响因素的比较分析：基于跨国并购的角度 [J]. 海南大学学报（人文社会科学版），33（5）：30-37.

刘柏，梁超，2017. 董事会过度自信与企业国际并购绩效 [J]. 经济管理，39（12）：73-88.

刘明坤，2011. 中国商业银行海外并购的动因、机遇与战略 [J]. 金融论坛（5）：37-42.

刘青，陶攀，洪俊杰，2017. 中国海外并购的动因研究：基于广延边际与集约边际的视角 [J]. 经济研究，52（1）：28-43.

刘艳春，赵一，胡微娜，等，2013. 基于超效率数据包络分析模型的海外并购绩效：金融危机后的行业数据检验 [J]. 经济与管理研究（3）：61-66.

李鸿阶，张元钊，2012. 中国企业跨国并购区位选择影响因素分析 [J]. 亚太经济（5）：70-75.

李善民，刘永新，2010. 并购整合对并购公司绩效的影响：基于中国液化气行业的研究 [J]. 南开管理评论，13（4）：154-160.

李友田，李润国，翟玉胜，2013. 中国能源型企业海外投资的非经济风险问题研究 [J]. 管理世界（5）：1-11.

林季红，张璐，2013. 中国企业海外并购的股权策略选择 [J]. 财贸经济，34（9）：76-84.

梁慧贤，简俭敏，江淮安，等，2011. 中国大型商业银行跨国并购及其效率影响 [J]. 金融论坛（12）：29-36.

马君潞，陈科，吕剑，等，2008. 基于 SFA 方法的亚洲新兴市场经济体银行并购效率研究 [J]. 财经理论与实践，29（2）：12-16.

倪中新，花静云，武凯文，2014. 我国企业的"走出去"战略成功吗？：中国企业跨国并购绩效的测度及其影响因素的实证研究 [J]. 国际贸易问题（8）：156-166.

皮建才，李童，陈旭阳，2016. 中国民营企业如何"走出去"：逆向并购还是绿地投资 [J]. 国际贸易问题（5）：142-152.

邱斌，刘修岩，赵伟，2012. 出口学习抑或自选择：基于中国制造业微观企业的倍差匹配检验 [J]. 世界经济，35（4）：23-40.

钱学锋，王菊蓉，黄云湖，等，2011. 出口与中国工业企业的生产率：自我选择效应还是出口学习效应？[J]. 数量经济技术经济研究，28（2）：37-51.

孙淑伟，何贤杰，王晨，2018. 文化距离与中国企业海外并购价值创造 [J]. 财贸经济，39（6）：130-146.

邵慰，李杰义，2012. 我国先进装备制造业海外并购与技术进步实证研究 [J]. 科技进步与对策，29（15）：52-56.

邵新建，巫和懋，肖立晟，等，2012. 中国企业跨国并购的战略目标与经营绩效：基于 A 股市场的评价 [J]. 世界经济，35（5）：81-105.

宋维佳，乔治，2014. 我国资源型企业跨国并购绩效研究：基于短期和中长期视角 [J]. 财经问题研究（7）：98-105.

田海峰，黄祎，孙广生，2015. 影响企业跨国并购绩效的制度因素分析：基于 2000—2012 年中国上市企业数据的研究 [J]. 世界经济研究（6）：111-118.

王中美，2012. 从中长期目标失败谈中国海外并购战略的优化升级 [J]. 世界经济研究（10）：68-74.

吴先明，苏志文，2014. 将跨国并购作为技术追赶的杠杆：动态能力视角 [J]. 管理世界（4）：146-164.

项代有，2015. 中国企业海外并购财务风险管控因素研究 [M]. 上海：立信会计出版社．

徐晓慧，2017. 金融危机影响中国企业跨国并购的实证研究 [J]. 国际贸易问题（8）：142-152.

杨波，2014. 谨防海外并购过程中的国有资产流失 [J]. 宏观经济研究（10）：3-7.

杨波，2019. 中国企业海外并购问题研究：基于企业所有制视角 [M]. 北京：中国财政经济出版社．

杨波，万筱雯，胡梦媛，2020. 中国资源类企业海外并购区位选择研究：基于东道国制度质量视角 [J]. 资源科学，42（9）：1788-1800.

杨波，魏馨，2013. 中国企业海外并购的困境与对策 [J]. 宏观经济研究（6）：98-103.

杨波，张佳琦，2016. 中国企业海外并购决定因素的实证 [J]. 统计与决策（16）：173-177.

杨波，张佳琦，2017. 海外并购与绿地投资选择研究：基于企业异质性视角 [J]. 国际贸易问题（12）：117-127.

杨波，张佳琦，吴晨，2016. 企业所有制能否影响中国企业海外并购的成败 [J]. 国际贸易问题（7）：97-108.

杨波，周丽萍，2020. 东道国交通运输能力与中国企业跨国并购：基于生产率调节效应的视角 [J]. 世界经济研究（1）：96-106.

杨波，朱洪飞，2018. 政治稳定性、经济自由度与跨国并购区位选择：基于美国企业的实证研究 [J]. 亚太经济（4）：47-55.

杨栋旭，张先锋，2018. 管理者异质性与企业对外直接投资：基于中国A股上市公司的实证研究 [J]. 国际贸易问题（10）：162-174.

易明阳，易振华，2011. 中资商业银行跨国并购现状、动因与效率影响：基于DEA测算及TOBIT模型的实证研究 [J]. 浙江金融（6）：33-39.

姚树洁，王攀，宋林，2015. 中国经济增长和对外直接投资战略 [M]. 北京：社会科学文献出版社.

姚水洪，2002. 企业并购后的管理整合系统性分析 [J]. 科学技术哲学研究（5）：74-77.

朱华，2017. 国有制身份对中国企业海外竞购交易成败的影响研究 [J]. 世界经济研究（3）：42-55.

朱勤，刘垚，2013. 我国上市公司跨国并购财务绩效的影响因素分析 [J]. 国际贸易问题（8）：151-160.

张弛，余鹏翼，2017. 制度距离对中国企业跨国并购绩效影响的差异性：基于水平与垂直并购的比较 [J]. 国际经贸探索（2）：44-58.

张合金，武帅峰，2013. 中国工商银行海外并购的经济绩效研究：以收购南非标准银行和阿根廷标准银行为例 [J]. 经济与管理研究（9）：76-85.

张建红，周朝鸿，2010. 中国企业走出去的制度障碍研究：以海外收购为例 [J]. 经济研究，45（6）：80-91.

张洋，张健，2014. 机遇与挑战：中国企业的跨国并购 [M]. 北京：社会科学文献出版社.

周恩静，刘小差，向文礼，2013. 中外银行并购绩效之动因模式的比较研究 [J]. 新金融（1）：53-57.

赵先进，彭瑞栋，2015. 战略性新兴产业中新能源企业的跨国并购 [J]. 企业经济（6）：27-31.

赵宇华，2012. 我国上市公司海外并购股东财富效应研究：基于2004—2010年数据的实证分析 [J]. 国际商务（对外经济贸易大学学报）（6）：68-74.

曾广胜，2002. 新经济与跨国公司并购 [J]. 南开经济研究（1）：32-35.

AKHAVEIN J D, BERGER A N, DAVID B,1997. The effects of megamergers on efficiency and prices: evidence from a bank profit function[J]. Review of industrial organization,12(1): 95-139.

AMEL D, BARNES C, PANETTA F, et al.,2004. Consolidation and efficiency in the financial sector: a review of the international evidence [J]. Journal of banking & finance, 28(10): 2493-2519.

ANDERSON E, GATIGNON H, 1986. Modes of foreign entry: a transaction cost analysis and propositions[J]. Journal of international business studies, 17: 1-26.

ANDRE P, KOOLI M, L'HER J, 2004. The long-run performance of mergers and acquisitions: evidence from the Canadian stock market[J]. Financial management, 33(4): 27-43.

ANTRÀS P, 2003. Firms, contracts, and trade structure[J]. The quarterly journal of economics, 118(4): 1375-1418.

AW M S B, CHATTERJEE R A, 2004. The performance of UK firms acquiring large cross-border and domestic takeover targets[J]. Applied financial economics, 14(5): 337-349.

AYBAR B, FICICI A, 2009. Cross-border acquisitions and firm value: an analysis of emerging-market multinationals[J]. Journal of international business studies, 40(8): 1317-1338.

BASS A E, CHAKRABARTY S, 2014. Resource security: competition for global resource, strategic intent, and governments as owners[J]. Journal of international business studies, 45(8): 961-979.

BASUIL D A, DATTA D K, 2019. Effects of firm-specific and country-specific advantages on relative acquisition size in service sector cross-border acquisitions: an empirical examination[J]. Journal of international management, 25(1): 66-80.

BAUER F, MATZLER K, WOLF S, 2016. M&A and innovation: the role of integration and cultural differences: a central European targets perspective[J]. International business review, 25(1): 76-86.

BEHR A, HEID F, 2011. The success of bank mergers revisited: an assessment based on a matching strategy[J]. Journal of empirical finance, 18(1): 117-135.

BELADI H, CHAKRABARTI A, MARJIT S, 2013. Privatization and strategic mergers across borders[J]. Review of international economics, 21(3): 432-446.

BERGER A N, HUMPHREY D B, 1992. Megamergers in banking and the use of cost efficiency as an antitrust defense[J]. The antitrust bulletin, 37(3): 541-600.

BERGER A N, MESTER L J, 2003. Explaining the dramatic changes in performance of US banks: technological change, deregulation, and dynamic changes in competition[J]. Journal of financial intermediation, 14(2): 278-279.

BHAGAT S, MALHOTRA S, ZHU P C, 2011. Emerging country cross-border acquisition: characteristics, acquirer returns and cross-sectional determinants[J]. Emerging markets review, 12(3): 250-271.

BLACK E L, DOUKAS A J, XING X, et al., 2015. Gains to Chinese bidder firms: domestic vs. foreign acquisitions[J]. European financial management, 21(5): 905-935.

BLONIGEN B A, 1997. Firm-specific assets and the link between exchange rates and foreign direct investment[J]. The American economic review, 87(3): 447-465.

BOATENG A, DU M, BI X, et al., 2019. Cultural distance and value creation of cross-border M&A: the moderating role of acquirer characteristics[J]. International review of financial analysis, 63, 285-295.

BOATENG A, HUA X, UDDIN M, et al., 2014. Home country macroeconomic factors on outward cross-border mergers and acquisitions: evidence from the UK[J]. Research in international business & finance, 30: 202-216.

BOATENG A, QIAN W, TIANLE Y, 2008. Cross-border M&As by Chinese firms: an analysis of strategic motives and performance[J]. Thunderbird international business review, 50(4): 259-270.

BOUBAKER S, HAMZA T, 2014. Short-and long-term wealth gains form UK takeovers: the case of the financial industry[J]. Journal of applied business research, 30(4): 1253-1262.

BUCH M, 2004. Cross-border bank mergers: what lures the rare animal?[J]. Journal of banking & finance, 28(9): 2077-2102.

CAI Y E, TIAN X, XIA H, 2016. Location, proximity, and M&A transactions[J]. Journal of economics & management strategy, 25(3): 688-719.

CAMPA J M, 1993. Entry by foreign firms in the United States under exchange rate uncertainty[J]. Review of economics & statistics, 75(4): 614-622.

CHARI A, OUIMET P P, TESAR L L, 2010. The value of control in emerging market[J]. The review of financial studies, 23(4): 1741-1770.

CHO H, AHN H S, 2017. Stock payment and the effects of institutional and cultural differences: a study of shareholder value creation in cross-border M&As[J]. International business review, 26(3), 461-475.

CHOWDHURY R H, MAUNG M, 2018. Historical ties between nations: how do they matter in cross-border mergers and acquisitions?[J]. International review of economics & finance, 58: 30-48.

CLAESSENS S, 2014. Foreign banks: trends and impact[J]. Journal of money, credit and banking, 46(2): 295-326.

CYBO-OTTONE A, MURGIA M, 2000. Mergers and shareholder wealth in European banking[J]. Journal of banking & finance, 24(6): 831-59.

DANG M, HENRY D, NGUYEN M T, et al., 2018. Cross-country determinants of ownership choices in cross-border acquisitions: evidence from emerging markets[J]. Journal of multinational financial management, 44: 14-35.

DELONG G L, 2001. Stockholder gains from focusing versus diversifying bank mergers[J]. Journal of financial economics, 59(2): 221-252.

DEYOUNG R, 1997. Bank mergers, x-efficiency and the market for corporate control? [J] Managerial finance, 23(1): 32-47.

DOS SANTOS M B, ERRUNZA V R, MILLER D P, 2008. Does corporate international diversification destroy value? Evidence from cross-border mergers and acquisitions[J]. Journal of banking & finance, 32(12): 2716-2724.

DOWLING M, VANWALLEGHEM D, 2018. Gulf cooperation council cross-border M&A: institutional determinants of target nation selection[J]. Research in international business and finance, 46: 471-489.

DUTTA S, SAADI S, ZHU P, 2013. Does payment method matter in cross-border acquisition? [J] International review of economics & finance, 25(1): 91-107.

ENSIGN P C, LIN C D, CHREIM S, et al., 2014. Proximity, knowledge transfer, and innovation in technology-based mergers and acquisitions[J]. International journal of technology management, 66(1): 1-31.

FELD L P, RUF M, SCHREIBER U, et al.,2016.Taxing away M&A: the effect of corporate capital gains taxes on acquisition activity: Freiburg discussion papers on constitutional economics (16/03)[R/OL].(01-26) [2022-10-18]. https://www.econstor.eu/bitstream/10419/129800/1/852492642.pdf.

FOCARELLI D, 2008. Cross-border M&As in the financial sector: is banking different from insurance? [J]. Journal of banking & finance, 32(1): 15-29.

FOSS N J, MUDAMBI R, MURTINU S, 2019. Taxing the multinational enterprise: on the forced redesign of global value chains and other inefficiencies[J]. Journal of international business studies, 50(9): 1644-1655.

GAN Y, QIU B H, 2019. Escape from the USA: government Debt-to-GDP Ratio, country tax competitiveness, and US-OECD cross-border M&As[J]. Journal of international business studies, 50(7): 1156-1183.

GEORGOPOULOS G J, 2008. Cross-border mergers and acquisitions: does the exchange rate matter? Some evidence for Canada[J]. Canadian journal of economics, 41(2): 450-474.

GERHARD K, UTZ W, 2011.The internationalization of Chinese companies: firm characteristics, industry effects and corporate governance[J]. Research in international business and finance, 25(3): 357-372.

GIANNETTI M, METZGER D, 2015. Compensation and competition for talent: evidence from the financial industry [J]. Finance research letters, 12(3): 11-16.

GOMES E, ANGWIN D N, WEBER Y, et al., 2013. Critical success factors through the mergers and acquisitions process: revealing pre-and post-M&A connections for improved performance[J]. Thunderbird international business review, 55(1): 13-35.

GUBBI S R, AULAKH P S, RAY S, et al., 2010. Do international acquisitions by emerging-economy firms create shareholder value? The case of Indian firms[J]. Journal of international business studies, 41(3): 397-418.

HELPMAN E, MELITZ M J, YEAPLE S R, 2004. Export versus FDI with heterogeneous firms[J]. The American economic review, 94(1): 300-316.

HITT M A, IRELAND R D, CAMP S M, et al., 2001. Guest editor's introduction to the special issue strategic entrepreneurship[J]. Strategic management journal, 22: 479-492.

HOUSTON J F, JAMES C M, RYNGAERT M D, 2001. Where do merger gains come from? Bank mergers from the perspective of insiders and outsiders[J]. Journal of financial economics, 60(2/3): 285-331.

JAIN S, KASHIRAMKA S, JAIN P K, 2019. Wealth effects on cross-border acquisition firms from emerging economies[J]. Emerging markets review, 40: 100621.

KANG N-H, JOHANSSON S, 2000. Cross-border mergers and acquisitions: their role in industrial globalization: OECD science, technology and industry working paper[R/OL].(01-07)[2022-10-22]. https://doi.org/10.1787/137157251088.

KOETTER M, GRAEVEA F D, KICK T, 2008. Monetary policy and financial (in) stability: an integrated micro-macro approach[J]. Journal of financial stability, 4(3): 205-231.

LI J T, LI P X, WANG B L, 2016. Do cross-border acquisitions create value? Evidence from overseas acquisitions by Chinese firms[J]. International business review, 25(2): 471-483.

LI L, DUAN Y, HE Y, et al., 2018. Linguistic distance and mergers and acquisitions: evidence from China[J]. Pacific-Basin finance journal, 49: 81-102.

LIAN Z, SUN W, XIE D, et al., 2021. Cultural difference and China's cross-border M&As: language matters[J]. International review of economics & finance, 76: 1205-1218.

LIM M H, LEE J H, 2017. National economic disparity and cross-border acquisition resolution[J]. International business review, 26(2): 354-364.

MASULIS R W, WANG C, XIE F, 2007. Corporate governance and acquirer returns[J]. The journal of finance, 62(4): 1851-1889.

MAUNG M, SHEDDEN M, WANG Y, et al., 2019. The investment environment and cross-border merger and acquisition premiums[J]. Journal of international financial markets, institutions and money, 59: 19-35.

MELITZ M J, 2003. The impact of trade on intra-industry reallocations and aggregate industry productivity[J]. Econometrica, 71(6): 1695-1725.

MITHELL M, STAFFORD E, 2000. Managerial decisions and long-term stock price performance[J]. Journal of business, 73(3): 287-320.

NETTER J, STEGEMOLLER M, 2011. Implications of data screens on merger and acquisition analysis: a large sample of merger and acquisition from 1992 to 2009[J]. The review of financial studies, 24(7): 2316-2357.

NING L, KOU J, STRANGE R, et al., 2014. International investors' reactions to cross-border acquisitions by emerging market multinationals[J]. International business review, 23(4): 811-923.

PERISTIANI S, 1997. Do mergers improve the x-efficiency and scale efficiency of U.S. Banks? Evidence from the 1980s[J]. Journal of money, credit and banking, 29(3): 326-337.

RAFF H, RYAN M, STAHLER F, 2012. Firm productivity and the foreign-market entry decision[J]. Journal of economics & management strategy, 21(3): 849-871.

RAMASAMY B, YEUNG M, LAFORET S, 2012. China's outward foreign direct investment: location choice and firm ownership[J]. Journal of world business, 47(1): 17-25.

REDDY K, 2017. Cross-border mergers and acquisitions by oil and gas multinational enterprises: geography-based view of energy strategy[J]. Sustainable energy reviews, 72: 961-980.

RHOADES S A, 1998. The efficiency effects of bank mergers: an overview of case studies of nine mergers[J]. Journal of banking & finance, 22(3): 273-291.

ROTTIG D, REUS T H, TARBA S Y, 2014. The impact of culture on mergers and acquisitions: a third of a century of research[J]. Advances in mergers and acquisitions, 12: 135-172.

RUCKMAN K, 2005. Technology sourcing through acquisitions: evidence from the US drug industry[J]. Journal of international business studies, 36(1): 89-103.

SCHWEIZER D, WALKER T, ZHANG A, 2019. Cross-border acquisitions by Chinese enterprises: the benefits and disadvantages of political connections[J]. Journal of corporate finance, 57: 63-85.

SHIM J, OKAMURO H, 2011. Does ownership matter in mergers? A comparative study of the causes and consequences of mergers by family and non-family firms[J]. Journal of banking & finance, 35(1): 193-203.

SIROWER M L, 1997. The synergy trap: how companies lose the acquisition game[M]. New York: Simon and Schuster.

SPEAROT A C, 2012. Firm heterogeneity, new investment and acquisitions[J]. Journal of industrial economics, 60(1): 1-45.

STEPANOK I, 2015. Cross-border mergers and greenfield foreign direct investment [J]. Review of international economics, 23(1): 111-136.

TAO F, LIU X H, GAO L, et al., 2017. Do cross-border mergers and acquisitions increase short-term market performance? The case of Chinese firm[J]. International business review, 26(1): 189-202.

VENNET R V, 1996. The effect of mergers and acquisitions on the efficiency and profitability of EC credit institutions[J]. Journal of banking & finance, 20(9): 1531-1558.

VENNET R V, 2002. Cost and profit efficiency of financial conglomerates and universal banks in

Europe[J]. Journal of money, credit, and banking, 34(1): 254-282.

WEBER Y, TARBA S Y, REICHEL A, 2011. A model of the influence of culture on integration approaches and international mergers and acquisitions performance[J]. International studies of management & organization, 41(3): 9-24.

XIE E, REDDY K S, LIANG J, 2017. Country-specific determinants of cross-border mergers and acquisitions: a comprehensive review and future research directions[J]. Journal of world business, 52(2): 127-183.

XU E Q, 2017. Cross-border merger waves[J]. Journal of corporate finance, 46: 207-231.

二
金融开放篇

第三章

金融开放与汇率灵活性的研究综述

本章学习目标

- 了解金融开放的内涵及其发展框架——"三元悖论"理论的发展;熟悉资本账户开放和金融市场开放的测度方法。
- 掌握金融开放对经济增长与经济波动影响的经济效应。
- 了解"实际的"与"法定的"汇率制度及其选择;掌握汇率制度、汇率变化与经济增长的关系及其传递渠道。
- 熟悉金融开放、金融发展及其与汇率的经济效应;掌握金融摩擦机制、抵押品信贷约束模型以及基于模型之下金融与汇率相互关系的传递渠道。

本章思维导图

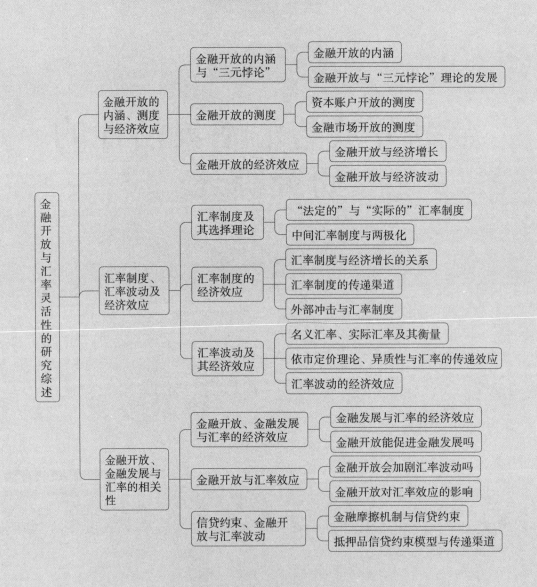

对于开放的发展中国家而言,一方面,国内经济易遭受来自发达国家货币政策、大宗商品价格波动等外部冲击,并会伴随跨境资本的大量流动,对国内经济的稳定和增长产生影响(刚健华等,2018;刘柏等,2019),而冲击的影响程度往往与国内金融市场的发展状况有关(Marcel et al., 2016)。

另一方面,外部冲击对国内经济的影响与汇率灵活性有着极为重要的关系。我国自2005年汇率改革以来,中国人民银行一直强调逐步增强人民币汇率的灵活性,主要考虑从固定汇率制度向浮动汇率制度转变时的汇率浮动区间。在相关文献中,汇率灵活性问题不仅包括汇率制度,还涉及了大量对汇率波动效应的研究。虽然汇率一直是国际金融中的重要研究领域,但金融危机后汇率的经济增长效应研究更加侧重于企业实际生产的角度,如汇率对生产率、技术进步或出口等方面的影响成为热点的研究对象。而在现代经济中,生产运作过程中资金、信贷的可得性除了与金融发展深度相关,势不可挡的全球金融一体化趋势也起到了很大的作用。随着我国经济增长与金融市场不断深化,我国也正在充分利用全球金融一体化过程所产生的资本效率。党的二十大报告指出:"高质量发展是全面建设社会主义现代化国家的首要任务。"而"推进高水平对外开放"是其中的重要方面之一。这一首要任务的实现可以依托我国超大规模的市场优势,以国内大循环吸引全球资本要素,增强国内国际两个市场两种资源联动效应。不过,我们也要注意国际金融市场资本流动在特定时期会带来冲击效应与风险,而金融开放与汇率灵活性程度在其中的作用也会不尽相同。本章首先立足于金融开放的视角进行内涵、测度与经济效应的文献梳理,其次归纳汇率制度、汇率波动及经济效应的相关文献,最后对金融开放、金融发展与汇率的相关性问题给予详尽的系统性分析。

第一节 金融开放的内涵、测度与经济效应

一、金融开放的内涵与"三元悖论"

金融开放是一个国家对外开放的重要体现,反映了一个国家经济的现实形态,对其宏观经济政策起到至关重要的影响(李自若,2020)。金融发展理论始于1973年McKinnon和Shaw提出的金融深化和金融抑制理论,该理论主张取消金融管制,并进行金融改革以提升金融自由化程度。学术界对金融自由化的早期研究包括对内和对外两个部分,对内消除国内金融抑制,对外放松跨境资本流动的金融管制。而金融开放只是金融自由化的对外开放方面(陈雨露等,2007)。不过随着全球金融一体化的推动,世界各国纷纷将金融开放作为金融改革的核心。因此,早期也有学者通过"金融自由化"(Financial Liberalization)来囊括"金融开放"(Financial Openness)的范畴(Aghion et al., 2004;Bekaer et al., 2006;Chinn et al., 2006)。

（一）金融开放的内涵

学术界关于金融开放并无统一的定义。早期研究认为，金融开放意味着本国居民可以更容易地获取外币标价的资产与负债，非居民可以自由投资国内金融市场，同时允许本国债权人和债务人以外币进行交易（Akyüz，1993）。在实践中表现为减少现存资本跨境流动的行政障碍并保持市场管制措施被清除的状态，还包括实施相应措施来吸引外国资本流入并降低外国金融机构在本国市场运作的歧视（Le，2000），即政府减少甚至取消国家间对金融机构活动范围的限制，国家间相互开放金融市场（陈旺等，2020）。随着全球金融一体化趋势的加强，金融开放总体是"引进来""走出去"的双向开放（董骥等，2019）。

虽然对于金融开放的定义没有统一，但其包括资本账户开放和金融市场开放两个层次的内容却获得共识。资本账户开放是指不对国际收支的资本和金融账户交易施加任何限制措施（Eichengreen et al.，1998；马理等，2019），即允许资本的跨境自由流动，并取消对资本交易的外汇管制（Chinn et al.，2006）。金融市场开放是指一国金融市场由封闭状态向开放状态转变，一国政府通过制定或修改法律、法规，对本币和外币自由兑换、跨境资本流动、本国金融市场准入和参与国际金融市场交易活动采取放松或取消管制的措施（张金清等，2008）。

（二）金融开放与"三元悖论"理论的发展

在全球金融一体化条件下，金融开放实际上置于"三元悖论"（Mundellian Trilemma）的框架之中。"三元悖论"又称不可能三角（The Impossible Trinity）。经典的"三元悖论"是各国实施汇率政策与资本管制政策的重要依据，该理论认为一国只能在资本自由流动、固定汇率与货币政策独立性三者中选择两者作为政策目标（Fleming，1962；Mundell，1963）。但在现实世界中，大多数国家的政策选择并不局限于上述三者，而是广泛采用中间政策（Klein et al.，2013），如汇率有管理浮动、资本项目有限开放和货币政策一定程度上独立。如对外采用浮动汇率制度和资本自由流动的欧元区，其货币政策受美国货币政策的显著影响（Erceg et al.，2009），也并不独立。

在学术界中，"三元悖论"越来越受到质疑。Rey（2015）提出的"二元悖论"（Dilemma）则从根本上否定了"三元悖论"。"二元悖论"指出资本流动和信用条件由全球金融周期决定，资本自由流动与货币政策的有效性不可兼得，且与汇率制度无关。"三元悖论"演变为"二元悖论"（Farhi et al.，2014；刘一楠等，2019），浮动汇率制度不影响货币政策独立性。"二元悖论"的理论依据主要是对货币政策独立性的影响研究（Obstfeld，2015），影响因素或渠道包括大规模经济体货币政策的全球溢出效应（Eichengreen et al.，2013）、海外信贷渠道、资产负债表渠道（Gourinchas et al.，2012；范小云等，2015）、金融周期渠道（Rey，2015；伍戈等，2015）等，另外还有跨国银行机制、风险溢价机制和外币信贷机制等渠道（刘元春等，2020）。而上述影响因素或渠道均源于各国的金融开放，这种在长期势不可挡的金融开放趋势改变了全球资本流动状态，并影响了一国货币政策的执行能力。"三元悖论"是否退化为"二元悖论"并没有绝对定论，但更为深化的全球金融体系确实在一定程度上弱化了浮动汇率制度对国外金融与资本冲击的隔绝效率，特别遇到发达国家后金融危机时期的量化宽松货币政策时尤其如此（刘元春等，2020）。

二、金融开放的测度

研究金融开放相关问题，必须构建一个合理而又有效的评价金融开放水平的指标体系，进而对金融开放水平进行测度。由于金融开放分为资本账户开放和金融市场开放，因此金融开放的测度也从这两个层次展开。

(一) 资本账户开放的测度

资本账户开放的测度方法主要包括两个，一为基于政府法律法规等管制措施的法定测度，二为基于实际国际资本流动的事实测度。

1. 资本账户开放的法定测度

资本账户开放的法定测度（De Jure）常用的评估方法基于国际货币基金组织（IMF）和经济合作与发展组织（OECD）公认的定义，即消除资本流动管制措施，既包括交易环节的开放，也包括汇兑环节的开放。资本账户开放的法定测度方法主要有OECD法和IMF法。OECD法通过仅考虑汇兑环节、或综合考虑交易环节和汇兑环节，给资本流动限制措施的类型和限制程度等打分，并成为所有成员均需履行义务的准则。而IMF法关注使用资本流动管理措施的条件、目的、有效性及政策选择。由于OECD法所针对的对象仅为38个成员，并强调的是对采取政策的程序进行规定，因此学术界更多研究IMF法。IMF将《汇率安排与汇兑限制年报》（AREAER）作为金融开放法定测度的主要依据，以便能更好地对各国的金融开放经济效应进行分析。

学者们根据AREAER将法定测度分为了三类。一是基于AREAER约束分类表的法定测度。Epstein和Schor于1992年将该表中的指标转化为二进制0/1度量，并可运用于回归分析。但各国金融开放程度可能处于开放与封闭之间的中间状态，因此用二进制度量不能反映资本账户开放的程度。二是基于AREAER文本的法定测度。这一测度包含了金融管制的强度、规模和广度等要素。Quinn于1997年基于AREAER文本的编码构建了资本账户和金融经常账户规则的指标，从而在测度资本账户开放度时引入了对经常账户的考察。之后Chinn等（2006，2008）基于AREAER文本提供的信息构建了衡量资本管制强度的开放度指标（KAOPEN）。这一指标衡量资本流动的管制程度，不仅考虑对资本账户的管制，还涉及其他因素对资本流动造成的潜在影响。而且Chinn等学者还不定期地对该指标予以更新，数据选取的便利性使其成为大多数关于资本账户开放和金融开放研究的首选（马理等，2019；Olen et al.，2019；李自若，2020；Haehean et al.，2020）。此外还有Schindler于2009年提出的KA指数，它涵盖"资本交易"的许多子分类。Fernández等学者在此基础上于2016年构建了衡量资本流入和资本流出管制程度的KC指数，引入四种新的资产类别，分别是衍生品、商业信贷、金融担保和房地产。该数据集对资本的流入和流出进行了区分，并考虑了不同资产类别之间的相关度。三是AREAER外的法定测度，是由Bekaert等（2005）提出的EQUITY方法。这一方法针对股票自由化取值，在实行自由化之前取"0",在自由化后取"1"。这一方法的优点在于可用来分析高频的变量,但其来源信息有限。

2. 资本账户开放的事实测度

法定测度并不一定能反映实际资本流动对法律限制的反应程度,事实测度是为了衡量一个国家是否融入金融全球化的另一种资本的体现。资本账户开放的事实测度(De Facto)为事后测度,主要是从实际资本流动角度来反映资本账户开放水平,有以下三种测度方法。一是储蓄投资法。Feldstein 等(1980)最早通过研究投资率和储蓄率的关系来考察一国对资本流动的限制程度。但由于储蓄与投资之间的相关性高,因此此方法并不常用。二是利率平价法。Edwards 等(1985)指出一国的名义利率分为完全开放条件下的利率水平和完全封闭条件下的利率水平。但这只适用于那些离岸市场和远期货币市场都较为发达的国家。三是资本流(存)量法。这一方法是直接测度资本流入和流出的规模。Lane 和 Milesi-Ferretti 于 2007 年将外部资产和负债分为五大类:组合投资(包括股票和债券)、外商直接投资、其他投资(包括贷款、存款、贸易信贷等债务工具)、金融衍生品和储备资产,然后使用资本存量数据考察不同类别投资的金融开放程度。这一方法的使用也较为常见(杨继梅等,2020)。另外,Gygli 等(2019)进行全球化指标的最新修订,包含法定测度和事实测度两种数据,涉及贸易、金融、人际交流、信息、文化和政策等多个子维度,囊括经济、社会与政治全球化三个维度。全球化指标数值设定取值范围为(0,100)。金融开放指标用全球化指标中的金融全球化子指标作为代理变量(FINOPEN)(陈旺等,2020;Stolbov,2021)。

(二)金融市场开放的测度

Claessens 等(1998)将金融服务部门涉及市场准入的活动分为五类,包括建立所有权、开设分支与布置自动提取款机(ATM)、贷款活动、全能银行业务开展、居住要求等,然后根据限制程度对五类活动进行 1~5 分的赋值,其中 1 分表示封闭,5 分表示开放,2~4 分的情况则介于其间,对以上五类活动分数加总可得每一金融服务部门的开放水平。

Mattoo(2000)则按照服务贸易提供形式的不同对金融部门进行分类。通过为不同服务形式赋予不同的权重,其构造了如下金融服务自由化指数。

$$L^j = \sum w_i r_i^j \tag{3-1}$$

式中,L^j 表示国家 j 在某一金融行业的对外金融自由化指数,i 表示不同的金融服务提供形式(跨境交付、境外消费、商业存在),$i=1,2,3$。$w_i \in (0,1)$ 表示不同金融服务形态的权重,r_i^j 表示国家 j 在金融行业 i 以某种服务形态所承诺的开放水平的赋值。根据式(3-1)可以得出,不同行业不同形态的金融开放水平,数值越大,金融开放程度就越高。

Pontines(2002)在 Mattoo 方法的基础上将证券市场也纳入考察范围之内,Valckx(2004)从三个方面对 Mattoo 方法进行了调整与改进:第一,对于金融服务部门限制措施的赋值原则进行了调整;第二,将考察的金融部门扩展到四部门,除增加证券部门外,还增加了一个提供金融信息、支付、结算和清算的金融支持部门;第三,基于 GDP 加权平均方法以及主成分分析法计算了基于地区的金融服务总体开放指数。

在实践中,学者们大多采用 KAOPEN 指标作为衡量金融开放度的主要指标,同时备选 Lane 和 Milesi-Ferretti 的指标进行稳健性检验(Parket al.,2020;李自若,2020),或同时采用两个指标（Estrada et al., 2015；Ogrokhina, 2019）。也有学者建立以上两个指标与全球化指标的综合指数（Stolbov, 2021）。

三、金融开放的经济效应

纵观历史，金融开放的经济表现迥然不同。一些国家的金融开放逐步推进，提升了金融效率，并提高了生产竞争力。但也有些发展中国家在金融开放过程中出现经济或金融结构性问题，甚至爆发严重的金融危机。

（一）金融开放与经济增长

学术界对于金融开放的经济效应与影响因素也有着众多观点。现有研究表明，金融开放可以从多个方面促进经济增长，但同时也会影响宏观经济和金融稳定。

1. 金融开放促进经济增长论

关于金融开放对经济增长的作用，早期经典文献表明金融开放促进金融自由化，可以消除金融抑制，促进经济与金融发展（Mckinnon, 1973）。一般来说，金融开放导致的国际资本流入会弥补东道国国内资本不足、降低投资成本，从而促进经济增长（Bekaert et al., 2006；Quinn et al., 2008），并带来福利改善（Bekaert et al., 2011）。这种福利改善来源于以下四个方面：第一，来源于投资规模扩大过程中要素生产率的增长（Borensztein et al., 1998；Abiad et al., 2008；Bekaert et al., 2011），这种增长有助于改善投资结构（董骥等，2019），往往属于以外商直接投资（FDI）表现的投资渠道。第二，来源于资金的获取性。金融开放能使国内企业更易获取资金，这种效率属于非FDI表现的金融渠道，它可以提供更好的风险分享机会，以减少消费波动（Obstfeld et al., 2000）；同时还可以提高股票市场效率、提高制度质量（Mishkin, 2006），甚至还可以推动新产品和技术革命的出现和发展（Gemma et al., 2015）。如外资银行进入会提升金融中间品投入效率，促进企业国内附加值率的提升。这在生产率更高的企业、出口企业和垂直一体化水平较低的企业中更明显（铁瑛等，2020）。第三，来源于贸易渠道。Furceri等（2015）研究发现，金融开放水平的提升导致国际资本流量的增加，会有利于降低贸易壁垒，稳定经济增长。第四，来源于企业家创新。金融开放对企业家精神有正向影响，其原因主要在于FDI促进商业创造。若考虑金融开放或管制形式，债券、互助基金、对外直接投资及权益在低水平金融发展的经济体中进入，会打击企业家的积极性或阻碍企业家寻求资金，阻碍这些企业的商业创造。而商业信贷、衍生工具、金融信贷、货币市场工具与房地产的开放则会增强企业家精神。在发达经济体中，只有互助基金、具有投机性质的衍生工具和房地产会打击企业家的积极性。企业家通过创新提高生产率以推动经济增长（Gregory, 2019）。

2. 金融开放对经济增长影响不确定论

金融开放并不一定对所有企业有利（Larrain, 2015），其更有利于信息不对称性较低的企业（Park et al., 2020）。此外良好的国内金融发展态势、金融机构规模的扩大（杨继梅等，2020）、政治风险的降低能放大其对经济增长的正效应（Gregory, 2019）。此外，也有观点认为，金融开放对经济增长的影响不确定（Kose et al., 2009; Obstfeld, 2009）或短期内获利，但中长期未必如此（Bussière et al., 2008）。尤其当金融危机席卷了众多的新兴经济体后，金融开放的利弊更是被重新考量。不少学者研究的结果显示，在金融与法律制度不完善的经济体中，金融开放甚至有可能抑制经济增长（Stiglitz, 2000; Eichengreen, 2001; Klein et al., 1999）。

（二）金融开放与经济波动

关于金融开放与宏观经济稳定之间关系的研究，学者们从早期宏观角度发展到通过微观基础进行分析，但研究结论仍具有较大分歧。

1. 金融开放对经济波动的影响因素

早期部分学者认为金融开放与经济波动两者并无相关性（Razin et al., 1992; Buch et al., 2005）。但同时也有部分学者认同金融开放可平滑金融开放国的经济波动（Kose et al., 2003），其理由有两点。第一，金融资源更易获取。无论是 FDI 的形式还是非 FDI 的形式，都可以帮助该国产品多元化，有助于规避生产风险，减少产出波动（Kalemli-Ozcan et al., 2003; Ćorić et al., 2013）。第二，金融开放具有国际风险分担效应。尤其是股权市场与资本项目的开放，能够有效地通过国际风险分担机制，减小消费增长的波动，从而减少经济波动。但也有相反的观点认为，金融开放虽带来产出增长，但也伴随着产出波动的加大，尤其在发展中国家表现得更为明显（Doyle et al., 2005; Astorga, 2010）。无论是 FDI 类型还是非 FDI 类型的资本账户开放均可能引发经济波动，这是因为金融开放强化外部冲击效应，包括资本流动冲击与政策冲击。金融开放带来的冲击会强化基于比较优势的国际专业分工模式，这会加大外部冲击效应，影响一国的经济波动程度（马勇等，2018）。

以上不同观点的关键问题在于以下三个方面。一是国际风险分担机制是否能够发挥作用。如国际风险分担机制受市场摩擦影响，且这些风险具有特定性并可以被保险时，金融开放会减少家庭承受的风险分担量，从而加大消费的波动（Levchenko, 2005; Faia, 2011）。二是与冲击来源有关，如遭遇货币政策冲击时，金融开放使消费波动和产出波动减小，而财政政策则相反（Senay, 1998; Buch et al., 2005）。三是国际风险分担机制下的消费波动效应能否平滑冲击的影响仍待进一步研究，这意味着两者关系可能具有门槛效应（Kose et al., 2003）。

2. 金融开放会引发银行危机吗

金融开放与经济波动相关性的另一个重要问题为是否会导致发展中国家的金融危机，如银行危机、货币危机等。Minsky 于 2007 年的研究提出金融开放使发展中国家陷入金融困局，出现脆弱的金融系统、动荡的外汇市场、有限的政策空间和受制于人的依附型经济，最终很可能导致金融危机。而频发的金融危机使金融自由化的发展中国家对发达国家的依附性进一步增强（贾根良等，2019）。持这一观点的学者大多认为金融开放中"实际的"资本项目显著提高了银行危机或货币危机发生的频率（Frost et al., 2014; Rastovski, 2016; Gluzmann et al., 2017）。从内部因素来看，发展中国家的资本账户开放会导致银行不良贷款率提高，资本市场波动较大从而引发金融危机（马理等，2019）。就外部因素而言，金融开放从全球宏观基本层面间接影响到金融危机频率，而且政府在全球金融一体化进程中对资本项目自由化的执行易被强化，有可能破坏本国市场的金融稳定。

但也有观点与之相反，有学者认为金融开放显著地提高了银行抵御风险的能力，还可以提高货币政策的有效性和宏观经济稳定性。当然金融开放对金融危机的抑制作用程度也取决于金融发展水平（杨继梅等，2020）、市场制度环境与政府稳定性（Jlassi et al., 2018）、经济发展水平与政治风险（陈旺等，2020，De Mendonca et al., 2020）。从政策上来看，一国实施金融开放的措施能够增加货币政策的有效性，降低主权国家债务中对主要外币的依赖，从而抑制经济波动与金融危机的发生（Ogrokhina et al., 2019）。

第二节　汇率制度、汇率波动及经济效应

从金融开放的经济效应分析中可以看出，金融开放通过投资或金融渠道对经济产生影响，并会引致汇率水平或实际汇率的改变，从而从汇率角度上引起产出变动。发展中国家汇率大幅波动产生了资本流动逆转，最终可能引发金融危机。因此汇率制度及其灵活性下的汇率波动对经济增长的影响是不容忽视的。

一、汇率制度及其选择理论

汇率制度的选择是学术界中长期争论不休的议题之一，它对贸易和宏观经济有实质性影响。

（一）"法定的"与"实际的"汇率制度

1. "法定的"汇率制度分类及发展

实践中，汇率制度的分类最早参照 IMF 发布的各国对外宣称汇率安排，被称为"法定的"（De Jure）汇率制度。但很多经济体选择的汇率制度与所宣称的汇率安排并不一致，因此 IMF 分类法并不能真正反映实际的汇率政策行为（Rogoff et al., 2003）。基于此，1999 年后 IMF 进行了重新分类，除了政府宣称的汇率安排，也将各国政府真实的政策意图考虑进来。IMF 按固定到浮动的程度，将汇率制度分为 4 类，分别赋值 1～4（王晋斌等，2020）。

2. "实际的"的汇率制度分类依据

与"法定的"汇率制度分类相应，学者们对汇率制度进行了"实际的"（De Facto）区分，使用实际上的汇率波动信息进行分类，并考察"法定的"汇率制度下宏观经济的运行状况（Ghosh et al., 1997, 2003）。Levy-Yeyati 等（2005）提出使用单纯统计方法应用于汇率

与外汇储备数据，以决定"实际的"汇率制度的灵活状况，被称为 LYS 分类法。该分类法提供了 1974—2004 年 183 个国家的汇率制度分类指标，其中"1"表示浮动汇率制度，"2"表示中间汇率制度，"3"表示固定汇率制度。2004 年，Reinhart 和 Rogoff 提出了自然分类法（IRR），该分类法将高通货膨胀率等关键因素考虑进汇率制度的实际操作中。为考虑汇率制度转换的因素，IRR 分类法使用五年的跨度期来衡量汇率制度的真正灵活性。研究 IRR 分类法的文献提供了 1946—2016 年的汇率制度分类数据（Ilzetzki et al., 2019）：一种为 15 档分类法，按从固定到浮动分别赋值 1～15；另一种为 6 档分类法，按从固定到浮动分别赋值 1～6。LYS 分类法和 IRR 分类法都是使用较多的"实际的"汇率制度分类法，一般认为 IRR 分类法准确度最高，结果也最为稳健（Mao et al., 2019；王晋斌等，2020），因此使用得最多（Zeev, 2019；Santana-Gallego et al., 2019）。在实践中，也有同时采用"法定的"IMF 分类法和"实际的"IRR 分类法（Dąbrowski et al., 2020）。还有学者采用"实际的"汇率制度分类法进行研究，并使用"法定的"汇率制度分类法进行稳健性检验（Liu 等，2020）。

（二）中间汇率制度与两极化

早期的汇率制度选择理论认为，一个国家要么采用固定汇率制度，要么采用浮动汇率制度（Baxter et al., 1989），但之后学术界明确提出了现实中更多的汇率制度表现为中间汇率制度。

1. 汇率制度两极化及原因

汇率制度两极化的观点认为中间汇率制度在长期中是不可维持的，它会驱使那些政策缺乏可信性和资本项目开放的国家选择自由浮动汇率制度或与另一国达成货币联盟（Eichengreen et al., 2006）。事实上，宣称采用浮动汇率制度的国家并不一定真正使汇率浮动，其原因主要来自"浮动恐惧论"（Calvo et al., 2002），即当环境有利时，发展中国家不愿意让本币升值；而当环境不利时，对美元贬值的担心又会使这些国家对汇率制度的崩溃产生巨大的恐惧。很多学者认为，发展中国家所特有的经济结构特征和政治结构特征是导致害怕汇率浮动的重要因素（Setzer, 2006；Carmignani et al., 2008；Faia et al., 2008）。比如高风险国家偏向于采取固定汇率制度，即使遇到经济风险与金融风险，也不愿调整为更加灵活的汇率制度去吸收这些外部冲击（Liu 等，2020）。近年来有学者开始从微观投资角度去解释"浮动恐惧论"：基于实物或增长期权理论，汇率的不确定性会对企业投资行为产生负向影响（Jeanneret, 2016），汇率的不确定性降低实物资产投资，增加企业研发支出并削弱学习效应（Binding et al., 2017；郑建明等，2019）。

2. 中间汇率制度与现实中汇率制度的选择

同时，不少学者认识到一些国家的制度选择既不是单纯的固定汇率制度也不是完全浮动汇率制度，而是介于两者之间的中间汇率制度，又称"软钉住"汇率制度。Ilzetzki 等（2019）认为目前学者们高估了"后布雷顿森林体系"时期从固定汇率制度转向浮动汇率制度的情况，有限灵活性的汇率制度仍占主要比例，即大量发展中国家仍广泛采用中间汇率制度，发达国家采用中间汇率制度的比例相对较低（路继业等，2020）。究其原因，中间汇率制度在不牺牲某些成本的基础上可享受两种制度的好处。而且中间汇率制度在一定条件下具有较高可维持性和稳定经济的作用（Williamson, 2000；李扬等，2013；Ilzetzki et al., 2019）。不过，也有学者认为中间汇率制度反而具有危机倾向（Eichengreen et al., 2006），另外还有观点认为固定汇率制度和中间汇率制度均能降低一国发生银行危机的概率（金祥义等，2019）。

从现实情况来看，拥有大量外币计价债务和货币错配的国家倾向于采用固定汇率制度或中间汇率制度，其目的或为减少汇率剧烈波动造成的损失（刘凯等，2020），或为避免大幅度汇率变化被控制在"美元体系"中从而恶化国家安全，而发达国家则更多地选择浮动汇率制度（张家源等，2019）。

二、汇率制度的经济效应

长期以来，有关汇率制度灵活性对经济的影响一直是一个热点问题。除了对经济增长的影响，还包括大量相关传递渠道及外部冲击在其中的作用等角度的考察。

（一）汇率制度与经济增长的关系

汇率制度与经济增长的关系一直以来是国际金融领域争论的焦点。传统国际金融理论认为，货币中性使汇率制度也是中性的，与长期经济增长无任何关系（Baxter et al., 1989; Flood et al., 1995），但更多研究表明，经济调整过程会受到汇率制度影响，长期经济增长也与汇率制度具有相关性。

1. 固定汇率制度对经济增长的作用

以 Mundell（1995）和 Calvo（1999）为代表的学者认为固定汇率制度与经济增长正相关。即使利用"实际的"汇率制度分类法，与有管理的浮动汇率制度相比，采取固定汇率制度的国家经济增长更快（Bailliu et al., 2003; Reinhart et al., 2004）。其原因在于可信的固定汇率制度可以减少外汇市场中投机引致的经济脆弱性（Ghosh et al., 2000）。Badarau 等（2019）从通缩性冲击与流动性陷阱的角度，论证了货币联盟比浮动汇率制度能带来更高的福利。这是因为当陷入流动性陷阱时，固定汇率制度下名义汇率不变，负面的通缩性冲击拉低本国价格水平，造成实际汇率贬值；而浮动汇率制度下则因资产不完全性，实际汇率会升值。故前者更能通过实际汇率贬值缓解负面冲击，从而实现稳定经济的效果。

2. 汇率制度灵活性对经济增长的作用

与之相反，Levy-Yeyati 等（2005）发现，一国如果实行长期的固定汇率制度，那么该国就会具有低通胀、低经济增长的特征。Rose（2011）认为窄区间爬行汇率制度下的经济增长比固定汇率制度下的经济增长表现更优异，这说明了汇率制度的灵活性与经济增长的正相关性。其原因在于，在固定汇率制度下容易滋生道德风险，而更灵活的汇率制度能吸收外部冲击并能保持货币政策的相对独立性。当然，如果一个国家没有良好的宏观经济政策管理模式，灵活的汇率制度会使得外部冲击加大，反而恶化经济（Bailliu et al., 2003）。另外有学者认为，与极端"硬钉住"汇率制度相比较，"软钉住"的中间汇率制度最能促进经济增长（Francisco, 2007; Frankel et al., 2019）。但也有与之不同的观点认为，如果向更为灵活的汇率制度转换，无抵补利率平价在现实中不成立，利差贸易会出现损失，在经济不稳定时易产生金融危机（Chang et al.，2017；Cho et al.，2019）。

（二）汇率制度的传递渠道

关于汇率制度对经济的影响，众多学者从不同角度进行了探索。除了传统的贸易渠道，还涉及了生产率传递渠道、价格水平渠道和资本流动渠道等多个方面。

1. 汇率制度的贸易渠道

固定汇率制度可以降低交易成本，促进贸易发展；而浮动汇率制度则通过调节汇率应对来自世界市场的贸易冲击（路继业，2015）。比如货币同盟采取的固定汇率制度对贸易的促进作用就十分显著（Frankel et al.，2002，Barro et al.，2007；Cavoli，2008）。而且固定汇率制度在工资刚性下会弱化"巴拉萨-萨缪尔森"效应，被低估的固定汇率会抑制工资增长，扩大贸易部门规模，使生产率增长，以此拉动整个经济（Mao et al.，2019）。

但是，固定汇率制度难以抵抗外部风险，易产生金融危机。因此，在理论上，发达国家适合采取浮动汇率制度来提升贸易水平，而发展中国家采取国际资本管制和固定汇率制度来促进贸易较为合理（Aasim et al.，2005；Edwards et al.，2005）。不过在实践中，大量发展中国家采用中间汇率制度，在避免浮动汇率制度下本币升值影响贸易与经济时，又减少了固定汇率制度的福利损失（梅冬州等，2011）。总体来看，中间汇率制度对贸易有着最大程度的正向影响，其次是固定汇率制度，而浮动汇率制度对贸易的影响为负（崔小勇等，2016）。此外，汇率制度甚至可以通过影响贸易而缓解金融危机的扩散。根据 Santana-Gallego 等（2019）的观察，钉住美元的固定汇率制度或以欧元为锚的中间汇率制度均能正向影响贸易。如果金融危机发生，对于出口国来说，以美元或欧元为锚的汇率制度都无法缓解金融危机，但若发生在进口国，则钉住美元可以缓解金融危机。

2. 汇率制度的生产率传递渠道

早期，有学者认为，汇率制度与生产率之间并无显著关系（Baxter et al.，1989；Ghosh et al.，2003）。之后有部分学者认为固定汇率制度与生产率之间有正向关系。Aghion 等（2009）的研究发现，更加灵活的汇率制度会降低生产率。这是因为在现实中，由于工资成本粘性，信贷约束的企业在受到外部冲击时，其现行收益会受到影响。因此当经济遭遇实际冲击时，会出现相应的金融冲击并反映至汇率变化上。本币升值导致借贷企业的实际收益下降，此时只有通过借贷来维持企业及其革新，对生产率造成负面影响。虽然本币贬值有相反的效应，但并不能抵消其负作用。Slavtcheva（2015）将两者正向关系的原因解释为：固定汇率制度下通货膨胀率更低，而低通货膨胀率弱化了由存款准备金的积累带来的借款与贷款之间的差异，这促使新厂商进入行业，并促进生产率的提高。另外，固定汇率制度下，企业贸易成本降低，进行包括对外直接投资（Outward Foreign Direct Investment，OFDI）等投资所要求的生产率阈值更低，这有利于企业的投资活动（张夏等，2020），同时低质量产品获得出口机会。整体及资本要素的错配会加剧固定汇率制度对出口产品质量的抑制作用，陷入要素错配和固定汇率制度下的"低质高量"模式（张夏等，2019）。

创新是生产率提升的重要表现，近年来相关研究将汇率制度与创新联系了起来。江春等（2020）认为企业家精神强意味着该国具有较强的创新性，此时实行浮动汇率制度可以传递市场信息，让企业家发现并利用市场机会。企业家精神较弱，则意味着缺乏应对不确定性并承担汇率风险的能力，实行浮动汇率制度容易使该国因汇率的频繁波动而增大金融风险。陈晓莉等（2019）认为，浮动汇率制度通过影响企业的经营策略和多元化战略正向地影响自主创新。由于浮动汇率制度使不确定性增加，因此企业会开展相对多元化的经营模式，拓宽自身的业务链条，经营更多元、更分散的业务，为满足不同市场中消费者需求，倒逼企业进行自主创新。

3. 汇率制度的价格水平渠道

基于购买力平价理论，如果一个国家与价格水平稳定的国家钉住汇率，那么可以提高政策信誉并能保持低通货膨胀率（Brooks et al., 2003）。而浮动汇率制度下本国货币贬值就导致国内通货膨胀率持续上升（Giannellis et al., 2013），汇率对通货膨胀率的波动存在溢出效应（项后军等，2011；Hegerty, 2017）。

如果比较不同汇率制度下货币政策对通货膨胀管理的有效性，中间汇率制度与非通货膨胀目标的浮动汇率制度会导致较高的通货膨胀率，而固定汇率制度与通货膨胀目标的浮动汇率制度在管理通货膨胀方面效果较好（Yamada, 2013）。但Hossain（2015）认为，在浮动汇率制度下，通货膨胀目标的货币政策规则是有效的，而在固定汇率制度下，由于货币政策调控有多重目标，反而不能抑制通货膨胀。还有学者认为，汇率制度对价格的影响是中性的。如果汇率对利率和生产者价格指数的传导渠道断裂，那么汇率对通货膨胀的影响较弱（陈创练，2018），特别对于遵循泰勒规则制定货币政策的实行浮动汇率制度的国家，实际汇率在短期与长期均与通货膨胀无关（Eichengreen et al., 2017）。不过，Lai等（2020）以中国汇率制度变化的进程为例，认为随着资本项目开放，如果没有国内价格自由化的改革，那么汇率制度向更为灵活的方向转变时，价格传导渠道的断裂会导致本币升值，进口中间品增加、而相应的失业也增加，出口因此减少，外汇储备下降，对经济造成明显的负面冲击。

4. 汇率制度的资本流动渠道

传统经济理论认为，资本流动在浮动汇率制度下更易对经济产生影响。这是因为更为固定的汇率制度安排会增加投机性的资本流动。固定汇率制度相当于政府为外汇价格作了担保，大量国外投机资金进入发展中国家进行风险借贷活动，但是大多进入了非生产领域，很难有效地促进经济增长（Krugman, 1999），如果资本流动异常，那么对经济冲击更大。若把资本流动异常分为激增、中断、外逃和撤回，后三种对经济增长具有负向影响。有弹性的汇率制度和金融市场发展会减弱四种资本异常流动情形对经济增长的冲击效应（程立燕等，2020）。

但不少学者认为，浮动汇率制度下的资本流动冲击效应更为显著。这是因为汇率变化会产生持有本币资产和美元负债的汇率错配现象，改变银行资产负债表，从而改变本国银行融资流动性状况（Bruno et al., 2015），如本币贬值会恶化本国银行部门的资产负债表，提高跨国银行杠杆率，降低本国融资能力。除此以外，国际金融市场的套息交易者行为会因市场流动性和融资流动性的共同作用，加剧汇率的波动从而出现汇率超调。而汇率的过度波动最终会通过抵押资产约束对全球信贷供给产生冲击，最终影响一国宏观金融稳定（陈雷等，2017）。

（三）外部冲击与汇率制度

根据真实经济周期理论（Real Business Cycle Theory），经济周期来源于内生经济体系之外的一些真实因素的冲击，即外部冲击。金融开放市场更是常常面临大量的外部冲击，汇率制度的经济效应与对外部冲击的抵御相关。Eichengreen（1998）指出，弹性较大的汇率制度更有利于抵御外部冲击的负面影响。如资本突然中断时，在弹性较小的汇率制度下，国家受到的负面影响更小。导致这种差异的原因可能是汇率制度弹性较小的国家的通货膨胀率通常较低（Magud et al., 2015；李芳等，2018）。相关研究大多涉及实际冲击与名义冲击两个方面的焦点，实际冲击是对经济中诸如产出等实际变量的冲击，而名义冲击则是对经济中诸如以货币为单位的名义变量的冲击。在开放经济领域，往往分为两种具体形式，一种是以贸易条件为代表的实际冲击，另一种是以外部利率为主的名义冲击。

1. 实际冲击与汇率制度效应

关于实际冲击中的贸易条件冲击，Calvo（1999）认为浮动汇率制度会对负的贸易条件冲击有放大作用。这来源于资产负债表效应，负的贸易条件冲击带来的贬值会使得以本币表示的负债增加，致使银行破产及公共部门负债，最终带来经济冲击。而Edwards等（2005）认为浮动汇率制度有吸收外部冲击的作用，且产出对负的贸易条件的冲击反应更大。具体来看，在负的贸易条件冲击下，出口消费品、进口消费品与投资品都会受到影响，此时短期内管理浮动汇率和固定汇率安排会加大金融系统、对外部门和实体经济的波动幅度，因此放开汇率管制对稳定经济更有利（朱孟楠等，2019；胡小文，2019）。

2. 名义冲击与汇率制度

名义冲击中的外部利率冲击往往来源于国外货币政策的影响，并伴随国际信贷冲击。大多数学者认为，浮动汇率制度能吸收这些外部冲击。如Zeev（2019）认为，贬值的支出转换效应大于资产负债表效应，可以吸收国际信贷冲击；而固定汇率制度下国际信贷冲击带来去杠杆性和进出口的下降，产出负效应更为明显。从汇率政策安排上来看，Obstfeld（2015）认为，在自由浮动汇率制度下，外国利率上升引发资本回流，本币贬值带来贸易余额正冲击。同时资本价格上升，企业净值增加，风险溢价下降，投资增加并带动总体产出增加。而当实施固定汇率制度时，临时加息冲击导致本国利率不得不随之同步提高，带来当期经济下行压力。不过即使是实施浮动汇率制度的发展中国家，其央行大多为避免本币升值影响本国出口竞争力，也会干预外汇市场，致使美国的利率冲击向该国传导。此时如果政府用外汇储备进行外汇干预，可以平滑经济波动，短期内可采用外汇市场干预实施的汇率制度，稳定汇率预期。长期可逐步放宽汇率浮动区间，促进实体经济稳定增长（朱孟楠等，2017）。但也有学者认为面对国际资本冲击时，利率需要为钉住汇率目标而提高，从而产生经济收缩；使用外汇干预可以隔离利率冲击，因此使用外汇储备和固定汇率的双政策工具就能够稳定经济（胡小文，2019）。

Dąbrowski等（2020）则认为，在更为灵活的汇率制度下，实际冲击对产出的影响相对较小；但对于名义冲击，汇率制度对其影响具有差异性。总体而言，关键点在于不同汇率制度对于冲击的吸收能力，而这非常依赖于良好的金融环境发展条件。具有充足流动性的金融市场能够提供丰富的金融衍生工具来对冲汇率波动、信贷约束等不确定性风险,促进资本的多元化配置并实现长期投资的稳定性(Botev et al., 2019)。

三、汇率波动及其经济效应

汇率作为两国货币之间的相对价格,在开放经济与两国贸易中起到十分重要的作用。在开放经济中,汇率波动是决定一国经济增长的关键因素之一。

(一)名义汇率、实际汇率及其衡量

学者们根据不同立足点选用不同的汇率变量。在名义汇率方面,除传统双边名义汇率(Nominal Bilateral Exchange Rate,NBER)、名义有效汇率(Nominal Effective Exchange Rate,NEER),还包括中间汇率制度中的货币篮子(Basket of Currencies),Franke-Wei模型构建了货币篮子分析领域的基本框架,该框架以各种货币兑换瑞士法郎的汇率来衡量变动之间的相关性,近期研究分别剔除美元或人民币的影响(Subramanian et al., 2013;Kawai et al., 2016),这显示了美元的国际货币地位与人民币在国际上地位的提升。

1. 名义汇率与实际汇率的关系

汇率理论与汇率实际运用的联系并不是那么直接的。实际汇率(Real Exchange Rate,RER)在其中成为一个关键的变量。实际汇率是剔除了价格水平的汇率值,根据假定条件的不同,实际汇率可表现为多种形式。如购买力平价下的实际汇率值如式(3-2)所示。

$$\text{RER} = \frac{EP^*}{P} \tag{3-2}$$

式中,E 为名义汇率,P^* 为外国价格水平,P 为本国价格水平。

实际汇率(RER)还可表现为贸易品价格 P_T 与非贸易品价格 P_N 之比,如式(3-3)所示。

$$\text{RER} = \frac{P_T}{P_N} \tag{3-3}$$

实际汇率(RER)的计算也可忽略非贸易品价格。除此之外,也包括剔除价格因素之外的实际有效汇率。

2. 衡量汇率值的研究进展

最新文献中出现了更具有针对性的汇率含义。

(1)行业或企业的实际汇率。

这种汇率考虑到不同行业中厂商的主要贸易对象,行业层面的实际汇率(REER)可以更有效地反映汇率对制造业行业的差异性影响(Goldberg, 2004)。如式(3-4)所示(Baggs et al., 2010)。

$$\text{REER}_j = \sum_{i=1}^{N} w_{i,j} \times \text{RER}_i \tag{3-4}$$

式中，$w_{i,j}$ 代表第 j 个行业与第 i 个贸易伙伴的贸易量在该行业中所占比例（盛丹等，2017）。

李宏彬等（2011）进一步拓展了该公式，如式（3-5）所示。

$$\text{REER}_{kt} = 100 \times \prod_{k=1}^{n} \left(\frac{E_{kt}}{E_{k0}} \times \frac{P_t}{P_{kt}}\right)^{w_{kt}} \tag{3-5}$$

式中，E_{kt} 是 t 期外币 k 对本币价格，w_{kt} 是贸易权重，为企业 t 期出口（或进口）到 k 国的出口（进口）值占其总出口（进口）值的比例。

当前研究中更多采用了式（3-5）作为测算指标（吴国鼎等，2015；王雅琦等，2018；田朔等，2019；李宏等，2020）。

（2）构建衡量金融资产国际竞争力的金融实际汇率指数。

该指数的构建方法包括基于国际投资中的国际资本流量和存量构造（Makin et al., 1999）、依据资产和负债权重构造（Philip et al., 2010）、利用跨境权益类资产头寸数据构造（Gelman et al., 2015），以及利用货币市场和其他金融资产的条件风险溢价构造（Maggiori, 2017；Lettau et al., 2014；肖立晟，2014）。

（3）竞争国汇率。

竞争国汇率是指在同一出口目的国市场，与出口国出口相同商品的其他国家汇率（李保霞等，2020）。它与第三国汇率和邻国汇率表达了相似的含义，都说明双边贸易既受双边汇率的直接风险影响，又受到第三国汇率的间接风险影响（Cushman, 1986；王雪等，2016）。

一国政策制定者应该关注名义汇率还是实际汇率，与两种汇率的作用有关。名义汇率的变化会影响到资本项目和资产市场，而实际汇率的变化则可能既影响到国内居民财富，又影响到资源的配置，对于一国的对外贸易来说十分重要（Calvo et al., 2002）。

（二）依市定价理论、异质性与汇率的传递效应

汇率传递问题是研究汇率效应的焦点之一，其主线一直是研究汇率不完全传递的机制，相关文献主要在集中于对依市定价理论和异质性的探讨。

1. 依市定价理论及相关影响因素

依市定价（Pricing to Market，PTM）理论是分析汇率传递效应的重要理论基石。该理论认为，汇率不完全传递是因为当汇率变动时，出口企业自发调整成本加成，以保证出口商品以外国货币计价时价格不变，最终维持海外市场份额（Krugman, 1986）。而厂商依市定价取决于需求弹性和边际成本（Goldberg et al., 1997），这又与厂商定价货币的选择有关，分为生产者货币定价（Producer Currency Pricing，PCP）和当地货币定价（Local Currency Pricing，LCP）（Choudhri et al., 2015；邓贵川等，2019）。汇率的传递效应受各种因素影响，如 Cheikh 等（2020）认为汇率的传递效应与通货膨胀有关，通货膨胀持续时间越长，更多厂商会认为汇率变动将是持久性的，他们越会改变价格以适应汇率变动，并且汇率传递效应随着通货膨胀率的上升而增强。邓贵川等（2020）则考虑交易成本，并融入支付时滞，认为产品价格不仅受 LCP 模型下的实际边际成本和汇率失调的影响，还会受汇率预期和利率的影响。

2. 异质性与汇率不完全传递

近年来立足于微观层面的汇率不完全传递成为主流研究趋势。汇率传递研究在价格粘

性、多个行业、异质性企业等方面的框架下进行，尤其是因商品或企业不同而存在异质性特点（刘凯，2020），这表现为企业生产率、生产环节、产品质量与企业融资约束等方面的不同（曹伟，2016）。具体来看，有以下三点。第一，生产率越高的企业，其依市定价的能力越强，越可及时调整成本加成，维持出口商品在进口国价格不变（Melitz et al., 2008），由此削弱汇率传递效应（Li et al., 2015）。第二，由于汇率变动时，进口中间品价格的汇率传递效应减弱，本币价格无法随汇率波动迅速调整，因此容易影响本国中间品的产出（盛丹等，2017）。第三，汇率弹性存在产品质量异质性（王雅琦等，2015，2018）。由于高质量产品有较高的成本加成与较低的替代弹性（Basile et al., 2012），因此出口对本币贬值的反应更小（Chen et al., 2016）。对于中国来说，产品质量越高或产品在企业中的地位越核心，其出口价格的汇率传递效应就越弱。相比发达国家而言，我国出口产品价格的汇率传递效应普遍更强（易靖韬等，2019）。

异质性汇率传递导致了汇率调整的经济效应呈现非对称性。从对贸易总量的影响角度来看，本币贬值对企业出口的促进强于本币升值对企业出口的抑制（张会清等，2012），第三国汇率对出口与进口也有着不同的传递效应，这与商品技术复杂度、质量与行业集中度都有关。如技术复杂度越高，企业越有能力在保持高利润率时应对竞争国汇率变动（李保霞，2020）。在对贸易结构的影响上，本币升值会降低一般贸易和加工贸易的出口份额（Marquez et al., 2007），但因加工贸易与一般贸易在生产率和国内附加值上的差异性（Xing, 2016; Dai et al., 2016），对一般贸易的影响大于加工贸易（Thorbecke, 2010）。例如中国进口价格的汇率传递效应存在着显著差异性，人民币贬值对制造业进口价格的汇率传递效应更强。其中简单产品在人民币贬值时非对称效应更大，复杂产品在人民币升值时非对称效应表现得更强（张天顶等，2019）。

（三）汇率波动的经济效应

汇率波动来源于各种外部冲击。而根据利率平价理论，外部冲击会引起汇率在短期中的波动超过在长期中的反应，即汇率超调，并更大程度地影响企业成本和进出口决策，最终影响该企业商品的国际竞争力。

1. 汇率波动的微观影响机制

当经济遭遇非对称的实际冲击时，汇率波动可以通过调整价格抵消经济波动（Mundell, 1961; Edwards et al., 2005）。但经验分析表明，汇率波动与经济增长负相关（Schnabl, 2009; Vieira et al., 2013）。其关键点在于汇率波动的不可预测性。从微观层面上来看，汇率波动的这种不确定性通过多种机制对企业产生影响，比如改变企业的生产成本或竞争力等（张天顶等，2020）。实物期权理论（Dixit et al., 1994）说明汇率波动会使企业出现延迟投资、转换、再投资等柔性决策，增强宏观经济的不确定性，抑制投资与就业（Belke et al., 2003）。对于信贷约束的企业来说，汇率波动使借贷企业收入变化，可能影响到企业的生存能力与创新（Aghion, 2009）。要注意的是，汇率波动对投资的影响程度具有异质性。如投资的行业特征以及投资动机的不同，会造成对内投资与对外投资的不同影响（Lin et al., 2010；陈琳等，2020）。由于不同部门进行FDI的动机有差异，因此无法被一价定律预测的汇率波动导致寻求劳动力成本优势的制造业部门FDI下降，而对金融部门FDI则有促进作用（Balaban et al., 2019）。如从投资方式上来看，汇率波动的不确定性反而使绿地式投资从中受益，中国企业亦是如此。根据实物期权效应，企业通过绿地投资的方式灵活安排投资阶段，绿地投资的阶段性资本投入允许企业改变投资策略（肖添，2019）。

2. 汇率波动的宏观影响机制

宏观上，汇率波动的不可预测性对长期出口会产生负面影响（Vieira et al., 2016；Pino et al., 2016），这表现在以下三个方面。第一，汇率波动幅度越大意味着风险越高，这会降低出口企业对未来利润的预期，风险厌恶型的出口企业不愿意继续出口或者减少出口（张天顶等，2020）。因此，汇率波动幅度变大会抑制企业出口。第二，由于生产异质性因素的影响，当因汇率波动而产生汇率风险时，企业会减少生产率低的其他产品的出口而集中出口主营产品，因此稳定的汇率更能促进出口多样性发展，尤其对具有更高技术密集度的产品更是如此（Goya, 2020）。第三，汇率风险除了使企业出口集中度提高，还会造成出口频率降低，且集中在少数时间（赵晓涛等，2020）。当然这种不可预测性的影响随外汇市场的发展而下降，如随着中国外汇市场中避险工具可利用性的加强，中美之间的贸易量并不受汇率不确定性影响（Smallwood, 2019）。

同时，汇率波动会强化国外投资动机，造成资本波动，对一国金融市场与外汇储备等也会产生影响，甚至加大国际债务风险（宫健等，2017）。尤其是汇率波动易使金融账户整体、FDI、证券投资、其他资本流动等突然中断发生的可能性上升，这极易对金融体系造成冲击（李宇轩，2019）。另外从经济结构上来看，由于耐用品不完全折旧，影子价格趋于常数，其贸易条件的波动性也会低于非耐用品贸易条件的波动性，汇率波动会扭曲本国贸易品与非贸易品的相对价格，可能造成本国两部门的资源错配（石峰，2019）。

实际汇率更为直接地影响经济基本层面与宏观政策（Edwards, 2018）。大多数学者认同低估实际汇率能促进经济增长（Williamson, 2009；Guzman et al., 2018），高估实际汇率则破坏经济稳定（Frankel et al., 2012；Gnimassoun et al., 2015），这主要通过实际汇率对经常项目的影响而实现（Vieira et al., 2020）。不过也有学者认为，无论高估还是低估，实际汇率的大幅失调都会给经济增长带来负效应（Calderón, 2004；Schröder, 2013）。

第三节　金融开放、金融发展与汇率的相关性

"二元悖论"极大地挑战了传统"三元悖论"的框架及其政策制定，同时也意味着金融开放趋势下汇率问题更为复杂，其经济绩效和政策绩效与金融开放水平、资产价格等因素息息相关（范小云等，2015；伍戈等，2016）。对于发展中国家而言，汇率的灵活性也决定了金融开放对经济的冲击程度。

当前对金融开放、金融发展与汇率或汇率波动与经济增长之间系统逻辑关系进行梳理的文献相对较少，但在关于金融开放或汇率的经济效应的文献中，一些学者开始关注到金融开放、金融发展与汇率本身或汇率效应间的相关性问题。

一、金融开放、金融发展与汇率的经济效应

大量文献论证了金融开放与金融发展对经济增长的促进作用,这些文献大多认为金融发展对经济增长有显著的促进作用(Beck et al., 2000; Guariglia et al., 2008; Ductor et al., 2015),但是金融开放却不尽如此(Kose et al., 2009; Obstfeld, 2009),其效应的正负需要以金融发展的门槛值作为依据来进一步判断(Aghion et al., 2009; Kose et al., 2011)。

(一)金融发展与汇率的经济效应

大量文献都得出同一个结论,即金融发展有助于降低汇率灵活性对生产率增长带来的不利影响。

关于金融开放和经济增长的研究,大多围绕着金融开放带来的资本产出效率提升的长期效应与短期迅速放开带来的金融发展不稳定(危机)之间的权衡展开(余永定,2014)。金融开放的经济效应受制于金融发展的程度(Calderón et al., 2005; Calderón et al., 2008; 马勇等,2018)。金融发展可提高储蓄向投资转化的效率、缓解信息不对称;还可有效地降低外部融资成本,甚至促进企业增加研发投入(庄毓敏,2020)。不过,金融开放也会导致跨境资本流动规模扩大或加大汇率波动幅度,国际收支和外汇储备相应变动(管涛,2019),实际汇率变动(Calderón et al., 2018),并对股价产生影响(Moore et al., 2014),造成资产价格泡沫的产生。

当国内金融市场发展水平较低时,金融机构承担过多风险,不同部门间的资源配置面临外部冲击,本国经济发展水平受阻(Mishkin, 2006)。因此金融市场越不发达,外部冲击的影响就会越大,此时选择固定汇率制度就越好(Slavtcheva, 2015; Rodriguez, 2017; 王雅琦等,2017;王晋斌等,2020)。如拉丁美洲的国家因金融开放导致的资本流入诱发汇率的大幅波动,国内金融发展水平和条件不匹配最终导致危机产生(吴婷婷等,2015)。而金融发展水平较高的国家,浮动汇率可以有效抵御资本账户开放造成的潜在不利影响,会使得国外资金流入实体部门的渠道更加顺畅,有利于经济增长(马亚明等,2020)。

(二)金融开放能促进金融发展吗

金融开放与金融发展的关系最早来源于麦金农(Mckinnon)的金融发展理论,大多数学者认为金融开放可以增强本国与外国的银行竞争效应、加强资金流动性、推动金融资产多元化(Chinn et al., 2007),这样可以促进信贷配置效率(Bruno et al., 2014),因此金融开放能起到促进金融发展的作用。

同时,还有大量学者的研究涉及金融开放的构成因素及其对金融发展的影响环节。Gaies等(2019,2020)认为投资性流动为主的金融开放能够减少金融发展欠缺下的不稳定性(Gaies et al., 2019, 2020)。另外,金融开放中资本账户的开放对金融发展的影响最为明显,主要是影响权益和股票市场(Chinn et al., 2006; Law et al., 2006)。国际资本的流动会加强股票市场流动性,并加剧国内银行竞争(Levine, 2001)。不过Ozkok(2015)认为,只有银行部门与金融开放正相关,而权益和股票市场与其负相关。并且金融开放只有伴随良好

的制度与教育质量才能更好地促进金融发展。

Rajan 等（2003）认为，如果加入贸易开放因素，并利用利益集团理论（Interest Group Theory），那么可明确两者的关系。当贸易开放但资本管制时，当前工业的既得利益者会呼吁金融管制，以防止新厂商进入寻求保护（Baltagi et al., 2009），此时金融市场不一定能得到发展。但如果此时金融开放，外国资本会产生替代效应，新厂商或中小厂商就会减少对国内金融的依赖性，无论是工业还是金融机构的既得利益者不得不面对竞争，这时他们需要更多的外部融资，从而促进金融发展。经过这一系列调整过程，国内金融发展规模缩小，但金融效率提高（Zhang et al., 2015）。

二、金融开放与汇率效应

（一）金融开放会加剧汇率波动吗

大多数研究验证了汇率波动对于经济增长的负面冲击，对于金融发展水平较低的发展中国家而言更是如此（Grier et al., 2007），因此金融开放背景下需要稳定汇率的政策（Faia, 2011）。那么金融开放对汇率是起到了稳定作用，还是加剧了汇率波动呢？对此学者们进行了研究和探讨。

1. 金融开放对汇率波动的影响因素

虽有学者认为资本账户的开放有助于降低汇率的波动性（Bogdanov, 2014），因为金融开放具有风险分担机制，所以可以更有效地面对随机冲击，但更多学者从理论和实证上证明了，事实上发展中国家的风险分担机制并不完善（Kose et al., 2009）。而根据传统理论，金融开放导致的资本流入会诱发汇率的大幅波动。但在实践中，金融开放对汇率波动的影响并没有那么直接，而是与以下两个因素相关。

第一，冲击来源。对于未预期到的实际冲击，金融开放会缓解汇率波动。若是名义冲击则会加剧汇率波动。具体来看，当面临不对称名义冲击如货币冲击时，由于金融摩擦，国内外债券在资本不完全流动下进行差异支付，资产积累使国内利率下降，利率下降会促进消费，因此汇率需贬值恢复均衡，但幅度没有资本完全流动条件下贬值得多。金融开放会减少金融摩擦，汇率要贬值更多。如果是正的产品冲击，则会使债务积累，利率上升，汇率短期内需要贬值更多。此时金融开放则相反，将缓解汇率波动（Sutherland, 2004）。

第二，金融开放中的资本构成。权益相关的金融开放会缓解汇率波动，而贷款相关的金融开放则与之相反（Sutherland, 2004；Calderón et al., 2009）。这可能是因为倾向于权益相关金融开放的国家往往伴随更好的制度和其他资源，债务相关的金融开放则相反（Faria et al., 2011）。

2. 金融开放与实际汇率波动的关系

金融开放与汇率波动关系的另一个研究角度立足于是否导致实际汇率波动。这是因为金融开放如资本项目开放会通过名义汇率的改变或非贸易品价格的变动来影响实际汇率。资本流入会导致实际汇率升值，其失衡程度与汇率灵活性有关，不过学术界尚未达成一致结论。有学者认为更为灵活的汇率制度可以抑制其失衡程度（Combes et al., 2012），在固定汇率制度下更容易高估实际汇率（Libman, 2018）。而持不同的观点的学者则认为，固定汇率制度与有管理的浮动汇率制度具有更低的实际汇率失衡（Nouira et al., 2015）。而资本管制会恶化实际汇率失衡，尤其是在固定汇率制度与有管理的浮动汇率制度下更是如此（Montecino, 2018）。但近期还有学者认为资本项目开放会加大高估或低估实际汇率的程度，这使实际汇率失调更快地进行调整，并缩短实际汇率失调持续的时间（Mahraddika, 2020）。

（二）金融开放对汇率效应的影响

金融开放会通过汇率制度或者金融改革（Eichengreen, 2019）等影响到经济体系。大多数研究结论表明，除非金融发展程度十分低下，否则大多数国家至少采取中间汇率制度，那么汇率效应的焦点就集中在汇率波动对于经济增长的正向影响上。

1. 金融开放对汇率效应的正向影响

金融开放会降低汇率波动对生产率的负面影响（Rodriguez, 2017）。而当金融开放程度较低时，汇率波动不仅会抑制经济增长，还会增加货币危机发生的可能性。Aghion 等（2009）对其原因的解释具有代表性。他们认为，在工资粘性条件下，当面临短期流动冲击时，企业家若能在资金充足条件下以吸收效应继续创新活动，经济则会增长。而企业家的贷款能力与当前收入正相关，当汇率波动降低企业收入时，会限制其贷款与创新的能力。在资本账户开放度较高的国家，有管理的浮动汇率制度对企业创新的促进作用更明显（陈晓莉等，2019）。而这种信贷约束能力受国内信贷市场与金融开放程度影响。当汇率贬值时，企业收入下降，但金融开放可对其信贷资金进行弥补。因此，汇率波动对生产率增长的负向效应随着外部融资获取性的增强而削弱，这也得到了实证上的检验（Caglayan et al., 2014）。

2. 金融开放下的汇率稳定效应

与其相左的观点认为，金融开放下汇率稳定对于经济增长更优。现实中显著的表现是发展中国家的投资约束更为严重，金融开放事实上导致实际汇率的升值和贸易品部门投资机会的减少，这对经济增长带来长期不利影响。20 世纪 90 年代，大多数发展中国家的金融危机正是这一效应的表现，因此资本管制是必要的（Rodrik et al., 2009）。

Gaies 等（2019）的研究将金融开放因素进行细化，探讨不同形式金融开放的具体影响。金融开放在外部资本流动过程中，债务性资本流动对经济增长的作用不明显，但金融开放与投资性资本流动（如 FDI）会促进长期的经济增长并降低金融危机发生的可能性。而正如前述，汇率波动因不确定性对经济增长起到负作用，甚至引发金融危机。Gaies 等（2020）的实证检验显示，金融开放尤其是投资性资本流动能够抵消名义汇率波动的负效应，但负债性资本流动与名义汇率波动之间无显著相关性。因此，金融开放在整体上能起到担保品优势的作用，对经济起到直接促进作用。其机制主要是以投资性为主的金融开放能够促进国内金融市场发展与发展中国家的经济稳定，这样可以缓解名义汇率波动的负效应。对于经常面临汇率波动的发展中国家而言，伴随着金融开放，促进金融发展是最为重要的环节。

三、信贷约束、金融开放与汇率波动

全球多次金融危机显示宏观经济波动与金融市场及其资源配置有直接联系。金融开放一方面显然会改变一国金融资源状况,另一方面汇率制度和汇率波动对经济波动产生影响。近年来先后出现一些研究,用金融摩擦机制将金融开放与汇率波动两者结合起来进行宏观波动的理论分析。

(一)金融摩擦机制与信贷约束

金融摩擦是指信息结构不完善而导致的交易成本增加,这会导致企业资金短缺。当借贷成本上升、贷款数量受限,企业无法筹集到充足资金时,投资、消费和产出都会受影响,因而造成经济波动。金融摩擦机制主要包括两个,一是 Bernanke 等(1999)提出的因银行与借款者之间的信息不对称而导致的外部融资溢价机制(Mechanism of External Finance Premium);二是 Kiyotaki 等(1997)提出的抵押约束机制(Mechanism of Collateral Constraint),该机制考虑的是资金可获得性,企业的贷款能力受自身资产价值的影响,信贷额度取决于企业的可抵押资产价值。以上两种机制均称为金融加速器机制(Mechanism of Financial Accelerator)。金融加速器机制成为近来研究开放宏观经济均衡的前沿模型,还用以研究外部冲击与汇率制度选择(朱孟楠等,2019)。

由于金融开放可以提高企业信贷约束能力,因此抵押约束机制能更好地描述金融开放的信贷约束变化。实物资本或其他形式的有保障的收入扮演着抵押品的角色,现有文献主要选取住房抵押约束(Iacoviello et al., 2006)及其基础资产耐用品(Faia et al., 2011)进行分析。在高度金融自由化的情况下,汇率波动会引起抵押品价值的波动,从而对国外贷款的可获得性产生影响。因此,在金融开放过程中,汇率带来的消费、产出和价格波动都会被放大。这一传导机制与 Aghion 等(2009)关于企业约束条件下金融开放、金融发展、汇率波动与经济增长关系的理论分析一致。

(二)抵押品信贷约束模型与传递渠道

金融开放、汇率波动与经济增长的研究大多是建立在实证的检验上。自 Obstfeld 和 Rogoff 于 1996 年首创了开放的宏观经济模型(OR-Rudx 模型)后,学者们进一步考虑不确定性因素,纳入了随机分析,形成新开放经济宏观经济学(New Open Economy Macroeconomics, NOEM)下的动态随机一般均衡模型(Dynamic Stochastic General Equilibrium, DSGE)。此模型给出具体的效用函数、生产函数等微观基础,并引入名义刚性和不完全竞争市场等因素。关于金融开放效应的理论分析,学者们设定国内外债券不完全替代或风险溢价(McCallum et al., 1999)等假定前提,以分析长期均衡与短期冲击反应。由于此模型具有坚实的微观基础、灵活性和可拓展性,因此当前主流研究都基于该框架来更细致地考察在价格粘性、不完全竞争、资本管制、技术冲击等背景下的汇率效应(刘凯等,2020;邓贵川等,2020)。

抵押约束机制是 DSGE 模型中引入金融摩擦机制的经典方式之一(Iacoviello, 2005)。抵押房产或耐用品会冲击宏观经济，产生经济波动，并与融资约束有关。融资约束本身对汇率的经济效应会产生影响，而金融开放可作为信贷约束的金融冲击，国际信贷抵押约束收紧或扩张将导致资产价格及流动性水平变动，并引起债务和价格水平及贸易等变化（刘一楠等，2019），如融资约束程度低，汇率变动对产品出口种类的影响弱。多产品企业融资能力越强，在面临较大的汇率波动时，容易通过外部融资的方式获得现金，帮助企业抵御流动性冲击，抑制汇率波动的负向作用（吴功亮等，2020）。

金融开放、金融发展、汇率制度与经济波动均纳入 DSGE 模型的分析大致具有以下 3 个特点。

（1）金融市场条件的均衡条件。

假定开放经济中一价定律成立（Faia et al., 2011）或本国与外国债券的利率平价条件成立（Buch et al., 2005；刘一楠等，2019）。

（2）金融开放的内生化。

第一种采用债券交易成本 Ψ 来衡量金融开放（Sutherland, 1996；Buch et al., 2005）；第二种考察外币名义债券借款的本国家庭部门的借款约束条件如式（3-6）所示。

$$R_t^{*n} B_t^* \leq \Omega E_t \left(\frac{p_{t+1}}{e_{t+1}} Z_{t+1} D_t \right) \quad (3-6)$$

式中，B^* 为借入外国货币，其利率为 R^*_n，p_{t+1} 为第 $t+1$ 期的抵押品价格，e_{t+1} 为第 $t+1$ 期的名义汇率，D_t 为第 t 期的抵押耐用品存量的价值，Z_{t+1} 为消费品与抵押品的相对价格。该公式表明外币债务偿还小于或等于担保品的预期外币价值；式（3-6）中的贷款／抵押品未来价值（Ω）用以衡量金融开放度，金融服务形式的提供状况决定 Ω 值大小（Faia et al., 2011；刘一楠等，2019）。

（3）三者关系的传递渠道。

第一，实际汇率渠道。Ψ 不同使得国外债券转换效应影响到利率程度不同，从而影响名义与实际汇率，因此不同金融水平对实际汇率的产出冲击效应不同（Sutherland, 1996；Buch et al., 2005）。第二，价值渠道。汇率 E 上升，担保品实际价值上升，借款能力实际增强，同样增加非耐用品需求。第三，替代渠道。汇率 E 上升使信贷能力增强，减少担保品需求，从而非耐用品消费增加（Faia et al., 2011）或资产价格下降，加速本币资产下降，导致资本外流与本币贬值，资本价格进一步受到冲击（刘一楠等，2019）。在后面两个渠道中，Ω 上升均会加大消费和产出波动。

基于以上说明，在抵押品信贷约束的背景下，更高程度的金融开放往往会加剧汇率波动对消费和产出的影响，破坏整个经济的稳定，决策者应更加关注汇率的稳定，如注重对预期管理政策的制定，在金融开放进程中，货币政策函数需预先纳入外国政策变量，并注重对企业与银行的危机管理等。

第四节 研究述评

随着全球金融一体化脚步的加快，各国的金融开放进程也在不断深化。金融开放带来的经济增长效应曾使各国把其放在经济发展中不可动摇的位置上，但同时也使各国所面临的外部冲击变强，多次金融危机使得学者们对金融开放本身带来的冲击给予了越来越多的关注。然而，汇率的灵活性在一定程度上对金融开放的经济效应起到调节作用，并且金融开放也可能对汇率起到稳定或加大波动的作用。

本章针对以上现实经济背景，主要介绍了三个方面的研究前沿：一是金融开放的内涵、测度与经济效应；二是汇率制度、汇率波动及经济效应；三是金融开放、金融发展与汇率的相关性。现有研究的特点包括以下三点。第一，金融开放的内涵与测度集中于资本账户开放和金融市场开放两个层次，并主要考虑基于资本账户开放的经济效应。总体而言，金融开放无论是对经济增长还是对经济波动的作用，其结论都具有较大分歧，其差异性来源于经济内部市场制度环境、技术发展或金融发展等的不同。第二，汇率灵活性的相关研究包括汇率制度与汇率波动两个层面，当前研究较多涉及了汇率制度与汇率波动的经济效应。关于汇率经济效应的传递机制，除传统宏观层面如贸易、资本流动或价格水平的机制外，从企业生产率、创新，甚至企业异质性的角度来考察的文献逐渐成为主流。第三，金融开放与汇率波动的相关性的研究结论并不明晰，大多涉及金融发展在两者之间的门槛效应。而对于两者的联系大多引入了金融摩擦机制，尤其采用了信贷约束条件下的抵押约束模型。

总而言之，金融开放在世界各国乃至我国都势不可挡。而在金融开放过程中，外部冲击更是无法避免，此时汇率灵活性在其中的作用不容忽视。相关的研究也在逐渐深入和细化，关于此方面的后续研究，可从以下三个角度进行拓展。第一，对于金融开放的内涵与测度，当前的研究主要集中在资本账户开放这一层面上。不过需要注意的是，以金融服务为角度的金融市场开放，会导致资本账户与经常项目"金融与保险服务"交易量的增加，从而促进金融开放。因此以金融市场开放为角度的更为细致的研究具有很大的潜力。第二，当前研究越来越多地纳入微观企业因素，并利用动态随机均衡模型进行了更为准确的研究。但在开放经济中，大国之间的资本或货币政策等的溢出效应表现明显。对这些方面可以进一步深入研究，如考虑金融开放、汇率波动的经济效应时，如何将本国货币政策的反应或国外的利率因素纳入到模型中并内生化是值得深入思考的。第三，当前金融开放的测度主要基于低频数据，而汇率数据或企业数据为高频数据，可以考虑更多地将金融与资本市场因素融入金融开放效应的分析中，寻求更为准确的金融开放效应的替代变量与数据处理方法。

本章思考题

（1）请从经济增长与经济波动的角度阐述金融开放的经济效应。
（2）请论述"法定的"汇率制度与"实际的"汇率制度的区别与联系以及如何进行汇率制度的选择。
（3）请论述汇率制度如何影响经济增长及其传递渠道。
（4）请论述金融开放对汇率制度的影响机制及其传递渠道。

参考文献

陈创练，龙晓旋，姚树洁，2018. 货币政策、汇率波动与通货膨胀的时变成因分析 [J]. 世界经济（4）：3-27.

陈雷，范小云，2017. 套息交易、汇率波动和货币政策 [J]. 世界经济（11）：73-94.

陈琳，袁志刚，朱一帆，2020. 人民币汇率波动如何影响中国企业的对外直接投资？[J]. 金融研究（3）：21-38.

陈旺，黄家炜，汪澜，2020. 金融开放与银行风险承担的异质性研究：基于98个国家的实证分析 [J]. 国际金融研究（1）：33-43.

陈晓莉，鲍洪生，2019. 汇率制度会影响企业的创新行为吗？：来自较高生产率国家的证据 [J]. 世界经济研究（9）：16-31.

陈雨露，罗煜，2007. 金融开放与经济增长：一个述评 [J]. 管理世界（4）：138-147.

曹伟，2016. 依市定价与汇率传递不完全：发展历史与研究进展评述 [J]. 世界经济（9）：53-73.

崔小勇，张鹏杨，张晓芳，2016. 汇率制度转型的贸易和收入效应 [J]. 金融研究（9）：67-81.

程立燕，李金凯，2020. 国际资本异常流动对经济增长具有非线性效应吗？：基于汇率制度和金融市场发展视角 [J]. 国际金融研究（4）：43-53.

邓贵川，彭红枫，2019. 货币国际化、定价货币变动与经济波动 [J]. 世界经济（6）：20-46.

邓贵川，谢丹阳，2020. 支付时滞、汇率传递与宏观经济波动 [J]. 经济研究，55（2）：68-83.

董骥，李增刚，2019. 金融开放水平、经济发展与溢出效应 [J]. 财经问题研究（8）：70-79.

范小云，陈雷，祝哲，2015. 三元悖论还是二元悖论：基于货币政策独立性的最优汇率制度选择 [J]. 经济学动态（1）：55-65.

刚健华，赵扬，高翔，2018. 短期跨境资本流动、金融市场与系统性风险 [J]. 经济理论与经济管理（4）：3-12.

宫健，高铁梅，张泽，2017. 汇率波动对我国外汇储备变动的非对称传导效应：基于非线性LSTARX-GARCH模型 [J]. 金融研究（2）：84-100.

管涛，2019. 新中国成立七十周年来中国国际清偿能力翻天覆地的变化 [J]. 国际金融（6）：3-10.

胡小文，2019. 国际经济冲击与我国汇率制度选择：基于双目标双工具政策理论的研究 [J]. 南开经济研究（6）：37-63.

江春，马晓鑫，甘田，2020. 浮动汇率制度、企业家精神与经济绩效 [J]. 财经科学（10）：13-23.

金祥义，张文菲，万志宏，2019. 汇率制度与银行危机成因：基于银行危机爆发和持续时间的研究 [J]. 世界经济研究（10）：51-66.

贾根良，何增平，2019. 金融开放与发展中国家的金融困局 [J]. 马克思主义研究，2019（5）：66-77.

刘柏，张艾莲，胡思遥，2019. 跨境资本流动、度量方法筛选与金融风险防范 [J]. 南开经济研究（12）：60-77.

刘凯，肖柏高，王度州，2020. 全球金融危机后汇率理论和政策的反思与新进展 [J]. 中国人民大学学报（1）：74-87.

刘一楠，徐雅婷，2019. 信贷抵押约束、资产价格与二元悖论：基于开放经济下的DSGE模型分析 [J]. 国际金融研究（8）：25-34.

刘元春，林姴，2020. "不可能三角"还是"不可能二元"：评述传统开放宏观理论面临的新挑战[J]. 国际金融研究（7）：3-12.

李保霞，王胜，伯雯，2020. 竞争国视角下的汇率传递：事实和机制分析[J]. 世界经济（8）：3-25.

李芳，卢璐，卢逸扬，2018. 资本流动突然中断、汇率制度与经济增长[J]. 财贸经济（2）：69-85.

李宏，任家祯，2020. 汇率变动对中国制造业进出口技术复杂度的影响分析[J]. 世界经济研究（3）：3-15.

李宏彬，马弘，熊艳艳，等，2011. 人民币汇率对企业进出口贸易的影响：来自中国企业的实证研究[J]. 金融研究（2）：1-16.

李扬，张晓晶，2013. 失衡与再平衡：塑造全球治理新框架[M]. 北京：中国社会科学出版社.

李宇轩，2019. 中国资本流动突然中断与汇率波动关系：基于VAR模型的实证分析[J]. 技术经济与管理研究（9）：80-86.

李自若，2020. 贸易开放、制造业升级对金融开放的影响[J]. 经济问题探索（5）：149-159.

路继业，2015. 中间汇率制度的内在不稳定性：对"两极化"的新解释[J]. 世界经济，38（4）：169-192.

路继业，张冲，张娆，2020. 软钉住还是两极化：汇率制度演进中被淡忘的事实与解释[J]. 世界经济，43（8）：54-74.

马理，李厚渊，2019. 资本账户开放、跨境资本流动与金融稳定的相关性研究[J]. 金融理论与实践（11）：7-16.

马亚明，胡春阳，2020. 金融发展、汇改最优次序与长期经济增长：基于118个经济体的面板模型的分析[J]. 国际金融研究（2）：46-55.

马勇，王芳，2018. 金融开放、经济波动与金融波动[J]. 世界经济（2）：20-44.

梅冬州，龚六堂，2011. 新兴市场经济国家的汇率制度选择[J]. 经济研究（11）：73-88.

石峰，2019. 耐用品贸易与人民币汇率波动[J]. 世界经济（6）：72-93.

盛丹，刘竹青，2017. 汇率变动、加工贸易与中国企业的成本加成率[J]. 世界经济（1）：3-24.

田朔，齐丹丹，2019. 人民币汇率变动对出口企业利润的影响研究[J]. 世界经济与政治论坛（5）：43-61.

铁瑛，何欢浪，2020. 地方金融发展、金融脆弱度与出口关系稳定性[J]. 统计研究（7）：42-53.

王晋斌，刘璐，邹静娴，2020. 汇率制度灵活性对生产率增长影响的再研究[J]. 世界经济（1）：23-46.

王雪，胡未名，杨海生，2016. 汇率波动与我国双边出口贸易：存在第三国汇率效应吗？[J]. 金融研究（7）：1-16.

王雅琦，戴觅，徐建炜，2015. 汇率、产品质量与出口价格[J]. 世界经济（5）：17-35.

王雅琦，谭小芬，张金慧，等，2018. 人民币汇率、贸易方式与产品质量[J]. 金融研究（3）：71-88.

王雅琦，邹静娴，2017. 本币币值低估、金融发展与经济增长[J]. 世界经济（2）：3-26.

伍戈，陆简，2016. 全球避险情绪与资本流动："二元悖论"成因探析[J]. 金融研究（11）：1-14.

吴功亮，林汉川，蔡悦灵，等，2020. 汇率变动、融资约束与多产品企业出口行为研究：基于生产分割视角的考察[J]. 国际贸易问题（7）：144-158.

吴国鼎，姜国华，2015. 人民币汇率变化与制造业投资：来自企业层面的证据[J]. 金融研究（11）：1-14.

吴婷婷，高静，2015. 自由化改革、金融开放与金融危机：来自阿根廷的教训及启示 [J]. 拉丁美洲研究（5）：55-63.

肖立晟，2014. 解读欧央行量化宽松货币政策 [J]. 金融市场研究（10）：114-120.

肖添，2019. 中国对外直接投资与产业价值链攀升：基于人民币汇率波动视角 [J]. 经济体制改革（5）：195-200.

项后军，潘锡泉，2011. 汇率变动、货币政策与通货膨胀 [J]. 统计研究（5）：3-14.

杨继梅，马洁，齐绍洲，2020. 金融开放对经济增长的门槛效应：基于不同维度金融发展的视角 [J]. 世界经济研究（8）：17-30.

余永定，2014. 资本项目自由化：理论和实践 [J]. 金融市场研究（2）：4-14.

易靖韬，刘昕彤，蒙双，2019. 中国出口企业的人民币汇率传递效应研究 [J]. 财贸经济（5）：112-126.

朱孟楠，曹春玉，2019. 中美贸易战与汇率制度选择：基于动态随机一般均衡模型的政策模拟实验 [J]. 财贸研究（2）：46-63.

庄毓敏，储青青，马勇，2020. 金融发展，企业创新与经济增长 [J]. 金融研究（4）：11-30.

张会清，唐海燕，2012. 人民币升值、企业行为与出口贸易：基于大样本企业数据的实证研究：2005—2009[J]. 管理世界（12）：23-34.

张家源，李少昆，2019. 国家安全与汇率制度选择：基于大国博弈的视角 [J]. 探索（3）：182-192.

张金清，赵伟，刘庆富，2008."资本账户开放"与"金融开放"内在关系的剖析 [J]. 复旦学报（社会科学版）（5）：10-17.

张天顶，吕金秋，2020. 人民币汇率变化与波动对我国上市企业出口贸易的影响研究 [J]. 经济与管理评论（1）：113-123.

张天顶，钟雨汝，唐夙，2019. 垂直分工、进口价格及人民币汇率传递效应 [J]. 国际商务（对外经济贸易大学学报）（5）：103-115.

张夏，汪亚楠，施炳展，2020. 事实汇率制度、企业生产率与出口产品质量 [J]. 世界经济（1）：170-192.

张夏，汪亚楠，汪莉，2019. 汇率制度、要素错配与中国企业出口绩效 [J]. 中南财经政法大学学报（6）：132-141.

郑建明，王万军，高凌云，2019. 汇率制度与公司投资弹性：基于跨国数据的实证研究 [J]. 国际金融研究（1）：46-56.

赵晓涛，邱斌，2020. 汇率波动性、汇率水平与异质性企业出口 [J]. 财贸研究（8）：38-51.

ABIAD A, DETRAGIACHE E, TRESSEL T, 2008. A new database of financial reforms[J]. IMF economic review,57(2): 281-302.

AGHION P, BACCHETTA P, BANERJEE A, 2004. Financial development and the instability of open economies[J]. Journal of monetary economics, 51(6): 1077-1106.

AGHION P, BACCHETTA P, RANCIERE R, 2009. Exchange rate volatility and productivity growth: the role of financial development[J]. Journal of monetary economics, 56(4): 494-513.

AKYÜZ Y, 1993. Financial liberalization: the key issues: UNCTAD discussion paper(56) [R/OL]. [2022-04-03]. https://www.southcentre.int/wp-content/uploads/2013/08/REP1_FInancial-Liberalization_EN.pdf.

ASTORGA P, 2010. A century of economic growth in Latin America[J]. Journal of development economics, 942(2): 232-243.

BADARAU C, SANGARE I, 2019. Exchange rate regimes in a liquidity trap[J]. Journal of international money and finance, 93: 55-80.

BAGGS J, BEAULIEU E, FUNG L, 2010. Are service firms affected by exchange rate movements?[J]. Review of income and wealth,56(s1): 156-176.

BAILLIU J, LAFRANCE R, PERRAULT J F, 2003. Does exchange rate policy matter for growth?[J]. International finance, 6(3): 381-414.

BALABAN S, ŽIVKOV D, MILENKOVIĆ I, 2019. Impact of an unexplained component of real exchange rate volatility on FDI: evidence from transition countries[J]. Economic systems, 43(3/4): 1-14.

BALTAGI B H, DEMETRIADES P O, LAW S H, 2009. Financial development and openness: evidence from panel data[J]. Journal of development economics, 89(2): 285-296.

BARRO R, TENREYRO S, 2007. Economic effects of currency unions[J]. Economic inquiry, 45(1): 1-23.

BASILE R, DE NARDIS S, GIRARDI A, 2012. Pricing to market, firm heterogeneity and the role of quality[J]. Review of world economics, 148: 595-615.

BAXTER M, STOCKMAN A, 1989. Business cycle and the exchange rate regime: some international evidence[J]. Journal of monetary economics, 23(3): 377-400.

BECK T, LEVINE R, LOAYZA N, 2000. Finance and the sources of growth[J]. Journal of financial economics, 58(1/2): 261-300.

BEKAERT G, HARVEY C R, LUNDBLAD C, 2005. Does financial liberalization spur growth?[J]. Journal of financial economics, 77(1): 3-55.

BEKAERT G, HARVEY C R, LUNDBLAD C, 2006. Growth volatility and financial liberalization[J]. Journal of international money and finance, 25(3): 370-403.

BEKAERT G, HARVEY C R, LUNDBLAD C, 2011. Financial openness and productivity [J]. World development, 39(1): 1-19.

BELKE A, SETZER R, 2003. Exchange rate variability and labor market performance in the Visegrád countries[J]. Economics of planning, 36(2): 153-175.

BERNANKE B S, GERTLER M, GILCHRIST S, 1999. The financial accelerator in a quantitative business cycle framework[J]. Handbook of macroeconomics, 1: 1341-1393.

BINDING G, DIBIASI A, 2017. Exchange rate uncertainty and firm investment plans: evidence from Swiss survey data[J]. Journal of macroeconomics, 51: 1-27.

BOGDANOV B, 2014. Liberalised capital accounts and volatility of capital flows and foreign exchange rates: European economy-economic papers, European Commission(521)[R/OL].[2022-01-11]. https://ec.europa.eu/economy_finance/publications/economic_paper/2014/pdf/ecp521_en.pdf. DOI: 10.2765/7023.

BORENSZTEIN E , DE GREGORIO J , LEE J-W. 1998. How does foreign direct investment affect economic growth?[J]. Journal of international economics, 45(1): 115-135.

BOTEV J, ÉGERT B, JAWADI F, 2019. The nonlinear relationship between economic growth and financial development[J] International Economics, 160: 3-13.

BRUNO V, HAUSWALD R, 2014. The real effect of foreign banks[J]. Review of finance, 18(5): 1683-1716.

BUCH C M, DÖPKE J, PIERDZIOCH C, 2005. Financial openness and business cycle volatility[J].

Journal of international money and finance, 24(5): 744-765.

BUSSIÈRE M, FRATZSCHER M, 2008. Financial openness and growth: short-run gain, long-run pain? [J]. Review of international economics, 16(1): 69-95.

CAGLAYAN M, DEMIR F, 2014. Firm productivity, exchange rate movements, sources of finance, and export orientation[J]. World development, 54: 204-219.

CALDERÓN C, KUBOTA M, 2009. Does financial openness lead to deeper domestic financial markets?: Policy research working paper(4973), The Word Bank [R/OL].[2022-01-14]. https://doi.org/10.1596/1813-9450-4973.

CALDERÓN C, KUBOTA M, 2018. Does higher openness cause more real exchange rate volatility? [J]. Journal of international economics, 110: 176-204.

CALDERÓN C, LOAYZA N, SCHMIDT-HEBBEL K, 2004. Openness, vulnerability, and growth: working paper, Central Bank of Chile[R/OL].[2023-01-15]. https://www.semanticscholar.org/paper/Openness%2C-Vulnerability%2C-and-Growth-*-Calder%C3%B3n-Loayza/b32548e41c36ba3e560bfef71d5c4a3facacbaf2.

CALDERÓN C, SCHMIDT-HEBBEL K, 2008. Business cycles and fiscal policies: the role of institutions and financial markets: working paper, Central Bank of Chile [R/OL]. [2023-01-15]. https://www.wiwi.uni-bonn.de/konstanz/2009/Schmidt-Hebbel.pdf.

CALVO G A, 1999. Inflation stabilization and bop crises in developing countries: NBER working paper(6925) [R/OL]. [2022-01-16]. https://www.nber.org/papers/w6925. DOI: 10.3386/w6925.

CALVO G A, REINHART C M, 2002. Fear of floating[J]. The quarterly journal of economics, 117(2): 379-408.

CARMIGNANI F, COLOMBO E, TIRELLI P, 2008. Exploring different views of exchange rate regime choice[J]. Journal of international money & finance, 27(7): 1177-1197.

CASHMAN D O, 1986. Has exchange risk depressed international trade? The impact of third-country exchange risk[J]. Journal of international money and finance, 5(3): 361-379.

CAVOLI T, 2008. The exchange rate and optimal monetary policy rules in open and developing economies: some simple analytics[J]. Economic modelling, 25(5): 1011-1021.

CHANG Y H, BENSON K, FAFF R, 2017. Are excess cash holdings more valuable to firms in times of crisis? Financial constraints and governance matters[J]. Pacific-Basin finance journal, 45: 157-173.

CHEIKH N B, ZAIED Y B, 2020. Revisiting the pass-through of exchange rate in the transition economies: new evidence from new EU member states[J]. Journal of international money and finance, 100(2): 102093.

CHEN N, JUVENAL L, 2016. Quality, trade, and exchange rate pass-through[J]. Journal of international economics, 100: 61-80.

CHINN M D, ITO H, 2006. What matters for financial development? Capital controls, institutions, and interactions[J]. Journal of development economics, 81(1): 163-192.

CHINN M, ITO H, 2007. Price-based measurement of financial globalization: a cross-country study of interest rate parity[J]. Pacific economic review, 12: 419-444.

CHO D, HEEJOON H, LEE N K, 2019. Carry trades and endogenous regime switches in exchange rate volatility[J]. Journal of international financial, markets institution and money, 58: 255-268.

CHOUDHRI E U, HAKURA D S, 2015. The exchange rate pass-through to import and export prices: the role of nominal rigidities and currency choice[J]. Journal of international money and finance, 51: 1-25.

CLAESSENS C A, GLAESSNER T, 1998. The internationalization of financial services in Asia: policy, research working paper of the World Bank Group [R/OL].(04-30)[2022-03-27]. http://documents.worldbank.org/curated/en/893471468771848072/The-internationalization-of-financial-services-in-Asia.

COMBES J-L, KINDA T, PLANE P,2012. Capital flows, exchange rate flexibility, and the real exchange rate[J]. Journal of macroeconomics, 34(4): 1034-1043.

ĆORIĆ B, PUGH G, 2013. Foreign direct investment and output growth volatility: a worldwide analysis[J]. International review of economics & finance, 25: 260-271.

DĄBROWSKI M A, WRÓBLEWSKA J, 2020. Insulating property of the flexible exchange rate regime: a case of central and eastern European countries[J]. International economics, 162: 34-49.

DAI M, MAITRA M, YU M J, 2016. Unexceptional exporter performance in China? The role of processing trade[J]. Journal of development economics, 121: 177-189.

DE MENDONCA H F, NASCIMENTO N C, 2020. Monetary policy efficiency and macroeconomic stability: do financial openness and economic globalization matter?[J]. The North American journal of economics and finance, 51: 2-20.

DIXIT A K, PINDYCK R S, 1994. Investment under uncertainty[M]. Princeton: Princeton university press.

DOYLE B, FAUST J, 2005. Breaks in the variability and co-movement of G-7 economic growth[J]. The review of economics and statistics, 87(4): 721-740.

DUCTOR L, GRECHYNA D, 2015. Financial development, real sector, and economic growth[J]. International review of economics & finance, 37: 393-405.

EDWARDS S, 2018. Finding equilibrium: on the relation between exchange rates and monetary policy: BIS paper, 96: 81-107[R/OL].[2022-01-22]. https://www.bis.org/publ/bppdf/bispap96_i.pdf.

EDWARDS S, LEVY-YEYATI E, 2005. Flexible exchange rates as shock absorbers[J]. Europe economic review,49 (8): 2079-2105.

EDWARDS S, KHAN M S, 1985. Interest rate determination in developing countries: a conceptual framework[J]. IMF economic review, 32: 377-403.

EICHENGREEN B, 1998. Exchange rate stability and financial stability[J]. Open economies review, 9(1): 569–608.

EICHENGREEN B, 2001. Capital account liberalization: what do cross-country studies tell us?[J]. The World Bank economic review, 15(3): 341-365.

EICHENGREEN B, 2019. Trade policy and the macroeconomy[J]. IMF economic review, 67: 4-23.

EICHENGREEN B, LAFARGUETTE R, MEHL A, 2017. Thick vs. Thin-skinned: technology, news, and financial market reaction: IMF working paper [R/OL]. [2022-01-22]. https://www.imf.org/~/media/Files/Publications/WP/2017/wp1791.ashx. DOI: 10.5089/9781475593488.001.

EICHENGREEN B, MUSA M, 1998. Capital account liberation and the IMF[J]. Finance and Development, 35(4): 16-19.

EICHENGREEN B, RAZO-GARCIA R, 2006. The international monetary system in the last and next 20 years[J]. Economic policy, 21(47): 393-442.

EICHENGREEN, B, RAZO-GARCIA R, 2013. How reliable are de facto exchange rate regime classifications?[J]. International journal of finance & economics, 18(3): 216-239.

ERCEG C, GUERRIERI L, KAMIN S B, 2009. Did easy money in the dollar bloc fuel the global commodity boom?：International finance discussion papers(979), Board of Governors of the Federal Reserve System (U.S.) [R/OL].[2022-01-18]. https://www.federalreserve.gov/pubs/ifdp/2009/979/ifdp979.pdf. DOI: 10.2139/ssrn.1496853.

ESTRADA G B, PARK D, RAMAYANDI A, 2015. Financial development, financial openness, and economic growth: Asian Development Bank economics working paper series(442) [R/OL]. [2022-01-25]. https://asianbondsonline.adb.org/documents/ewp_442_financial_development_financial_openness_and_economic_growth.pdf. DOI: 10.2139/ssrn.2707518.

FAIA E, GIULIODORI M, RUTA M, 2008. Political pressures and exchange rate stability in emerging market economies[J]. Journal of applied economics, 11(1): 1-32.

FAIA E, ILIOPULOS E, 2011. Financial openness, financial frictions and optimal monetary policy[J]. Journal of economic dynamics and control, 35(11): 1976-1996.

FARHI E, WERNING I, 2014. Dilemma not trilemma? Capital controls and exchange rates with volatile capital flows[J]. IMF economic review, 62(4): 569-605.

FARIA A, MAURO P, ZAKLAN A.,2011. The external financing of emerging markets: evidence from two waves of financial globalization[J]. Review of finance, 15(1): 207-243.

FELDSTEIN M, HORIOKA C, 1980. Domestic saving and international capital flows[J]. Economic journal, 90(358): 314-329.

FLEMING J M, 1962. Domestic financial policies under fixed and under floating exchange rates[J]. IMF economic review, 9: 369-380.

FLOOD R P, ROSE R K, 1995. Fixing exchange rates a virtual quest for fundamentals[J]. Journal of monetary economics, 36(1): 3-37.

FRANCISCO G R, 2007. The relationship between charter value and bank market concentration: the influence of regulations and institutions[J]. Applied financial economics, 18(2): 153-172.

FRANKEL F, MA X N, XIE D X, 2019. The impact of exchange rate regimes on economic growth with continuous classification of de facto regimes[R/OL]. (04-26)[2022-01-27].https://scholar.harvard.edu/files/frankel/files/fmaxie_errgr_2019apr26.pdf.

FRANKEL F, ROSE A, 2002. An estimate of the effect of common currencies on trade and income[J]. The quarterly journal of economics, 117(2): 437-466.

FRANKEL F, SARAVELOS G, 2012. Can leading indicators assess country vulnerability? Evidence from the 2008-09 global financial crisis[J]. Journal of international economics, 87(2): 216-231.

FRATZSCHER M, DUCA M L, STRAUB R, 2016. ECB unconventional monetary policy: market impact and international spillovers[J]. IMF economic review , 64: 36-74.

FROST J, SAIKI A, 2014. Early warning for currency crises: what is the role of financial openness? [J]. Review of international economics, 22(4): 722-743.

FURCERI D, LOUNGANI P ,2015. Capital account liberalization and inequality: IMF working paper[R/OL]. [2022-01-19]. https://www.imf.org/external/pubs/ft/wp/2015/wp15243.pdf. DOI: 10.5089/9781513531083.001.

GAIES B, GOUTTE S, GUESMI K, 2019. What interactions between financial globalization and instability?: Growth in developing countries[J]. Journal of international development,31(1): 39-79.

GAIES B, GOUTTE S, GUESMI K, 2020. Does financial globalization still spur growth in emerging and developing countries? Considering exchange rates[J]. Research in international business and finance, 52: 1-19.

GELMAN M, JOCHEM A, REITZ S, et al., 2015. Real financial market exchange rates and capital flows[J]. Journal of international money and finance, 54: 50-69.

GHOSH A R, BASURTO G, 2000. The interest rate-exchange rate nexus in the Asian crisis countries: IMF working paper[R/OL]. [2022-01-03]. https://www.researchgate.net/publication/5123504_The_Interest_Rate-Exchange_Rate_Nexus_in_the_Asian_Crisis_Countries. DOI: 10.5089/9781451843736.001.

GHOSH A R, GULDE A-M, OSTRY J D, et al., 1997. Does the nominal exchange rate regime matter? : NBER working paper (5874) [R/OL]. [2022-01-09]. https://www.nber.org/papers/w5874. DOI: 10.3386/w5874.

GHOSH A R, GULDE A-M, WOLF H C, 2003. Exchange rate regimes-choices and consequences[M/OL]. Cambridge, Mass: MIT Press [2022-01-08]. https://doi.org/10.7551/mitpress/2898.001.0001.

GIANNELLIS N, KOUKOURITAKIS M, 2013. Exchange rate misalignment and inflation rate persistence: evidence from Latin American countries[J]. International review of economics & finance, 25: 202-218.

GLUZMANN P, GUZMAN M, 2017. Assessing the robustness of the relationship between financial reforms and banking crises[J]. Journal of international financial markets, institutions and money, 49: 32-47.

GNIMASSOUN B, MIGNON V, 2015. Persistence of current-account disequilibria and real exchange-rate misalignments[J]. Review of international economics, 23(1): 137-159.

GOLDBERG L, 2004. Industry-specific exchange rates for the United States[J]. Economic policy review, 10(1): 1-16.

GOLDBERG P K, KNETTER M M, 1997. Goods prices and exchange rates: what have we learned?[J]. Journal of economic literature, 35(3): 1243-1272.

GOURINCHAS P-O, OBSTFELD M, 2012. Stories of the twentieth century for the twenty-first[J]. American economic journal: macroeconomics, 4(1): 226-265.

GOYA D, 2020. The exchange rate and export variety: a cross-country analysis with long panel estimators[J]. International review of economics & finance, 70: 649-665.

GREGORY R P,2019. Financial openness and entrepreneurship[J]. Research in international business and finance, 48: 48-58.

GRIER K B, SMALLWOOD A D,2007. Uncertainty and export performance: evidence from 18 countries[J]. Journal of money, credit and banking, 39(4): 965-979.

GUARIGLIA A, PONCET S, 2008. Could financial distortions be no impediment to economic growth after all? Evidence from China[J]. Journal of comparative economics, 36(4): 633-657.

GUNTHER SCHNABL, 2009. Exchange rate volatility and growth in emerging Europe and East Asia[J]. Open economies review, 2009, 20(4): 565-587.

GUZMAN M, OCAMPO J A, STIGLITZ J E, 2018. Real exchange rate policies for economic development[J]. World development, 110: 51-62.

GYGLI S, HAELG F, POTRAFKE N, et al., 2019. The KOF globalization index-revisited[J]. The review of international organizations, 14(3): 543-574.

HEGERTY S W, 2017. Inflation volatility, monetary policy, and exchange-rate regimes in central and Eastern Europe: evidence from parametric and nonparametric analyses[J]. Eastern European economics, 55(1): 70-90.

HOSSAIN A A, 2015. Inflation volatility, economic growth and monetary policy in Bangladesh[J]. Applied economics, 47(52): 5667-5688.

HUSAIN A M, MODY A, ROGOFF K S, 2005. Exchange rate regime durability and performance in developing versus advanced economies[J]. Journal of monetary economics, 52(1): 35-64.

IACOVIELLO M, 2005. House prices, borrowing constraints, and monetary policy in the business cycle[J]. The American economic review, 95(3): 739-764.

IACOVIELLO M, MINETTI R, 2006. International business cycles with domestic and foreign lenders[J]. Journal of monetary economics, 53(8): 2267-2282.

ILZETZKI E, REINHART C M, ROGOFF K S, 2019. Exchange arrangements entering the twenty-first century: which anchor will hold?[J] The quarterly journal of economics, 134(2): 599-646.

JEANNERET A, 2016. International firm investment under exchange rate uncertainty[J]. Review of finance, 20(5): 2015-2048.

JLASSI N B, HAMDI H, JOYCE J P, 2018. External liabilities, domestic institutions and banking crises in developing economies[J]. Review of international economics, 26(1): 96-116.

KALEMLI-OZCAN S, SØRENSEN B E, YOSHA O, 2003. Risk sharing and industrial specialization: regional and international evidence[J]. The American economic review, 93(3): 903-918.

KAWAI M, PONTINES V, 2016. Is there really a Renminbi bloc in Asia?: A modified Frankel-Wei approach[J]. Journal of international money and finance, 62: 72-97.

KIYOTAKI N, MOORE J, 1997. Credit cycles[J]. Journal of political economy, 105(2): 211-248.

KLEIN M W, OLIVEI G, 1999. Capital account liberalization financial depth and economic growth: NBER working paper(7384)[R/OL]. [2022-01-28]. https://www.nber.org/papers/w7384. DOI: 10.3386/w7384.

KLEIN M W, SHAMBOUGH J C, 2013. Rounding the corners of the policy trilemma: sources of monetary policy autonomy: NBER working paper(19461) [R/OL]. [2022-01-29]. https://www.nber.org/papers/w19461. DOI: 10.3386/w19461.

KOSE M A, PRASAD E S, TERRONES M E, 2003. Financial integration and macroeconomic volatility[J]. IMF economic review, 2003, 50(1): 119-142.

KOSE M A, PRASAD E S, TAYLOR A D, 2011. Thresholds in the process of international financial integration[J]. Journal of international money and finance, 30(1): 147-179.

KOSE M A, PRASAD E S, TERRONES M E, 2009. Does financial globalization promote risk sharing?[J]. Journal of development economics, 89(2): 258-270.

KRUGMAN P, 1986. Pricing to market when the exchange rate changes: NBER working paper (1926) [R/OL]. [2022-03-09]. https://www.nber.org/papers/w1926. DOI : 10.3386/w1926.

KRUGMAN P, 1999. Balance sheets, the transfer problem, and financial crises[J]. International tax and public finance, 6(4): 459-472.

LAI J, CHEN H, MCNELIS P D, 2020. Macroeconomic adjustment with managed exchange rates and capital controls: some lessons from China[J]. Economic modelling, 91: 759-768.

LANE P R, MILESI-FERRETTI G M, 2007. The external wealth of nations mark II: revised and extended estimates of foreign assets and liabilities, 1970—2004 [J]. Journal of international economics, 73(2): 223-250.

LANE P R, SHAMBAUGH J C, 2010. Financial exchange rates and international currency exposures[J]. The American economic review, 100(1): 518-540.

LARRAIN M, 2015. Capital account opening and wage inequality[J]. Review of financial studies, 28(6): 1555-1587.

LAW S H, DEMETRIADES P, 2006. Openness, institutions and financial development: WEF working paper(12) [R/OL]. [2022-03-18]. https://econpapers.repec.org/paper/wefwpaper/0012.htm.

LE H-G, 2000. Financial openness and financial integration[R/OL].[2022-01-30]. https://openresearch-repository.anu.edu.au/bitstream/1885/40284/3/di00-4.pdf.

LETTAU M, MAGGIORI M, WEBER M, 2014. Conditional risk premia in currency markets and other asset classes[J]. Journal of financial economics, 114(2): 197-225.

LEVCHENKO A A, 2005. Financial liberalization and consumption volatility in developing countries[J]. IMF economic review, 52(2): 237-259.

LEVINE R, 2001. International financial liberalization and economic growth[J]. Review of international Economics, 9(4): 688-702.

LEVY-YEYATI E, STURZENEGGER F, 2005. Classifying exchange rate regimes: deeds vs. words[J]. European economic review, 49(6): 1603-1635.

LI H B, MA H, XU Y, 2015. How do exchange rate movements affect Chinese exports? : A firm-level investigation[J]. Journal of international economics, 97(1): 148-161.

LIBMAN E, 2018.The effects of exchange rate regimes on real exchange rate misalignment[J]. International review of applied economics, 32(1): 39-61.

LIN C-C, CHEN K-M, RAU H-H, 2010. Exchange rate volatility and the timing of foreign direct investment: market-seeking versus export-substituting[J]. Review of development economics, 14(3): 466-486.

LIU J, WEI W, SHI Y B, et al., 2020. The nexus between country risk and exchange rate regimes: a global investigation[J]. North American journal of economics and finance, 51: 1-19.

MAGGIORI M, 2017. Financial intermediation, international risk sharing, and reserve currencies[J]. The American economic review, 107 (10): 3038-3071.

MAGUD N E, VESPERONI E R, 2015. Exchange rate flexibility and credit during capital inflow reversals: purgatory…not paradise[J]. Journal of international money and finance, 55: 88-110.

MAHRADDIKA W, 2020. Real exchange rate misalignments in developing countries: the role of exchange rate flexibility and capital account openness[J]. International economics, 163: 1-24.

MAKIN T, ROBSON A, 1999. Comparing capital-and trade-weighted measures of Australia's effective exchange rate[J]. Pacific economic review, 4(2): 203-214.

MAO R, YANG Y B, ZOU J X, 2019. Productivity growth, fixed exchange rates, and export-led growth[J]. China economic review, 56: 1-29.

MARQUEZ J, SCHINDLER J, 2007. Exchange-rate effects on China's Trade[J]. Review of International Economics, 15(5): 837-853.

MATTOO A, 2000. Financial services and the WTO: liberalisation commitments of the developing and transition economies[J]. The world economy, 23(3): 351-386.

MCCALLUM B T, NELSON E, 1999. Nominal income targeting in an open-economy optimizing model[J]. Journal of monetary economics, 43(3): 553-578.

MCKINNON R I, 1973. Money and capital in economic development[M]. Washington D.C.: The Brookings Institution.

MELITZ M J, OTTAVIANO G I P, 2008. Market size, trade, and productivity[J]. The review of economic studies, 75(1): 295-316.

MISHKIN F S, 2006. Next great globalization: how disadvantaged nations can harness their financial systems to get rich [M]. Princeton: Princeton University Press.

MONTECINO J A, 2018. Capital controls and the real exchange rate: do controls promote disequilibria?[J]. Journal of international economics, 114: 80-95.

MOORE T, WANG P, 2014. Dynamic linkage between real exchange rates and stock prices: evidence from developed and emerging Asian markets[J]. International review of economics & finance, 29: 1-11.

MUNDELL R A, 1963. Capital mobility and stabilization policy under fixed and flexible exchange rates[J]. Canadian journal of economics and political science, 29(11): 475-485.

MUNDELL R A, 1995. The international monetary system: the missing factor[J]. Journal of policy modeling, 17(5): 479-492.

MUNDELL R, 1961. Flexible exchange rates and employment policy[J]. The Canadian journal of economics and political science, 27(4): 509-517.

NOUIRA R, SEKKAT K, 2015. What determines the extent of real exchange rate misalignment in developing countries?[J]. International economics, 141: 135-151.

OBSTFELD M, 2009. International finance and growth in developing countries: what have we learned?[J]. IMF economic review, 56(1): 63-111.

OBSTFELD M, 2015. Trilemmas and trade-offs: living with financial globalization: BIS working paper (480) [R/OL]. [2022-03-05]. https://www.bis.org/publ/work480.pdf.

OBSTFELD M, ROGOFF K, 2000. The six major puzzles in international macroeconomics: is there a common cause?: NBER working paper(7777)[R/OL]. [2022-03-02]. https://www.nber.org/papers/w7777. DOI: 10.3386/w7777.

OBSTFELD M, ROGOFF K, 1996. Foundations of international macroeconomics[M]. Cambridge, Mass: MIT press.

OGROKHINA O, RODRIGUEZ C M, 2019. The effect of inflation targeting and financial openness on currency composition of sovereign international debt[J]. Journal of international money and finance, 97: 1-18.

OZKOK Z, 2015. Financial openness and financial development: an analysis using indices[J]. International review of applied economics, 29(5): 620-649.

PARK H, LEE P-S, PARK Y W, 2020. Information asymmetry and the effect of financial openness on firm growth and wage in emerging markets[J]. International review of economics & finance, 69: 901-916.

PINO G, TAS D, SHARMA S C, 2016. An investigation of the effects of exchange rate volatility on exports in East Asia[J]. Applied economics, 48(26): 2397-2411.

PONTINES V, 2002.The role of the General Agreement on Trade in Services (GATS)-Financial Services Agreement (FSA) in the financial liberalization efforts of APEC economies: PASCN discussion paper (3)[R/OL]. [2023-03-11]. https://pascn.pids.gov.ph/files/Discussions%20Papers/2002/2002-03.pdf.

QUINN D P, TOYODA A M, 2008. Does capital account liberalization lead to growth? [J]The review of financial studies, 21(3): 1403-1449.

RAJAN R G, ZINGALES L ,2003. The great reversals: the politics of financial development in the Twentieth Century[J]. Journal of financial economics, 69(1): 5-50.

RASTOVSKI J, 2016. The changing relationship between banking crises and capital inflows[J]. Review of development economics, 20(2): 514-530.

RAZIN A, ROSE A K, 1992. Business-cycle volatility and openness: an exploratory analysis: NBER working paper (4208)[R/OL].[2023-03-16]. https://www.nber.org/papers/w4208. DOI: 10.3386/w4208.

REINHART C M, ROGOFF K S, 2004. The modern history of exchange rate arrangements: a reinterpretation[J]. The quarterly journal of economics, 119 (1) : 1-48.

REY H, 2015. Dilemma not trilemma: the global financial cycle and monetary policy independence: NBER working paper (21162)[R/OL].[2023-01-26]. https://www.nber.org/papers/w21162. DOI: 10.3386/w21162.

RODRIGUEZ C M, 2017. The growth effects of financial openness and exchange rates[J]. International review of economics & finance, 48: 492-512.

RODRIK D, SUBRAMANIAN A,2009. Why did financial globalization disappoint?[J]. IMF economic review, 56(1): 112-138.

ROGOFF K S, HUSAIN A M, MODY A, et al., 2003. Evolution and performance of exchange rate regimes: IMF working paper, 3(243)[R/OL].[2022-01-13]. https://www.imf.org/external/pubs/ft/wp/2003/wp03243.pdf. DOI: 10.5089/9781451875843.001.

ROSE A K, 2011. Exchange rate regimes in the modern era: fixed, floating, and flaky[J]. Journal of economic literature, 49 (3): 652-672.

SANTANA-GALLEGO M, PÉREZ-RODRÍGUEZ J V, 2019. International trade, exchange rate regimes, and financial crises[J]. The North American journal of economics and finance, 47: 85-95.

SCHRÖDER M, 2013. Should developing countries undervalue their currencies?[J]. Journal of development economics, 105: 140-151.

SENAY Ö, 1998. The effects of goods and financial market integration on macroeconomic volatility[J]. The manchester school, 66: 39-61.

SETZER R, 2006. The politics of exchange rates in developing countries: political cycles and domestic institutions[M/OL]. [S.l.]: Physica-Verlag HD [2023-03-15]. https://doi.org/10.1007/3-7908-1716-3_7.

SLAVTCHEVA D, 2015. Financial development, exchange rate regimes and productivity growth: theory and evidence[J]. Journal of macroeconomics, 44: 109-123.

SMALLWOOD A D, 2019. Analyzing exchange rate uncertainty and bilateral export growth in China: a multivariate GARCH-based approach[J]. Economic modelling, 82: 332-344.

STIGLITZ J, 2000. Capital market liberalization, economic growth, and instability[J]. World development, 28(6): 1075-1086.

STOLBOV M I, SHCHEPELEVA M A, KARMINSKY A M, 2021. A global perspective on macroprudential policy interaction with systemic risk, real economic activity and monetary intervention[J]. Financial innovation, 7(1): 1-25.

SUBRAMANIAN A, KESSLER M, 2013. The Renminbi bloc is here: Asia down, rest of the world to go? [J]. Journal of globalization and development, 4(1): 49-94.

SUTHERLAND A, 1996. Financial market integration and macroeconomic volatility[J]. The Scandinavian journal of economics, 98(4): 521-539.

SUTHERLAND A, 2004. International monetary policy coordination and financial market integration: European Central Bank working paper(174) [R/OL]. [2022-03-28]. https://www.st-andrews.ac.uk/~ajs10/papers/polcrd.pdf.

THORBECKE W, 2010. Investigating the effect of exchange rate changes on China's processed exports[J]. Journal of the Japanese and international economies, 25(2): 33-46.

VALCKX N, 2004. WTO financial services commitments: determinants and impact on financial stability[J]. International review of financial analysis, 13: 517-554.

VIEIRA F V, HOLLAND M, DA SILVA C G, et al., 2013. Growth and exchange rate volatility: a panel data analysis[J]. Applied economics, 45(26): 3733-3741.

VIEIRA F V, MACDONALD R, 2016. Exchange rate volatility and exports: a panel data analysis[J]. Journal of economic studies, 43(2): 203-221.

VIEIRA F V, MACDONALD R, 2020. The role of exchange rate for current account: a panel data analysis[J]. EconomiA, 21(1): 57-72.

WILLIAMSON J, 2000. Exchange rate regimes for emerging markets: reviving the intermediate option[M]. Washington, DC: Peterson Institute for International Economics.

WILLIAMSON J, 2009. Exchange rate economics[J]. Open economies review, 20(1): 123-146.

XING Y Q, 2016. Global value chains and China's exports to high-income countries[J]. International economic journal, 30(2): 191-203.

YAMADA H, 2013. Does the exchange rate regime make a difference in inflation performance in developing and emerging countries?: The role of inflation targeting[J]. Journal of international money and finance, 32: 968-989.

ZEEV N B, 2019. Global credit supply shocks and exchange rate regimes[J]. Journal of international economics, 116: 1-32.

ZHANG C S, ZHU Y T, LU Z, 2015. Trade openness, financial openness, and financial development in China[J]. Journal of International money and finance, 59: 287-309.

第四章

人民币国际化的研究综述

本章学习目标

- 了解人民币国际化的历程和现状。
- 熟悉国内外学者对人民币国际化研究的主要内容，以及人民币国际化研究的前沿动态，特别是人民币国际化研究中的研究方法与模型。
- 掌握人民币国际化的三个阶段和研究方向，进而把握人民币国际化过程中的机遇和挑战。

本章思维导图

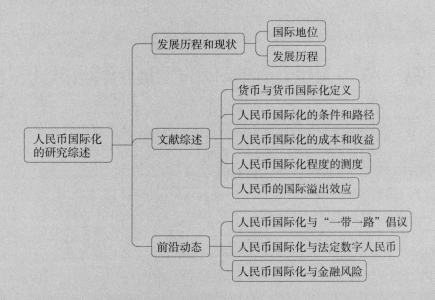

全球金融危机凸显了国际货币体系的诸多弊端,尤其是当前国际货币体系过度依赖美元而产生了系统性风险。世界各国深刻意识到推动现行货币体系改革和实现国际货币多元化势在必行。然而,中国作为全球第一货物贸易大国和第二大经济体,人民币在国际货币体系中的地位与我国经济实力不相匹配。随着中国综合国力和经济实力的快速增强,人民币得到越来越多官方和私人的认可,人民币国际化问题也引起了国内外学者和政府部门的高度关注。党的二十大报告特别强调:"有序推进人民币国际化"。

本章结构如下。首先,分析人民币国际化的发展历程和现状。其次,从以下四个角度整理人民币国际化的相关文献并进行文献综述:第一,人民币国际化的条件和路径;第二,人民币国际化的成本和收益;第三,人民币国际化程度的测度;第四,人民币的国际溢出效应。最后,从以下三个方面重点追踪人民币国际化的前沿动态:第一,人民币国际化与"一带一路"倡议;第二,人民币国际化与法定数字人民币;第三,人民币国际化与金融风险。

第一节　人民币国际化的发展历程和现状

当前,人民币国际化在多个方面取得较快进展。根据中国人民银行发布的《2022年人民币国际化报告》,人民币在2021年末已成为第四大国际支付货币、第六大外汇交易货币和第五大国际储备货币。该报告显示,2021年12月,人民币在主要国际支付货币中市场份额为2.7%,全球排名第四。此外,2021年全年人民币跨境收付金额合计36.61万亿元,同比增长29.0%。人民币跨境收付占同期本外币跨境收付总金额的比例为47.4%,创历史新高。在国际货币基金组织(International Monetary Fund,IMF)成员持有的官方外汇储备构成中,截至2022年第一季度,人民币储备规模达3363.86亿美元,市场份额为2.88%,排名第五。此外,SWIFT统计数据显示,2023年1月,在基于金额统计的全球支付货币排名中,人民币保持全球第五大最活跃货币的位置,在新兴经济体货币中排名第一。2022年5月,IMF将人民币在特别提款权(Special Drawing Rights,SDR)中的权重由10.92%上调至12.28%,这反映出对人民币可自由使用程度提高的认可。

然而,我们也要清晰地认识到,相对于美元、欧元等主流国际货币,人民币国际化的水平还比较低,人民币国际化仍处于初级阶段。截至目前,人民币国际化可分为以下三个阶段。

第一阶段,人民币国际化研究阶段(2009年以前)。20世纪80年代末,国内学者就开始对人民币国际化展开研究。但截至2008年,人民币国际化一直停留在准备和探讨阶段,尚未有实质性的行动。

第二阶段,人民币国际化试点阶段(2009年1月20日至2016年9月30日)。2007年的美国次贷危机导致全球金融危机大爆发,以美元为中心的国际货币体系暴露出越来越多的弊端。中国在当时因拥有巨额的美元外汇储备,在此次危机中遭受了巨大的损失。并且当时我国的经济发展模式具有高度的外部依赖性,外需不振对我国经济安全造成了严重的威胁。在此背景下,我国必须尝试开启人民币国际化的进程,以摆脱对美元的惯性依赖。

2009年1月20日，中国人民银行与香港金融管理局签署了规模为2000亿元人民币/2270亿港元的双边本币互换协议，人民币国际化正式起航。2009年7月1日，中国人民银行、财政部、商务部等相关政府机构联合发布《跨境贸易人民币结算试点管理办法》，进行人民币跨境贸易结算试点，这意味着人民币国际化迈出了历史性的一步。

第三阶段，人民币国际化的新发展阶段（2016年10月1日以后）。2016年10月1日，人民币正式加入IMF的SDR货币篮子，这标志着人民币跻身国际权威机构认可的主要货币和"可自由使用"货币行列，人民币的储备货币地位获得国际正式认定，人民币国际化进入新的发展阶段。

第二节 人民币国际化的文献综述

要研究人民币国际化，首先要准确定义货币国际化。马克思在《资本论》中将货币定义为一般等价物，其具有价值尺度、流通手段、支付手段、贮藏手段和世界货币五大职能。随着国际贸易的发展，当某种货币在国际上发挥作用时，该货币具有世界货币的职能。Cohen（1971）是最早研究货币国际化问题的学者之一，他认为当一国货币的支付手段、价值尺度和贮藏手段三大职能拓展到发行国以外时，该货币就具备了国际货币的特征。Hartmann（1998）扩展了Cohen的定义，从支付手段、价值尺度、贮藏手段三个角度重新定义了货币国际化。

随着研究的深入，学者们普遍认为货币国际化具有静态和动态两层含义。从静态的角度来看，货币国际化指某种主权货币超越国界，在国际市场上履行其货币的主要职能，成为国际上通用的工具货币。从动态的角度来看，货币国际化指主权国家的货币跨越国界，实现静态的货币国际化的整个动态过程。

当前，国内外关于人民币国际化的研究主要集中在以下四个方面：第一，人民币国际化的条件和路径；第二，人民币国际化的成本和收益；第三，人民币国际化程度的测度；第四，人民币的国际溢出效应。

一、人民币国际化的条件和路径

黄益平（2009）认为全球金融危机为人民币国际化提供良好的契机，但要真正实现人民币国际化，需要重点集中在以下四个方面进行改革：第一，汇率制度改革，推动人民币走向自由浮动汇率；第二，资本账户改革，逐步放开资本管制；第三，货币政策决策机制改革，将中国人民银行从政府体系中独立出来；第四，金融系统改革，建立以市场为基础的利率体系。Chen等（2011）也认为人民币想要完全国际化最终需要放开资本账户管制，但短期内无法实现。因此，目前切实可行的方法是扩大以人民币定价的资产与负债的规模。此外，高海红等（2010）认为政治因素和经济因素对人民币国际化同等重要，人民币国际化在很大程度上取决于中国的和平崛起、美国等西方国家对中国崛起的反应。Liu 等（2019）利用重力模型解释了国际货币使用的地理分布，他们认为更高水平的经济一体化、稳定的宏观条件、对外直接投资和商品贸易等会增加国际货币的使用。Cheung（2023）在总结了人民币国际化的经验后，认为人民币全球地位的提升有赖于中国继续推进金融市场自由化、放松汇率管制和减少资本流动限制，但中国政府会采取审慎和渐进的方式推进人民币国际化。

关于人民币国际化的路径选择，目前主流观点认为人民币国际化应稳步推进，最具代表性的观点是人民币国际化的两个"三步走"规划（王元龙，2009）。第一个"三步走"规划基于货币职能角度，认为人民币国际化应先经历从结算货币到投资货币再到储备货币三个步骤；第二个"三步走"规划基于地域角度，认为人民币需依次实现周边化、区域化、国际化。刘辉等（2014）认为2008年全球性金融危机后，人民币国际化进入了窗口机遇期，人民币可通过货币竞争，逐步实现对美元等货币的替代并实现区域化。彭红枫等（2015）基于全球经济格局和中国当前的国情，认为人民币国际化实行先区域化再国际化的策略是更为明智的战略选择。"一带一路"倡议的提出为推进人民币国际化提供了一个很好的路径选择。有些研究者认为可以通过在"一带一路"沿线国家中使用人民币来进行对外直接投资或对"一带一路"倡议的相关项目进行融资来提升人民币国际化的水平（Liu et al.，2019；Liang，2020）。

二、人民币国际化的成本和收益

已有文献对人民币国际化的成本和收益分析多集中在2010年前后，但主要集中在定性方面，缺乏定量分析。具体如下所述。

1. 关于人民币国际化的成本研究

在成本方面，人民币国际化将给中国宏观调控增加难度，降低货币政策和汇率政策的自主性，可能导致中国面临"特里芬难题"。此外，全球金融市场也更容易对中国经济产生冲击，进而增加金融风险。关于人民币国际化的成本研究主要有以下3个方面。

（1）增加宏观调控难度，降低货币政策和汇率政策自主性。

在人民币国际化的情况下，大量人民币在境外流通，会增加中国人民银行控制国内货币流通的难度，影响宏观政策的实施效果。此外，人民币国际化会增加中国人民银行通过公开市场操作等方式调控汇率的成本。张青龙（2011）在开放经济的IS-LM模型中将人民币国际化因子引入，发现人民币国际化将增加中国人民银行宏观政策的难度和复杂度。

（2）导致中国面临"特里芬难题"。

美元在国际货币体系中处于核心地位，国际上一般使用美元作为结算与储备货币，这样就会导致流出美国的货币在海外不断沉淀，对美国来说就会发生长期贸易逆差；而美元作为国际货币核心的前提是必须保持美元币值稳定，这又要求美国必须是一个长期贸易顺差国。这两个要求互相矛盾，导致"特里芬难题"的出现。类似地，人民币国际化会增加国际市场上对人民币的需求，但国际市场上所提供的人民币须以中国国际收支的逆差来实现，然而人民币作为国际货币的核心前提是保持长期国际收支顺差（彭红枫等，2015）。

（3）冲击中国经济，增加金融风险。

人民币国际化会加强中国与全球经济的联系，也会带来大量的资本流动。因此，在人民币国际化的背景下，全球金融市场的波动对中国的冲击将比以往更大。但目前中国金融市场尚待完善，国际投机性资本流动会对中国的实体经济和金融市场的稳定构成较大的威胁（Cheung et al.，2012）。孙立行（2019）也认为，因我国国内金融市场不成熟，过快推行人民币国际化将可能产生系统性金融风险。

2. 关于人民币国际化的收益研究

人民币国际化不仅能够获得铸币税等相关收益，还可以降低汇率风险和交易成本，促进对外贸易投资。与此同时，人民币国际化对我国金融体制改革的深化也具有促进作用，进而提升中国国际地位与国际金融体系话语权。关于人民币国际化的收益研究主要有以下3个方面。

（1）获得铸币税等相关收益。

铸币税的相关收益包括两个方面。一是通过人民币的海外流通获得铸币税收益。钟伟（2002）在人民币币值稳定并逐步推进人民币区域化的前提下，估算出人民币区域化在2020年带来的国际铸币税收入约为300.2亿美元。陈雨露等（2005）在2010年实现人民币区域化的条件下，估算到2020年中国能够获得的铸币税收益将达7500亿元人民币。二是通过资产人民币化，减少向其他国家支付的铸币税。高海红等（2010）认为人民币国际化有助于减少中国支付的铸币税。此外，人民币跨境流通还可能带来许多扩展性收益，比如巨额的金融剩余和结算货币余额收益（陈嘉盛，2018）。

（2）降低汇率风险，促进对外贸易投资。

彭红枫等（2015）认为，在外贸和投资等方面使用人民币计价和结算，有助于中国企业规避汇率风险，减少汇率汇兑的成本。同时，金融机构人民币资产的权重增加，能够降低外汇市场波动带来的风险和冲击。

（3）推动国内金融改革，提升中国在国际金融体系中的话语权。

推动人民币国际化将倒逼国内经济和金融改革。人民币国际化也有助于提高人民币在国际金融市场上的重要性和影响力，帮助中国经济更好地融入全球经济，从而提升中国在国际金融体系中的地位（Cheung et al.，2012；Zhang et al.，2014；彭红枫等，2015）。

大多数学者认为，从长远来看人民币国际化带来的收益将大于其成本。王国刚（2014）较为清晰地认识到人民币国际化是一个任重道远的过程，既要充分认识到人民币国际化的收益，也要防范可能对中国经济发展造成的利益损失和负面影响。石勇（2016）对人民币国际化收益和成本进行比较分析，认为其不仅在政治和经济方面将带来巨大收益，同时有利于中国内部相关制度与体系的建设与完善，从整体上看最终收益将远大于成本。陈双双等（2016）同样对人民币国际化的利弊进行分析，并认为掌握一种国际货币的发行权对于一国经济的发展具有十分重要的意义，人民币国际化利大于弊。

三、人民币国际化程度的测度

现有文献主要从两个方面对人民币国际化程度进行测度研究：人民币货币锚的检验和人民币国际化程度的测算。

1. 人民币货币锚的检验

为了获得稳定的货币环境，一国在调整本国汇率时所参考的基准货币被称为货币锚。Frankel和Wei于1994年首次使用交叉汇率模型来研究东亚经济体的汇率政策（Frankel et al., 1994）。该模型通过对某国货币汇率的变化和主要国际货币汇率的变化进行回归，从而得到主要国际货币在一国汇率变动中的权重，进而评估相关国际货币对该国汇率变动的影响程度。Fratzscher等（2014）使用经典的Frankel-Wei方法，发现自全球金融危机以来人民币对其他亚洲国家货币的影响力明显增加。然而，Kawai等（2016）却给出了不同角度的观点：尽管人民币的影响力日益增强，但是他们运用修改的Frankel-Wei方法，发现美元仍然是东盟成员的主要货币锚，东亚地区还未形成"人民币阵营"。Marconi（2018）发现自2005年人民币汇率改革后，人民币在亚太地区的货币锚地位持续上升，但亚太地区的货币与人民币汇率之间的联动关系是不对称的：当亚太地区货币兑美元面临升值压力时关联强，贬值时则关联弱。朱孟楠等（2020）利用中国人民银行签署货币互换协议的相关数据，从区域金融合作的角度研究人民币货币锚效应，发现签署货币互换协议显著提高人民币货币锚效应约12.8个百分点。

2. 人民币国际化程度的测算

关于人民币国际化程度的测算，现有文献主要集中在两个方面：一是根据国际货币的重要职能进行计量分析；二是对一系列指标进行加权来构建人民币国际化指数（陈小荣，2019）。

李稻葵等（2008）从国际货币的国际储备、贸易结算和国际债券三大职能出发，计量分析了各国央行相应职能中各国货币所占比例，并在人民币可自由兑换的前提下，预测2020年人民币在国际储备和国际债券中使用的比例可能接近20%。张光平（2011）从国际外汇市场中人民币的活跃程度间接度量了人民币的国际化程度。他在分析了30个国际主要货币在2007年和2010年的国际化程度后，发现人民币国际化程度与我国的经济地位很不相称，整体水平偏低。李建军等（2013）从贸易结算、金融市场交易和外汇储备三个角度测度了人民币的国际化程度，研究发现，当前人民币国际化的程度仍然有限。

以上研究都是从某一个或某几个国际货币职能的角度来测算人民币国际化程度。为了更加综合衡量并实时追踪人民币国际化程度，通过对一系列指标进行加权来构建人民币国际化指数显得很有必要。当前，最有影响力的人民币国际化指数是由中国人民大学国际货币研究所发布的。中国人民大学国际货币研究所从国际货币的基本职能出发，编制了一个综合的多变量合成指数——人民币国际化指数（RMB Internationalization Index，RII），该指数客观描述了人民币在贸易结算、金融交易和官方储备等方面的国际化程度。RII 的具体测算方法如式（4-1）所示。

$$\text{RII}_t = \frac{\sum_{j=1}^{6} X_{jt} w_j}{\sum_{j=1}^{6} w_j} \times 100 \tag{4-1}$$

式中，RII_t 表示第 t 期的人民币国际化指数，X_{jt} 表示第 j 个变量在第 t 期的数值，w_j 为第 j 个变量的权数。其中，X 包含六大指标：世界贸易总额中人民币结算比例、全球对外信贷总额中人民币信贷比例、全球国际债券和票据发行额中人民币债券和票据比例、全球国际债券和票据余额中人民币债券和票据比例、全球直接投资中人民币直接投资比例和全球外汇储备中人民币储备比例。RII 的取值范围是 [0, 100]。如果 RII 为 0，则人民币在国际上完全没有被使用；如果 RII 为 100，则人民币是全球唯一的国际货币。RII 的值越大，表明人民币国际化的程度越高。

根据中国人民大学国际货币研究所发布的《人民币国际化报告 2022》，RII 指数从 2010 年一季度的 0.02，逐渐增长到 2021 年四季度的 5.05，人民币国际化在十几年里取得了长足的进步。然而，与美元和欧元相比，人民币国际化的程度还很低。近年来，中国人民银行每年发布《人民币国际化报告》，从人民币国际使用情况、相关改革及进展和趋势展望三个方面报告人民币国际化进展。此外，中国建设银行委托《亚洲银行家》（*The Asian Banker*）通过问卷调查和访谈等方式，对境内外企业和金融机构进行调研，评估和反映人民币在全球范围内跨境贸易和金融活动中的变化与活跃程度。

四、人民币的国际溢出效应

由于金融市场间信息的传导可以通过波动溢出来实现，因此学者们常常从信息溢出的角度研究汇率相关性和汇率溢出效应，从而更加全面考察汇率之间的互动关系。尹力博等（2017）通过研究离岸人民币对中国周边国家（地区）货币的溢出效应及其时变特征来定量分析离岸人民币的区域溢出效应。结果表明，离岸人民币已经具备了区域影响力。周颖刚等（2019）运用网络分析的计量模型构造了二十国集团（Group of 20，简称 G20）成员货币汇率间相互影响的动态网络，发现自 2005 年以来人民币的国际溢出效应逐渐增强。Keddad（2019）利用马尔可夫机制转换模型调查了人民币与亚洲七国货币之间的相关性。研究发现，当人民币贬值时，这些区域国家的汇率倾向于过度贬值；而当人民币升值时，这些区域国家的汇率反应不明显。

学者们也常常研究影响汇率溢出效应的影响因素，考察汇率溢出效应的影响机制，从而帮助投资者规避汇率风险并向政策制定者提供相关政策建议。刘华等（2015）以香港离岸人民币汇率和七个亚洲国家货币汇率为研究对象，分析了离岸人民币市场发展在人民币国际影响力提升过程中的作用。研究结果显示，离岸人民币汇率在水平值和波动溢出上对亚洲国家货币汇率具有显著影响，并且人民币的影响力已经从贸易渠道逐步转向汇率等金融渠道。Chow-Tan（2018）通过调查全球金融危机后人民币与亚洲国家货币的关联度，发现人民币的影响力受相应国家与中国的贸易和金融联系程度的影响。此外，大宗商品价格也是重要的影响渠道之一。周颖刚等（2019）发现自2005年中国汇率改革以来，人民币的国际影响力越来越大，一方面得益于人民币的市场化改革和人民币汇率的相对稳定，另一方面也得益于中国不断增长的对外贸易、投资以及较高的利差。Chow-Tan（2021）调查了全球金融危机后亚太汇率市场的关联程度，发现人民币汇率改革后亚太国家的货币与人民币的联系更加紧密，并且直接与相应国家和中国的贸易、金融紧密程度相关。

第三节　人民币国际化的前沿动态

2016年10月1日，人民币正式加入IMF的SDR货币篮子，人民币国际化进入新的历史阶段。一方面，国内外经济、政治环境正在发生"百年未有之大变局"，中美贸易摩擦不断、逆全球化此起彼伏、区域一体化方兴未艾。另一方面，我国已转向高质量发展阶段，正"加快构建以国内大循环为主体、国内国际双循环相互促进的新发展格局"。在新的历史阶段，人民币国际化面临着新的机遇与挑战，具体有以下三个方面：第一，"一带一路"倡议的持续推进为人民币区域化和国际化提供了新试验地和新路径；第二，拥有巨大技术优势的法定数字人民币将为人民币国际化降低成本和增加收益，提供"弯道超车"的宝贵机遇；第三，人民币国际化程度和影响力的不断提升加强了中国与世界的联系，但也加剧了中国面临的金融风险。这些前沿的人民币国际化问题正吸引越来越多国内外学者和政府部门的关注，中国学者们在这些问题上研究更为丰富。

一、人民币国际化与"一带一路"倡议

当前，关于人民币国际化与"一带一路"倡议的相关研究以国内为主，相关研究集中在"一带一路"倡议下人民币国际化的发展前景、风险挑战及实现路径方面。林乐芬等（2015）选用基于动态面板的系统广义矩估计模型（Generalized Method of Moments, GMM）分析了"一带一路"建设进程中影响人民币国际化的因素。结果发现，经济规模差距、货币惯性、投资因素、人民币币值因素、贸易因素和政策性金融都会影响人民币国际化。基于实证结果，他们进一步提出"对外投资与贸易—经济互动效应—资本项目有序开放—人民币国际化"实现路径的政策建议。任志宏（2016）分析了"一带一路"倡议下人民币国际化的机遇、障碍及路径，认为"一带一路"倡议切合人民币国际化战略，为人民币国际化发展提供了风险缓冲地带，但要注意"一带一路"沿线国家的政治、经济、法律冲突。在实现人民币国际化的路径上，他建议强化货币金融合作，建立离岸证券交易中心。曲凤杰（2017）认为当前人民币国际化缺乏快捷有效的实现路径，只能从区域化角度寻求突破，他提出以中国需求和中国对外投资为双引擎，使人民币成为在

"一带一路"区域内广泛使用的货币,并逐步实现对美元的替代,奠定人民币的区域中心货币地位。

此外,也有学者研究"一带一路"倡议对人民币国际化的影响。李俊久等(2019)使用 Frankel 和 Wei 建立的计量模型,选取 33 个"一带一路"沿线国家的货币汇率作为样本。结果表明,人民币对"一带一路"沿线国家货币汇率的影响力不断增强,并且在韩国、印度、俄罗斯以及南非尤其显著,但仍不及美元和欧元。曹伟等(2020)基于平面极大过滤图法构建了包括人民币、欧元、美元以及 74 种"一带一路"沿线国家货币的汇率联动复杂网络模型,并运用度值分析来研究网络中货币的影响力。他们研究发现,"一带一路"倡议提升了人民币的影响力,而且人民币在中西亚地区影响力最大,在南亚地区、中东欧地区的影响力有待提升。张莹莹(2020)也发现随着"一带一路"倡议的深入实施,人民币汇率净溢出效应逐步提升,"一带一路"沿线国家对中国贸易附加值的依存度的提升有利于人民币国际影响力的提升。隋建利等(2020)基于 Granger-Geweke 因果关系检验方法,构建了"一带一路"沿线主要国家汇率动态因果网络,发现汇率网络结构变迁存在显著的事件驱动特征,且"一带一路"倡议显著提升了人民币的国际影响力,人民币与各国货币的联动效应显著增强。

二、人民币国际化与法定数字人民币

法定数字货币是一国货币当局基于区块链技术、在国家信用基础上发行的、具有价值特征和法偿性的可控匿名的支付工具。由于法定数字货币的可控匿名性、不易伪造性、安全性等多个优点,因此多个国家的央行都纷纷开展对法定数字货币的研究。我国法定数字人民币的研发工作走在世界前列。中国人民银行对法定数字人民币的研究可追溯到 2014 年,中国人民银行成立专门的研究团队,对数字货币的底层架构、关键技术、发行流通等进行深入研究。2016 年 1 月 20 日,中国人民银行首次提出了对外公开发行数字货币的目标。2020 年 4 月,中国人民银行数字货币研究所宣布将在深圳、苏州、雄安新区、成都及北京冬奥会场地进行法定数字人民币的封闭试点测试。

法定数字货币具有巨大的技术优势,是国际货币体系中极具潜力的新生力量,它将对宏观经济、金融市场和国际货币体系造成深远影响。由于法定数字人民币刚推出不久,因此关于人民币国际化与法定数字人民币的相关研究还处于起步阶段,数量很少,目前主要集中在定性研究法定数字人民币对人民币国际化的影响上。孟刚(2019)认为,法定数字人民币从以下五个方面推进人民币国际化:第一,由中国人民银行直接将法定数字人民币发行至最终用户,可以增强货币政策制定和执行的科学性,保持人民币汇率稳定;第二,可以使人民币在国际规则和法治合作方面实现"弯道超车";第三,可以加快人民币跨境支付系统等基础设施建设,加快形成支持多币种结算清算的人民币全球化支付体系;第四,法定数字人民币的技术优势有助于优化人民币跨境投资和贸易中的货币格局;第五,可以加强跨境资本流动管理并保障金融安全,提升国际社会对人民币的信任和接受程度。保建云(2020)分析了法定数字人民币发行和流通面临的机遇和挑战,认为中国作为贸易大国和金融大国,为法定数字人民币的国际流通创造了国际贸易与国际金融市场环境,经济全球化及"一带一路"倡议为法定数字人民币的国际化创造了货币循环流通渠道。与此同时,法定数字人民币也面临四个方面的风险和挑战,分别是:数字人民币与非数字人民币的冲突、法定数字人民币与其他数字货币的冲突、数字人民币与美元的冲突以及数字人民币的监管挑战。石建勋等(2021)分析了法定数字人民币对人民币国际化战略的意义及对策,认为法定数字人民币的独特性和便利性有助于扩大人民币在境外的使用范围,并且法定数字人民币的率先推出将提升人民币在国际支付体系中的份额,助推人民币国际化并提升人民币的国际话语权。

三、人民币国际化与金融风险

学术界对一般意义上的金融风险的研究较集中,但对人民币国际化过程中金融风险的生成、传导、预警和防范等方面的研究整体上较少,且定性研究较多。在金融风险的生成和传导机制上,McCauley(2011)认为当前中国国内金融系统尚不成熟,若放松对资本账户的管制,人民币国际化将导致存贷利率管制、信贷规模控制和债券市场配给均处于危险之下。范祚军等(2012)通过理论和数理模型分析,研究了人民币国际化背景下货币政策调控风险的形成机理,认为人民币国际化对我国货币政策的实施将带来巨大的风险,包括影响货币政策的独立性和有效性等。Eichengreen等(2014)认为高度的人民币国际化要求更进一步的资本账户开放和弹性汇率,然而草率的资本账户开放将会使中国金融市场暴露在金融风险之下。张明(2016)考虑到目前中国经济所处的错综复杂的国内外形势,认为中国政策仍应审慎、渐进、可控地开放资本账户,否则可能引起系统性金融危机。管涛(2019)认为,在人民币国际化背景下,应关注跨境证券投资增多可能诱发的资本流动冲击风险。

在金融风险的预警和防范上,Stier等(2010)认为当前中国应该优先建立灵活的货币制度而非放开对资本账户的管制。持续的资本账户管制可以防止大量投机资本涌入,以免对中国经济和货币产生负面影响,而更加灵活的货币制度能减轻资本保护主义的风险并维护中国人民银行的货币政策自主性。《人民币国际化报告 2016》指出,随着人民币国际化水平的逐渐提高,在不同阶段面临的宏观金融风险也将不同:现阶段应集中应对汇率波动所带来的风险,未来则主要关注跨境资本流动与系统性风险。此外,中国还应高度重视人民币跨境套利的风险。谭小芬等(2017)分析了"一带一路"倡议下人民币国际化的实施路径,他们认为应重点关注人民币国际化面临的风险和挑战,如金融体系不发达、既有国际货币的历史惯性和"一带一路"沿线国家的政治、经营和环境风险等,因此应加强识别和防范各类金融风险,平稳有序地放松对资本账户的管制。沈悦等(2019)利用马尔可夫区制转移模型对人民币国际化进程中的金融风险演化趋势进行预警研究,他们发现,2018 年 7 月至 2020 年 6 月的金融风险处于高水平区域,即随着人民币国际化进程加快,相应的金融风险水平也将上升。马德功等(2020)利用 VAR 模型实证分析了人民币国际化对中国金融风险的影响,他们发现,在长期跨境货物和服务贸易中使用人民币结算都会增加金融风险的可能性，因此他们建议建立跨境资本流动监测分析指标体系，从而有效实现对金融风险的预警和干预职能。

第四节 研究述评

虽然人民币国际化尚处于初步阶段，但国内外学者对人民币国际化的研究已在多方面取得较为丰富的研究成果。近年来，国内外学者对人民币国际化的研究热度逐渐上升，特别是在全球金融危机之后，世界各国逐渐认识到美元本位的国际货币体系的诸多弊端，中国政府也抓住机遇开启了人民币国际化的进程。

人民币国际化是中国在国际上的经济和政治影响力上升后的必然趋势，不仅能够使我国获得巨额的铸币税及相关收益，还能进一步促进我国金融市场的改革开放，提升我国的国际金融地位。相关研究表明，近年来，特别是"一带一路"倡议提出后，人民币国际化的步伐加快。但是，人民币国际化也会增加我国宏观经济调控的难度，给我国经济和金融系统带来更多不确定性。党的二十大报告明确指出："有序推进人民币国际化。"

随着"一带一路"倡议的实施和法定数字人民币的落地，人民币国际化面临新的历史机遇和挑战。虽然人民币国际化审慎推进且进程时间不长，但是目前中国还未出现因人民币国际化而带来的金融风险。不过长期来看，要防范系统性金融风险必须重视防范人民币国际化带来的金融风险。

本章思考题

（1）人民币国际化历程可分为哪些阶段？
（2）人民币国际化现在处于什么水平？试从国际货币的支付手段、价值尺度和贮藏手段三大职能浅析。
（3）人民币国际化的成本和收益有哪些？
（4）当前人民币国际化面临哪些机遇和挑战？有哪些研究前沿？

参考文献

保建云，2020. 主权数字货币、金融科技创新与国际货币体系改革：兼论数字人民币发行、流通及国际化 [J]. 人民论坛·学术前沿，2：24–35.

陈嘉盛，2018. 论人民币国际化的成本与收益 [J]. 财经界，12：14–17.

陈双双，蒋丰一，强建宏，2016. 人民币国际化成本收益分析 [J]. 经济研究导刊（23）：4–5.

陈小荣, 2019. "一带一路"建设对人民币国际化的影响研究[D]. 保定：河北大学.

陈雨露, 王芳, 杨明, 2005. 作为国家竞争战略的货币国际化：美元的经验证据：兼论人民币的国际化问题[J]. 经济研究, 40（2）：35-44.

曹伟, 冯颖姣, 2020. 人民币在"一带一路"沿线国家货币圈中的影响力研究[J]. 数量经济技术经济研究, 37（9）：24-41.

CHEUNG Y W, 秦凤鸣, 徐涛, 等, 2012. 人民币汇率：过去、现在与未来[M]. 北京：中国金融出版社.

范祚军, 阮氏秋河, 陆晓琴, 2012. 人民币国际化背景下货币政策调控风险形成机理研究[J]. 广西大学学报（哲学社会科学版）, 34（2）：18-24.

高海红, 余永定, 2010. 人民币国际化的含义与条件[J]. 国际经济评论（1）：46-64.

管涛, 2019. 在资本市场开放中提高防控涉外金融风险的能力[J]. 中国银行业（6）：43-45.

黄益平, 2009. 国际货币体系变迁与人民币国际化[J]. 国际经济评论（3）：20-25.

刘华, 李广众, 陈广汉, 2015. 香港离岸人民币汇率已经发挥影响力了吗？[J]. 国际金融研究（10）：3-11.

刘辉, 巴曙松, 2014. 人民币国际化条件分析：历史机遇与现实选择[J]. 北京航空航天大学学报（社会科学版）, 27（2）：66-73.

李稻葵, 刘霖林, 2008. 人民币国际化：计量研究及政策分析[J]. 金融研究（11）：1-16.

李建军, 甄峰, 崔西强, 2013. 人民币国际化发展现状、程度测度及展望评估[J]. 国际金融研究（10）：58-65.

李俊久, 蔡琬琳, 2019. 人民币对"一带一路"沿线货币汇率的影响力研究[J]. 亚太经济（3）：37-45.

林乐芬, 王少楠, 2015. "一带一路"建设与人民币国际化[J]. 世界经济与政治（11）：72-90.

马德功, 罗雨柯, 张洋, 2020. 人民币国际化对中国金融风险的影响[J]. 金融论坛, 25（3）：7-17.

孟刚, 2019. 法定数字货币与人民币国际化[J]. 中国金融（24）：31-33.

彭红枫, 陈文博, 谭小玉, 2015. 人民币国际化研究述评[J]. 国际金融研究（10）：12-20.

曲凤杰, 2017. 构建"一带一路"框架下的人民币国际化路线图[J]. 国际贸易（8）：65-68.

石建勋, 刘宇, 2021. 法定数字人民币对人民币国际化战略的意义及对策[J]. 新疆师范大学学报（哲学社会科学版）, 42（4）：136-144.

石勇, 2016. 人民币国际化的成本收益分析[J]. 现代经济信息, 30：269-270.

孙立行, 2019. 人民币国际化问题的海外研究进展[J]. 国外社会科学前沿（5）：23-29.

任志宏, 2016. "一带一路"战略与人民币国际化的机遇、障碍及路径[J]. 华南师范大学学报（社会科学版）（3）：28-34.

沈悦, 王宝龙, 李魏军, 2019. 人民币国际化进程中的金融风险识别及预警研究[J]. 西安交通大学学报（社会科学版）, 39（5）：39-48.

隋建利, 杨庆伟, 宋涛, 2020. 汇率网络结构变迁、人民币影响力与汇率波动传导：来自"一带一路"沿线国家的证据[J]. 国际金融研究（10）：75-85.

谭小芬, 耿亚莹, 徐慧伦, 2017. "一带一路"背景下的中国债券市场开放研究[J]. 区域与全球发展（2）：5-24.

王国刚, 2014. 人民币国际化的冷思考[J]. 国际金融研究, 2014（4）：3-14.

王元龙, 2009. 关于人民币国际化的若干问题研究[J]. 财贸经济（7）：16-22.

尹力博，吴优，2017. 离岸人民币区域影响力研究：基于信息溢出的视角 [J]. 金融研究（8）：1–18.

中国人民大学，2016. 人民币国际化报告 2016[M]. 北京：中国人民大学出版社.

中国人民大学，2022. 人民币国际化报告 2022[M]. 北京：中国人民大学出版社.

中国人民银行，2022. 2022 年人民币国际化报告 [M]. 北京：中国金融出版社.

朱孟楠，袁凯彬，刘紫霄，2020. 区域金融合作提升了人民币货币锚效应吗？：基于签订货币互换协议的证据 [J]. 国际金融研究（11）：87–96.

张光平，2011. 货币国际化程度度量的简单方法和人民币国际化水平的提升 [J]. 金融评论，3（3）：40–48.

张明，2016. 中国资本账户开放：行为逻辑与情景分析 [J]. 世界经济与政治（4）：139–155.

张青龙，2011. 人民币国际化对货币政策的影响：基于 IS-LM 模型分析 [J]. 新金融（2）：11–15.

张莹莹，2020. 人民币在"一带一路"货币圈影响力分析：信息溢出效应及其作用渠道 [J]. 商业研究（1）：74–84.

周颖刚，程欣，王艺明，2019. 为什么人民币越来越重要呢？：基于网络分析方法的汇率证据 [J]. 管理科学学报，22（9）：12–38.

钟伟，2002. 略论人民币的国际化进程 [J]. 世界经济，25（3）：56–59.

CHEN X L, CHEUNG Y W, 2011. Renminbi going global[J]. China & world economy,19(2): 1-18.

CHEUNG Y W, 2023. A decade of RMB internationalization[J]. Economic and political Studies,11(1): 47-74.

CHOW-TAN H K, 2018. Return and volatility spillovers between the Renminbi and Asian currencies[J]. Journal of Finance and Economics, 11(1): 1-16.

CHOW-TAN H K, 2021. Connectedness of Asia Pacific forex markets: China's growing influence[J]. International journal of finance & economics, 26(3): 3807-3818.

COHEN B J, 1971. Future of sterling as an international currency[M]. New York: Martin's Press.

EICHENGREEN B, KAWAI M, 2014.Issues for Renminbi internationalization: an overview[J/OL]. ADBI working papers(454)[2022-04-09]. https://www.adb.org/sites/default/files/publication/156309/adbi-wp454.pdf.

Frankel J A, Wei S J,1994. Yen bloc or dollar bloc? Exchange rate policies of the East Asian economies[M]// ITO T, KRUEGER A O. Macroeconomic linkage: savings, exchange rates, and capital flows. Chicago: University of Chicago Press: 295-333.

FRATZSCHER M, MEHL A, 2014. China's dominance hypothesis and the emergence of a tripolar global currency system[J]. The economic journal, 124(581): 1343-1370.

HARTMANN P, 1998. The currency denomination of world trade after European Monetary Union[J]. Journal of the Japanese and international economies, 12(4): 424-454.

KAWAI M, PONTINES V, 2016. Is there really a Renminbi bloc in Asia?: A modified Frankel-Wei approach[J]. Journal of international money and finance, 62: 72-97.

KEDDAD B, 2019. How do the Renminbi and other East Asian currencies co-move? [J]. Journal of international money and finance, 91: 49-70.

LIANG Y, 2020. RMB internationalization and financing Belt-Road Initiative: an MMT perspective[J]. The Chinese economy, 53(4): 317-328.

LIU T, WANG X S, Woo W T, 2019. The road to currency internationalization: global perspectives and Chinese experience[J]. Emerging markets review, 38: 73-101.

MARCONI D, 2018. Currency comovements in Asia-Pacific: the regional role of the Renminbi[J]. Pacific economic review, 23(2): 150-163.

MCCAULEY R N, 2011. Renminbi internationalization and China's financial development[J]. Journal of Chinese economic and business studies, 11(2): 101-115.

STIER O, BERNOTH K, FISHER A, 2010. Internationalization of the Chinese Renminbi: an opportunity for China[J]. Weekly Report, 6(17): 126-132.

ZHANG L Q, TAO K Y, 2014. The benefits and costs of Renminbi internationalization: ADBI working papers (481)[R/OL].[2022-04-11]. https://www.adb.org/sites/default/files/publication/156336/adbi-wp481.pdf.

三
经济与环境效应篇

第五章

中间品贸易研究综述

本章学习目标

- 掌握中间品的界定及其常见的度量方法。
- 了解现有文献在研究中间品贸易的宏观经济效应时,采用的分析视角、方法和主要结论。
- 了解现有文献在分析中间品贸易的微观经济效应时,采用的分析视角、方法和主要结论。

本章思维导图

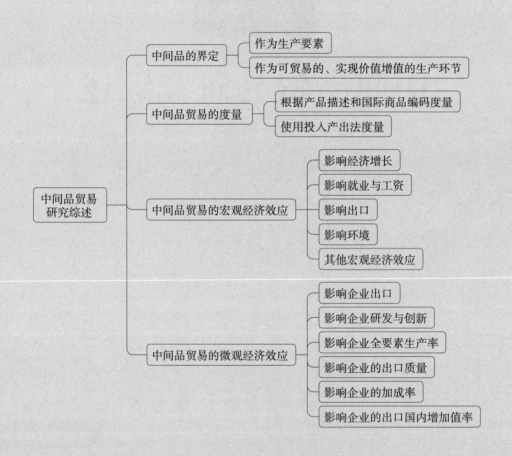

随着国际垂直专业化的日益深入,生产过程在全球范围内逐步分解,由此,国际贸易的对象从最终消费品向中间品拓展,贸易模式从产业间贸易、产业内贸易向产品内贸易拓展。一国中间品贸易的规模和结构,反映了该国参与全球生产网络的广度和嵌入全球价值链的深度,其进口、出口的中间品的技术水平反映了该国的生产能力与贸易竞争力。中间品贸易在国际贸易中比例日益上升,其理论研究也成为国际贸易理论拓展的新方向。

第一节 中间品的界定

由于国际垂直专业化的发展,最终品的生产被分解为两个或两个以上的连续阶段,各个国家凭借独特的要素禀赋、技术水平、规模经济等参与其中的一个或多个生产阶段,因此,在最终品生产出来之前,国家之间就会产生中间品贸易。Sanyal 等(1982)提出中间品的概念后,学术界关于中间品内涵的界定基本上是统一的,但是对其外延的确定,却有着不同的观点,这直接导致了中间品贸易的实证研究在时间上落后于理论研究。

一、作为生产要素的中间品

早期的研究倾向于将中间品界定为最终品生产过程中投入的可贸易的生产要素。Sanyal 等(1982)将生产过程分为投入层和产出层,投入层包括使用原材料和劳动力生产的中间品,而产出层则包括最终品,其生产会使用可贸易的中间品和劳动力。在 Sanyal 等(1982)的"三要素—三产品"模型中,假定使用非技术劳动(L)、技术劳动(H)和资本(K)生产非技术劳动密集型的投入品 y_1 和技术劳动密集型的投入品 y_2,其生产函数如式(5-1)所示。

$$y_i = f_i(L_i, H_i, K_i) \tag{5-1}$$

式中,$i=1,2$。

最终品 y_n 的生产只使用 y_1 和 y_2 这两种投入品,而不使用其他任何生产要素,因此在资源约束下利润最大化的生产均衡条件如式(5-2)所示。

$$\max p_i f_i(y_1-x_1, y_2-x_2) + p_1 x_1 + p_2 x_2$$

$$s.t. \begin{cases} y_1 = f_1(L_1, H_1, K_1) \\ y_2 = f_2(L_2, H_2, K_2) \\ L_1 + L_2 = L \\ H_1 + H_2 = H \\ K_1 + K_2 = K \\ p_1 x_1 + p_2 x_2 = 0 \end{cases} \tag{5-2}$$

由于该国技术劳动相对充裕,而非技术劳动相对稀缺,因此根据要素禀赋理论,该国将进口非技术劳动密集型的投入品 y_1,出口技术劳动密集型的投入品 y_2。x_1 表示投入品 y_1

的进口，$x_1<0$；x_2 表示投入品 y_2 的出口，$x_2>0$。p_i（$i=1,2$）和 p_n 分别表示投入品和最终品的价格。约束条件 $p_1x_1+p_2x_2=0$ 表示投入品贸易是平衡的。

在 Sanyal 等（1982）的模型中，使用劳动力、资本生产的投入品 y_i 可以看成最终品 y_n 的生产要素。Jones 等（1988）在分析国际生产分割问题时，认为中间品就是在生产中处在价值链前端和中端并为最终品的生产而投入的生产要素。钱纳里（1995）将工业产品分为三类：投资品、中间品与消费品，其中中间品是使用投资品生产出来用于生产消费品的产品。Halpen 等（2015）、张翊等（2015）在分析中间品贸易对生产率的影响时，在传统的柯布-道格拉斯函数的基础上引入中间品 M，即

$$Y = \Phi K^{\beta_k} L^{\beta_l} \prod_{i=1}^{N} M_i^{\gamma_i} \qquad (5-3)$$

其中，Y 是产出，Φ 是希克斯中性生产率，中间品 M 被看作是除了资本 K、劳动力 L 外的第三种生产要素，β_k、β_l 和 γ_i 分别是资本、劳动力和第 i 种中间品在生产中投入的比例。

二、作为可贸易的、实现价值增值的生产环节的中间品

Hummels 等（2001）在研究国际垂直专业化时，描述了不同国家参与国际垂直专业化的过程，如图 5.1 所示。国 1 使用本国要素禀赋生产出中间品，将其出口到国 2，国 2 使用本国生产要素和本国生产的中间品，再结合从国 1 进口的中间品，生产出最终品并出口到国 3。在此过程中，如果最终品是由连续的多个生产阶段生产的，那么国 2 可能包括多个国家，它们分别负责前后连续的生产阶段，并实现各自的价值增值。此时，国家之间的中间品贸易就产生了。与 Sanyal 等（1982）、Jones 等（1988）等不同的是，在 Hummels 等（2001）以及 Ethier（1982）、Deardoff（2001）、Feenstra 等（1999）的多产品生产模型中，都认为最终品的生产不是只包含两个过程或者阶段，而是多个连续的生产阶段，只要是可以贸易并且实现价值增值的产品就是中间品。

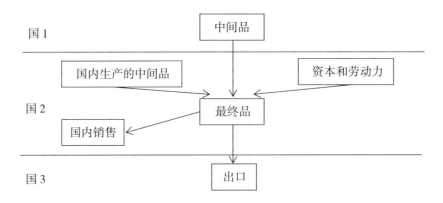

图 5.1　国际垂直专业化下的中间品贸易

［资料来源：David Hummels, Jun Ishii, Ken-Mu Yi, "The nature and growth of vertical specialization in world trade," *Journal of International Economics* 54, no.1(2001): 75-96.］

尽管已有文献对中间品内涵的界定略有差异，但是基本上肯定了中间品的三种特征：第一，中间品的生产是为了下一阶段的生产，而不是为了最终消费；第二，中间品的生产过程实现增值；第三，中间品可贸易。

第二节 中间品贸易的度量

早在20世纪70至80年代，有关中间品贸易的问题就已经受到关注，只是各种研究关于中间品外延的界定并不一致，同时在实证研究中由于很难获取中间品和最终品的数据，因此相关研究一直没有得到显著的进展（Baldwin et al., 2005）。部分研究根据产品的特征和用途，结合通用的国际商品编码来界定中间品，进而定量描述中间品贸易的特征；而为了避免重复统计，部分研究则采用投入产出法，通过甄别产品的各种投入的来源和去向，对中间品贸易进行更加准确的度量。

一、根据产品描述和国际商品编码来度量中间品贸易

在中间品贸易的实证研究中，学者们依据国际商品编码以及产品的特征和用途来区分中间品和最终品。采用较多的商品编码来自以下三种商品分类标准：商品名称及编码协调制度（HS）、国际贸易分类标准（SITC）、广义经济类别分类（BEC）。

部分文献依据HS编码及其产品特征和用途的描述来区分中间品和最终品贸易。Bas等（2015）在研究投入品贸易自由化的价格效应时，采用的是6位数HS编码的微观贸易数据。类似地，宗毅君（2017）在研究中间品进口对中国出口二元边际的影响与贡献时，也采用近似的界定和同样的数据。

Ng等（1999）把国际贸易标准分类SITC中名称为零部件产品的项目都看为中间品。由于SITC中的第七大类产品（机械及运输设备）基本上都是零部件，因此他们将第七大类产品等同于中间品。为了更全面地描述中间品贸易，Athukorala等（2005）认为SITC中的第七大类和第八大类（杂项）中的若干种贸易品都属于中间品。

BEC按照用途将产品分为资本品、中间产品和消费品三类。其中，代码为"111"（主要用于工业的初级食品和饮料）、"121"（主要用于工业的加工食品和饮料）、"21"（未另列明的工业用品，初级）、"22"（未另列明的工业用品，加工）、"31"（燃料和润滑剂，初级）、"322"（汽油除外的燃料和润滑剂，加工）、"42"（运输设备除外的资本货物零部件和配件）、"53"（运输设备零部件和配件）的八类产品被列为中间品[①]。BEC

[①] 根据2016年发布的BEC Rev5.，产品和服务共分为八大类，每一类下第1、2子目为中间产品或服务，具体包括111、121、211、221、311、321、411、421、511、521、611、621、711、721、811、821。但是涉及数据库匹配等问题，目前的实证研究大多还是沿用BEC Rev4.对中间品的分类方法。

下的这八类产品相对全面,因而目前关于中间品贸易的实证研究,尤其是国内的研究,大多采用这种方式来界定中间品,如 Veeramani(2008)、Amiti 等(2014),Bas 等(2015)、楚明钦等(2013)、张翊等(2015)、李平等(2015)、马述忠等(2016)、陈昊等(2020)。

根据产品的特征和用途,结合通用的国际商品编码来界定中间品,这种方法简单、操作性很强,大部分相关的实证研究都采用这种方法。然而,任何按产品编码或描述将商品分为中间品和最终品的做法都是有点武断的(Hummels et al., 2001)。同一种产品,当被家庭购买时就是最终品,而当被用来作为投入品来生产其他产品时就是中间品。故此,单纯按照产品编码或描述来界定中间品,并不是很准确。

二、使用投入产出法度量中间品贸易

生产过程在各国分解后,跨境生产为中间品贸易的度量造成了困难,极易导致重复统计的问题,原因有以下两点。一是传统方法对贸易进行总值统计,而非增加值统计,这会造成重复统计,并高估了中间品及最终品出口中国内的增加值部分;二是跨国生产网络下,中间品在到达最终使用目的地之前,会在不同国家部门间进行多轮的迂回流动,这也会导致重复统计。为了避免这两个问题,学者们大多采用投入产出法,对中间品贸易进行更加准确的度量。这种方法基于投入产出表,能够准确反映各种产品、服务的投入来源和去向,从而有效避免重复统计问题。

较早的研究国际垂直专业化问题的文献,如 Feenstra 等(1999)、Hummels 等(2001)均采用世界投入产出表来获取中间品及中间品贸易的数据。Goldberg 等(2010)在分析进口中间品对印度国内经济增长的影响时,构建了印度 1993—1994 年投入产出矩阵,分析新获取的进口投入品给印度带来的静态贸易收益。Johnson 等(2012)利用多区域投入产出表,从理论和实证上对中间品贸易问题进行了研究。Koopman 等(2014)依据一定假定和辅助数据把 GTAP(Global Trade Analysis Project)数据库加工成世界 ICIO 数据库(Inter-Country Input-Output Table),这使得他们能够在 Hummels 等(2001)的基础上做出较为深入和综合性的研究。郑休休等(2018)采用了世界投入产出数据库(World Input-Output Database,WIOD)在 2013 年公布的数据,其中涉及 1995—2011 年 40 个经济体的投入产出数据,在全球价值链视角下,研究了生产性服务中间投入对制造业出口中间品和最终品的影响。夏杰长等(2019)使用了 WIOD 2000—2014 年的数据,通过计算直接消耗系数矩阵、列昂惕夫逆矩阵、完全消耗系数矩阵,以及制造业服务化指标,定量分析了生产性服务中间品进口对制造业服务化的影响。与 Lenzen 等(2012,2013)一样,Wu 等(2020)在对比研究中间品和最终品贸易对全球价值链中碳排放的影响时,选用了 Eora 数据库提供的 2012 年全球多区域投入产出账户,包括全球 189 个国家和地区的投入产出数据。他们使用投入产出法,建立一个投入产出结构来核算中间品,由于能够更准确地说明最终品的生产是从哪里获得投入的,这些最终品又在哪里销售的,因此他们对中间品贸易的度量更加精细。

第三节 中间品贸易的宏观经济效应

关于中间品贸易的研究,主要集中在中间品进口的经济效应方面。具体来说,从宏观上讲,中间品进口会影响到经济增长、就业与工资、出口、环境等。

一、对经济增长的影响

大多数研究都认为中间品进口会促进经济增长,但是影响机制各不相同,具体分为以下三点。

(一)技术和知识溢出机制

技术先进的国家通过知识积累,使他们在生产率较高的产品上具备比较优势,从这些国家进口中间品和资本设备,将会通过知识溢出机制推动进口国的经济增长。因此,一个国家进口什么类型的中间品和资本设备,以及从哪里进口,对长期经济增长有重要意义。Veeramani(2008)构建了 IMPY 指数,用以衡量与一国进口相关的生产率水平。研究发现,IMPY 指数的初始值越高,其后各年的人均收入增长速度就越快,反之亦然。具体来说,IMPY 指数每上升 10%,经济增长率会提高 1.3%,这说明进口中间品的生产率对经济增长和人均收入的影响非常大。

(二)价格机制

中间品的生产大多遵循资源禀赋的比较优势,进口中间品与国内中间品相比往往具备相对价格优势,进口中间品会通过价格效应,影响最终品的生产规模,进而影响经济增长。龙世国等(2018)构建理论模型分析了中间品贸易对最终品生产的替代效应与产出效应,并通过编制 ISIC-SITC-BEC 对接表[①],采用中国在 1998—2011 年的面板数据,进行实证检验,结果显示,中间品进口价格上升会导致最终贸易品与最终非贸易品的产出下降;中间品净进口的增加会导致最终贸易品与最终非贸易品的产出增加。还有研究认为,中间品进口可同时通过技术和价格两种渠道,增加高生产率部门的相对产出,进而带来经济结构的良性转变。傅缨捷等(2014)基于开放条件下"两国-两部门"模型,对中间品进口影响经济结构变化的机制进行了理论分析,随后利用中国等 9 个新兴经济体的面板数据进行实证检验。分析结果表明,中间品进口规模的扩大能够促进经济结构的变动,而且技术渠道比价格渠道的作用更大。

---

① ISIC 是国际标准产业分类体系(International Standard Industrial Classification of All Economic Activities)的缩写,目前最新版本为 ISIC Rev.4。SITC 是国际贸易标准分类(Standard International Trade Classification)的缩写,目前最新版本为 SITC Rev.4。BEC 是广义经济类别分类(Classification by Broad Economic Categories)的缩写,目前最新版本为 BEC Rev.5。以上产品分类标准都是由联合国统计司制定并发布的。

（三）结构机制

进口中间品的产品结构和分配结构，会对行业总产出、不同类型的行业产出有着结构效应。贾净雪（2015）利用 1995—2011 年的世界投入产出表，分析了中间品进口的商品结构和分配结构对我国制造业行业的增长效应。研究结果表明，进口中间品能显著促进制造业行业总产出。其中，对资本、技术密集型制造业的产出效应大于对劳动密集型制造业的产出效应。刘胜等（2017）基于 1995—2011 年世界投入产出表，分析了我国服务中间品进口结构的行业增长效应。该研究通过将我国服务中间品进口分解为劳动密集型、资本密集型、健康教育和公共服务型中间品，即从结构效应的角度，分别分析了它们对总体行业产出、制造业产出和服务业产出的影响。

贸易使各国之间的经济联系更为紧密，国际经济波动的联动性会随着贸易的增长而加强。因此，中间品贸易不仅影响经济增长，还会对产出波动和国际经济联动性产生影响。也有一些文献通过对总贸易进行分解，研究贸易分量对国际经济周期联动性的影响。马淑琴等（2019）将总贸易分解成中间品贸易和最终品贸易，并基于 2000—2014 年的世界投入产出数据，研究中间品贸易和最终品贸易对国际经济周期联动性的影响及其差异。研究结果表明，中间品贸易和最终品贸易都能显著地影响国际经济周期联动性，但对于不同国家之间的贸易，它们的传导作用和影响均存在显著的差异。蒋银娟（2015）从替代效应、互补效应和创新效应三个角度出发，分析了进口中间品多样化对企业产出波动的影响。该研究将 1999—2007 年中国工业企业数据和海关贸易数据进行匹配，使用 Heckman 样本选择模型进行估计，结果显示，中间品进口多样性与企业产出波动之间存在着显著的"U"型关系，这种关系在中国东部地区的企业中更为明显。

二、对就业与工资的影响

中间品在全球内的生产分工与贸易，也体现了要素在各国间的流转与配置，这个过程势必会从规模和结构两个方面影响到一国的就业，进而对工资水平也造成影响。

（一）对就业规模的影响

中间品贸易对就业规模的影响有两个方面：进口价格更低、技术更先进的中间品，一方面，可以通过成本节约、技术溢出等效应，促进产业发展，从而增加对劳动力的需求，提高就业水平；另一方面，进口的中间品会替代、挤出部分国内生产的中间品，从而减少对国内劳动力的需求，从而降低国内就业水平。席艳乐等（2014）基于中国家庭收入调查（The Chinese Household Income Project，CHIP）数据库中 2002 年、2007 年的城镇调查数据，采用截面 Probit 模型和 Heckman 样本选择模型，分析中间品和最终品的贸易自由化对中国性别就业差异的影响。研究显示，中间品和最终品的贸易对我国两性就业都起到显著的积极效应，其中无论是中间品贸易还是最终品贸易，对男性就业的影响大于女性。王孝松等（2020）建立了包含中间品和最终品贸易、行业异质性和投入产出关系的一般均衡定量模型，并采用 2000—2014 年我国制造业的数据，分析最终品、中间品贸易自由化与就业水平的关系。研究结果表明，2000—2014 年，我国制造业出口增长使国内就业水平提高了约 3.34%；我国对美国制造业关税的下降使我国国内就业水平上升约 2.7%。由此可以看出，中间品和最终品的贸易自由化对就业规模的成本节约效应、技术溢出效应大于挤出效应。

（二）对就业结构的影响

由于中间品的要素密集度以及各国要素禀赋的差异，中间品进口对低技能劳动力和中高技能劳动力的就业效应不同，进而影响到就业结构。刘庆林等（2020）将我国制造业的劳动力划分为低技能劳动力和中高技能劳动力两大类，对比分析中间品进口对这两类劳动力就业效应的差异。研究认为，中间品贸易自由化通过三种效应对就业结构产生影响：成本节约效应、要素替代效应和技术进步效应。而在全球价值链中的地位、贸易方式、企业投资决策等不同时，三种效应对就业结构的影响也各不相同。

（三）对劳动力资源错配的影响

中间品贸易自由化还可以从某种程度上改善劳动力资源错配的状况。在完全竞争的市场中，为了获取更高的报酬，劳动力等生产要素倾向于流向边际产出价值更高的企业，最终导致各部门边际产出价值相等，实现总产出最大化。然而市场不完全性会导致劳动力等生产要素在部门之间的分配并未遵循这一规律，从而造成了资源的错配（柏培文等，2019）。Berthou 等（2020）基于 1998—2011 年 14 个欧洲国家的 20 个制造业行业数据，通过从生产率变动中分离出资源再配置效应项，分析了出口贸易自由化对资源配置的影响。研究发现，出口贸易自由化导致资源流向生产率更高的企业，从而改善资源错配的状况。周申等（2020）以中国加入 WTO 这一事件作为准自然实验，基于 1998—2007 年中国制造业企业数据和关税数据，使用双重差分法（DID），分析了贸易自由化对制造业劳动力资源错配的影响及其机制。研究发现，最终品贸易自由化的促进竞争效应与中间品贸易自由化的中间品进入效应，均显著降低了制造业行业劳动力资源错配的程度。

（四）对工资水平的影响

中间品贸易实现了要素在国际和国内的再分配，这必然对就业以及劳动力工资，尤其是熟练劳动力和非熟练劳动力的相对工资产生重要影响。单希彦（2014）利用我国 2000—2007 年制造业细分行业的数据，研究了中间品进口对我国熟练劳动力与非熟练劳动力相对工资的影响，结果显示，中间品进口拉大了我国工资差距，尤其在非技术密集型产业，中间品进口对相对工资差距的拉大作用更加明显。为了从企业创新的角度分析中间品贸易自由化对企业工人工资的影响，孙一平等（2017）基于 1998—2007 年中国工业企业的数据，将工具变量法与 Heckman 样本选择模型结合，分析了企业创新活动与贸易自由化相结合对企业工人工资水平的影响。结果显示，在中间品进口关税税率较低的企业，工人的工资水平相对较高，而在出口和外资企业，创新程度的提高增强了中间品关税削减对工资的积极效应，即企业创新存在显著的工资溢价。邓军等（2020）基于 2000—2013 年中国工业企业数据和海关贸易数据，分析了贸易自由化（主要是关税下降）对企业工人工资的影响。研究发现，中间品和最终品的贸易自由化对企业工人工资的影响存在差异。分企业类别的研究表明，中间品关税下降会降低非进口企业工人工资，但提高了进口企业工人工资。其原因在于进口中间品会通过成本节约效应和多样化效应提高进口企业的经营绩效。分区域的研究表明，中间品关税会降低中部地区进口企业工人工资，而提高东部和西部地区进口企业工人工资。

三、对出口的影响

进口的中间品一部分用于生产最终品满足本国市场需求，较大部分则出口以满足外国市场需求。由此，中间品贸易会对最终品的出口贸易产生影响。研究中间品贸易，尤其是中间品进口对出口的影响大多是从企业的角度进行的，但也有研究从国家、行业的角度来分析中间品进口对出口规模和结构的影响。李宏等（2016）基于1998—2012年中国与33个国家或地区之间中间品和最终品的贸易数据，采用普通最小二乘法（OLS）和固定效应模型，检验了中间品进口结构对最终品出口结构的影响。研究表明，不同类型的中间品进口对最终品出口的影响不同，具体来说，半成品和零配件进口主要拉动最终资本品出口，初级中间品进口主要拉动最终消费品出口。在中间品进口结构的影响下，中国的出口结构正从劳动密集型最终消费品向技术密集型最终资本品转移，这意味着中国逐步以高附加值产品融入世界生产网络，并实现产业结构和贸易结构的转型升级。Liu等（2020）认为在全球化生产分工与贸易自由化的背景下，生产性服务中间品（如与生产活动密切相关的通信、运输、批发零售等）会提升制造业的运营效率和综合竞争力。Heuser等（2017）则认为生产性服务中间品可以给制造业带来支撑效应。郑休休等（2018）从全球价值链的视角，研究了生产性服务中间品对制造业出口国内增加值率的影响。该研究基于WIOD在2013年的投入产出数据，以40个经济体在1995—2011年的数据为样本，分析了生产性服务中间品对制造业出口增加值率的影响。研究结果显示，生产性服务中间品能够显著提高制造业最终品的出口增加值率，当新兴经济体从发达经济体进口生产性服务中间品时，这种机制的效应更显著。这意味着新兴经济体应该提高服务贸易的开放程度，鼓励境内制造业更多地使用来自发达经济体的生产性服务中间品，实现产业结构和贸易结构的转型升级。

四、对环境的影响

在全球价值链分工体系下，生产网络的全球布局和贸易方式的转变，都推动了中间品贸易的快速发展。与此同时，以跨国生产和中间品贸易为载体的污染排放问题也日益突出，中间品贸易的环境效应也成为理论研究的热点问题。黄娟（2020）认为在环境规制约束下，中间品贸易自由化通过三个渠道影响工业污染排放：规模效应、结构效应和技术效应。该研究基于2004—2014年中国30个省份、14个制造业大类的"地区-行业"维度数据，对中间品贸易自由化的环境影响进行了检验。结果显示，中间品贸易自由化和环境规制对工业SO_2排放有显著的负效应，但在环境规制条件约束下，这种效应在地理区域和行业污染密集度上呈现出显著的异质性。夏权智等（2020）从直接消费和间接消费的角度，采用投入产出方法，分析了2015年中国中间品和最终品贸易中的隐含能源。结果表明，中国超过1/3的能源使用隐含在出口贸易中，其中2/3来自中间品贸易；而在中国进口贸易中隐含的能源使用，超过90%与进口中间品有关，尤其是进口的制成品和矿产品。通过对能源使用的核算与控制，可以从某种程度上调整和优化进出口贸易结构。Wu等（2020）通过区分中间品贸易和最终品贸易，采用2012年的全球数据，分析了通过全球价值链隐含的碳排放转移以及碳贸易失衡。研究表明，地区间贸易中的碳排放转移量约占全球直接碳排放量的40%，而中间品贸易隐含的碳排放量估计是最终品贸易隐含的碳排放量的2.3倍。此外，中国碳贸易逆差大约是美国碳贸易顺差的2倍，其中大部分来自中间品贸易。在全球供应链高度分割、中间品贸易日渐频繁的情况下，各国都应根据中间品贸易和最终品贸易隐含的碳排放来调整产业结构和贸易结构，提高绿色技术水平，以满足绿色贸易与全球价值链的需求。Fan等（2015）认为随着中间品贸易自由化的发展，新兴经济体为了提高中间品或最终品的质量和国际竞争力，会增加先进技术或清洁技术相关的中间品的进口和投入，由此，中间品贸易自由化与环境保护之间形成良性循环。

五、其他宏观经济效应

李平等（2015）将进口中间品对技术创新的影响归结为贸易自由化的激励效应、研发资本效应和人力资本激励效应，并借助国际R&D溢出模型，将贸易自由化纳入模型中，运用中国1998—2012年的省际面板数据进行实证检验。结果显示，进口中间品对我国技术创新有明显的促进作用，进口中间品每增加10%，中国技术创新将提高1.6%；进口中间品的贸易自由化程度每提高10%，中国技术创新将提高0.3%。彭支伟等（2017）在两国模型下，刻画了1995—2014年中国同世界其他地区之间的价值链分工格局，并分析了中间品贸易对价值链嵌入度的影响。研究显示，其他地区从中国获取的收益份额更多源自出口中间品的渗透，并呈现出"倒V"型变化；中国从其他地区获得的收益份额持续提高，且较多地归因于出口中间品在国外价值链中嵌入度的提升。姚战琪（2019）根据2000—2014年世界投入产出表，分析了中国进口生产性服务中间品对制造业服务化的影响，尤其是全要素生产率（TFP）增长率和显性比较优势（RCA）在这种影响中的调节效应。樊海潮等（2018）分析了中间品与最终品进口关税对福利水平的影响。该研究建立了一个包含进口中间品行为的异质性企业模型，在2018年中美贸易摩擦的背景下，量化分析了中间品贸易的福利效应。结果显示，最终品进口关税下降，会恶化进口国的福利水平；而中间品进口关税下降，则改善进口国的福利水平。这意味着中美贸易摩擦会导致双方福利水平恶化，但是受到中间品贸易的影响，中国福利水平恶化程度高于美国。

中间品是最终品生产的重要投入要素，其价格直接决定最终品价格，因此中间品贸易对价格水平有着重要的影响。Pirzada（2017）在研究通货膨胀问题时，认为忽略掉中间品价格，会导致价格粘性被高估。该研究使用美国和欧洲数据进行贝叶斯估计，结果显示，如果考虑到中间品价格对通货膨胀的影响，价格粘性不高时也可以模拟出通货膨胀的变化。

霍东星等（2020）采用中国 2003 年第 1 季度至 2018 年第 4 季度的产出、全国居民消费价格指数（CPI）和生产价格指数（PPI）的季度数据，研究了中间品价格对价格粘性的影响。该研究构建了一个包含中间品价格的动态随机一般均衡模型（DSGE），对我国的价格粘性进行分析。结果表明，在考虑到中间品价格对 CPI 和 PPI 的影响时，模型估计的价格粘性与现实较接近，并且中间品价格变动比最终品更灵活。

第四节　中间品贸易的微观经济效应

从微观的角度分析中间品贸易的经济效应，是研究中间品贸易的主要方向之一，主要从企业的角度展开研究。中间品贸易不仅会影响企业出口和研发与创新，还会直接或间接影响到企业全要素生产率、出口质量、加成率、出口国内增加值率等。

一、对企业出口的影响

进口成本较低或者技术水平更高的中间品，可以使企业在成本节约、技术溢出和规模生产效应的作用下，不仅扩大生产和出口的规模，还会使其产品和贸易结构向高附加值型转变。进口中间品对企业出口的影响主要体现在出口规模和出口的二元边际两个方面。同时，进口中间品还会影响企业的出口质量，因涉及篇幅较长，在后文具体分析，此处不再赘述。

（一）对企业出口规模的影响

现有研究一般认为进口中间品会通过效率提升和成本节约来促进企业出口，前期研究侧重于对出口规模的分析。有学者用智利（kasahara et al., 2013）、阿根廷（Bas, 2012）与中国制造业企业的数据，证实了中间品贸易自由化对企业出口有着显著的推动作用，而中间品进口关税条例等贸易政策则会阻碍企业出口。张杰等（2014）基于异质性企业理论，合并了中国工业企业数据库和海关贸易数据库的数据，检验了进口促进出口的内在机制，即进口能够有效提高企业的生产率水平，从而强化自我选择效应，并促进出口。该研究对比分析了中间品进口与资本品进口对出口的促进效应，结果显示，进口中间品对出口的促进效应明显大于资本品进口。Feng 等（2016）基于中国制造业企业的数据，分析了中间品贸易自由化对企业出口的影响，结果显示，中间品进口关税下降提高了中间品进口额，并促进企业提高出口额并扩大出口范围。当进口来源国、出口目的国、企业所有权和研发强度不同时，这种效应存在着异质性。程惠芳等（2018）基于中国多产品企业的面板数据，分析了中间品贸易自由化对出口多样化的影响。他们采用 2000—2005 年高度细化的产品关税数据，从总体、不同所有制和要素密集度三个层面，实证分析了中间品进口关税的削减对企业出口多样化的影响。结果显示，中间品进口贸易自由化能够显著促进企业出口多样化。耿晔强等（2018）基于 2005—2008 年中国海关贸易数据和工业企业数据，分析了贸易自由化背景下进口中间品质量对企业出口的影响。结果表明，在样本期间，进口中间品质量的提升显著促进了工业企业的出口绩效，这种效应在加工贸易企业、中高技术企业和低融资约束企业中更明显。曹亮等（2019）以中国加入 WTO 为一次准自然实验，利用 2000—2006 年中国工业企业数据库的贸易数据，使用双重差分法研究中间品贸易自由化对企业出口产品范围的影响。研究表明，中间品贸易自由化通过影响企业进口技术复杂度和全要素生产率，显著扩大企业出口范围。冯笑等（2019）则从多产品企业特征和产品转换行为的角度，分析了中间品贸易自由化对企业生产范围的影响，与曹亮等（2019）的结论相似，他们认为，中间品进口关税下降，从而降低了产品的相对价格，还能够显著促进企业生产范围的扩大。

（二）对企业出口的二元边际的影响

进口中间品促进企业出口，既体现在出口总体规模的扩大上，也体现在出口增长的路径优化上。近期的研究侧重于分析进口中间品对企业出口二元边际的影响。王维薇（2015）在分析我国电子及通信设备制造业的进口中间品对出口的影响时，发现零部件的进口促进了最终资本品的出口，但是这种出口是沿着广度边际的方向增长的。康志勇（2015）在企业异质性贸易模型的基础上，分析了进口中间品对企业出口的二元边际的影响。该研究利用 2000—2006 年中国工业企业数据库和海关贸易数据库的数据，参照 BEC 提供的中间品编码与海关贸易数据中 HS 编码，对其进行匹配，并从进口品中分离出中间品，将企业出口总量增长分解为出口的扩展边际和集约边际，在此基础上分别采用固定效应模型、工具变量法和动态面板模型（GMM）检验了进口中间品对企业出口二元边际的影响。结果显示，进口中间品对企业出口的扩展边际和集约边际都有着显著的促进作用。通过系数标准化，发现进口中间品对企业出口的集约边际的影响明显高于对企业出口的扩展边际的影响，这意味着进口中间品主要是通过效率提升而非成本节约来促进企业出口。宗毅君（2017）基于中国制造业 6 位数 HS 编码下的微观贸易数据，分别用 POLS 方法和 GMM 等模型实证检验了进口中间品对出口的二元边际的影响。与康志勇（2015）不同，该研究在测度出口的二元边际时，采用了国际上广泛使用的 Hummels 和 Klenow 的方法，并得出不同的结论。第一，1996—2014 年，制造业进口中间品显著地促进了原有产品种类的出口增长，即出口沿着深度边际的方向增长；第二，制造业进口中间品并未有效地促进新产品种类的出口增长，即不利于出口沿着广度边际的方向增长。因此，制造业进口中间品仅扩大了出口总量规模，而未能有效促进出口创新能力的提升。王厚双等（2020）在研究服务进口中间品对服务出口的引致效应时，也证实了服务进口中间品通过种类、质量、数量的边际扩张等三种机制显著地促进了服务出口。

二、对企业研发与创新的影响

中间品是国际技术扩散的主要载体，从技术先进的国家进口中间品，一方面能够直接提高最终品的技术含量，另一方面企业可以通过对新技术的消化吸收，实现技术创新与产品升级。田巍等（2014）把中国加入 WTO 作为政策冲击因素，采用 2000—2006 年中国制造业企业数据，分析了中间品贸易自由化对进口企业研发的影响。研究表明，当中间品进口关税下降时，通过提高企业利润、促进企业对技术的学习和吸收，能够使企业研发水平得到显著提高。李杰等学者于 2018 年构建了垂直市场结构下的讨价还价博弈模型，分析了在中间品贸易自由化背景下，研发补贴政策对下游企业研发投入以及社会福利的影响。该理论模型分析的结果显示，中间品贸易自由化和研发补贴政策都会提高下游企业的研发投入，但是并不一定改善社会福利。在实现社会福利最大化的过程中，中间品贸易自由化和研发补贴具有替代关系。刘晅之等（2018）基于 2008—2015 年中国制造业的数据，分析了进口中间品对制造业创新的影响，结果显示，进口中间品对制造业企业创新的扩展边际和集约边际都有着显著的正向影响，伴随着进口中间品的国际技术溢出提高了制造业企业的创新能力。杨晶晶等（2018）利用 2000—2006 年我国规模以上的工业企业数据、关税数据和海关贸易数据，分析了中间品贸易自由化对企业研发投入的影响。研究表明，中间品贸易自由化通过侵蚀企业利润、提高出口规模和加剧市场竞争来推动企业提高研发投入，实现技术进步和产品创新。湛柏明等（2019）将外商直接投资和专利引入中间品进口贸易的技术溢出模型中，分析一国实现技术进步的主导因素。该研究采用全球具有代表性的 33 个国家和地区的数据，利用广义矩回归法进行估计。结果显示，国内研发资本存量是全球各国技术进步的主导因素，而进口中间品的技术溢出效应则在不同国家和地区呈现异质性。刘俊华（2020）采用 1999—2016 年中国从德国等 9 个样本国家进口中间品的数据，分析了中间品进口结构对企业研发及技术创新的影响。实证分析的结果显示，初级产品和半制成品的进口能显著促进我国东、中、西部地区的技术创新，而零部件的进口则有着相反的作用。

三、对企业全要素生产率的影响

在中间品贸易的经济效应的研究中，关于进口中间品影响企业全要素生产率的研究最多，但前期研究大多采用国外企业数据，如 Baldwin（2005）、Amiti 等（2013）、Halpern 等（2015），随着中国工业企业微观数据的开放，国内学者对其分析也日益深入，如钱学锋等（2011）、祝树金等（2011）、陈勇兵等（2012）、楚明钦等（2013）。刘庆林等（2020）认为进口中间品主要通过技术溢出效应、成本节约效应、质量提升效应和要素互补效应这四个方面对全要素生产率产生影响，近年来，大多数学者沿着这四个方向展开研究。

（一）进口中间品的技术溢出效应

中间品贸易是国际技术扩散的主要途径之一。在经济全球化背景下，一国全要素生产率的提高在一定程度上源自国际技术扩散，因此，进口中间品的技术溢出效应对生产率的提升就较为显著。在此类分析中，大多数文献从研发资本和人力资本两个方面来分析这种影响。初晓等（2017）利用 2004—2011 年世界投入产出数据和中国行业数据，证实了进口中间品的技术溢出效应对全要素生产率的显著正向影响。通过对全要素生产率进行分解，该研究认为，在第二产业中，进口中间品的技术溢出效应主要影响的是技术进步率。而在第三产业中，则主要影响的是技术效率。此外，从经济发达、自由度高、竞争力强和治理严格的国家进口的中间品，会通过激励效应和学习效应促进中国企业全要素生产率的提高。姜青克等（2018）基于1995—2009年27个国家14个制造业的面板数据，采用投入产出法，在测算了进口中间品包含的研发部分后，检验了进口中间品的技术溢出效应对全要素生产率的影响。研究结果表明，外国研发资本随着进口中间品带来的技术溢出效应，对全要素生产率有着显著的正向影响。其中，行业间中间品的影响是显著正向的，但行业内中间品的影响则不显著。该研究对比分析了来自中国与其他国家的中间品对生产率的影响，发现来自中国的中间品包含的研发对其他国家生产率水平有一定正向影响，但这种影响主要集中在低研发行业，且研发溢出通过一次性直接出口中间品产生，这与美国等国家存在着明显的差异。

在分析进口中间品产品质量对中国企业创新绩效的影响时，巫俊等（2022）将影响机制划分为提升人力资本、扩大市场规模和提高生产率三类，并认为，进口中间品的质量提升，通过提高人力资本显著地促进了企业创新。陈晓华（2022）在分析进口中间品技术含量对制造业全球价值链嵌入的影响时，认为进口中间品的高技术含量抑制了制造业全球价值链分工地位的提升，在这个过程中，人力资本和知识产权保护发挥了显著的"U"型调节效应，从而让高技术含量进口中间品成为一把"双刃剑"。

（二）进口中间品的成本节约效应

相对于国内生产的中间品，进口中间品的价格往往更低，通过进口更多数量的中间品，会导致企业成本下降，进而提高生产率水平。此外，进口中间品还会对国内中间品产生竞争效应，这进一步导致中间品的相对价格下降，从而通过成本节约效应提高企业生产率。Bas等（2015）的研究发现，随着中间品贸易自由化进程的加快，大量进口中间品降低了企业的进口成本，从而提高了企业的全要素生产率。刘斌等（2015）基于1998—2007年中国工业企业数据，采用普通最小二乘法（OLS）检验了中间品进口关税减让和契约制度对企业全要素生产率的影响。检验结果显示，降低中间品进口关税，能够显著提高全要素生产率水平，这一效应在制度保障更完善的地区更明显。张翊等（2015）认为进口中间品通过数量效应、种类效应和价格效应影响企业全要素生产率，该研究将这三种效应纳入Halpern等（2009）的模型中分析进口中间品对全要素生产率的影响，该模型推导出三个影响因素，即进口中间品种类的增加、数量的增加和相对价格的下降都会提高全要素生产率。随后他们采用UN Comtrade Database和WIOD提供的中国制造业的相关数据对这三个影响因素进行了检验。检验结果表明，进口中间品不能对中国制造业的全要素生产率产生显著的数量和种类效应，对于出口依存度较低的行业，价格效应比较显著，而对于出口依存度较高的行业则不显著。李平等（2017）分析了不同出口强度下进口中间品对企业全要素生产率的影响。该研究选取了2000—2006年中国工业企业数据和海关贸易数据，并分别采用OLS和GMM等方法，检验了进口中间品对企业全要素生产率的影响。内销与出口企业、一般出口与纯出口企业的检测结果都呈现出异质性，但异质性的结果显示，技术吸收能力强、进口来源国为发达国家的企业以及外资企业里，进口中间品对全要素生产率的促进效应更明显。

（三）进口中间品的质量提升效应

郑亚莉等（2017）基于2000—2006年中国工业企业数据和海关贸易数据，采用Amiti等（2013）的方法测度进口中间品质量，并检验了进口中间品质量对企业全要素生产率的影响。他们认为进口中间品质量的提高能够显著提高企业全要素生产率。睢强等（2020）采用2000—2013年中国工业企业数据和海关贸易数据，量化企业进口产品质量，并分析进口的资本品、中间品及消费品对企业全要素生产率的影响。他们认为高质量的进口中间品能够显著提高企业全要素生产率，其影响机制主要包括竞争效应和技术创新效应，但是进口中间品的技术创新整体为负，这与进口中间品中来料加工的比例较高有关。

（四）进口中间品的要素互补效应

Bas等（2015）基于法国的贸易数据，分析了进口中间品的种类增加对企业出口的影响，他们认为进口中间品种类的增加，能够有效提高出口企业的生产率水平，从而降低出口固定成本并扩大出口规模。Halpern等（2015）的研究指出，进口更多种类的中间品，能够部分替代本国中间品，优化要素的配置效率，从而提升企业的全要素生产率。魏浩等（2017）采用2001—2006年中国61368家进口企业的贸易数据，从进口来源地数目和进口来源地集中度两个方面分析了进口中间品多样化对企业全要素生产率的影响。实证分析的结果显示，进口中间品来源地的数量增加和进口来源地集中度降低都会提高企业全要素生产率。当进口国类别、贸易方式、企业类型和出口行为不同时，上述效应也会有所不同。

四、对企业出口质量的影响

党的二十大报告中明确提出："加快构建新发展格局，着力推动高质量发展"。2022年，国务院批复同意商务部等部门组织实施《"十四五"对外贸易高质量发展规划》（以下简称"规划"）。规划明确提出"十四五"时期中国外贸高质量发展的五大目标以及实现目标的重点任务和保障措施。提升产品质量是实现外贸高质量发展的重要内容。在短期内，企业一般很难通过自身资本和要素的积累实现产品质量升级，进口中间品为企业提升产品质量、促进产业结构升级提供新动力。

（一）进口中间品对企业出口质量的影响

马述忠等（2016）在测算企业出口质量的基础上，利用Hallak等（2009）的质量内生决定模型，分析了进口中间品对企业出口产品质量的影响，并采用2000—2006年中国工业企业数据和海关贸易数据进行检验。结果表明，进口中间品能够显著提升企业出口产品质量，但对于不同贸易类型的进口中间品来说，这种效应存在差异性：一般贸易进口中间品对出口产品质量没有促进作用，进料加工和来料加工进口中间品显著提升出口产品质量。但相对而言，前者的效应更显著和稳健。施炳展等（2016）在研究关税、海关和工业企业数据后，采用双重差分法和经验法分析了贸易自由化对进口中间品质量的影响。结论显示，关税的降低导致中国企业的进口中间品的质量整体提升，从而实现技术追赶。卢晓菲等（2020）采用2000—2014年世界银行WITS数据库的进口关税数据、WIOD和中国海关企业进出口数据库的产品数据，分析了进口中间品来源于不同价值链的嵌入位置时，中间品贸易自由化对企业出口产品质量的影响。研究显示，中间品贸易自由化能够显著提升企业出口产品的质量，当企业进口中间品的下游度越低、出口产品质量越高时，这种效应越强。

（二）进口中间品影响企业出口质量的机制

尽管大部分学者认为进口中间品会提升企业出口产品的质量，但是对于影响机制的分析则各有侧重。许家云等（2017）认为进口中间品通过三个可能的渠道影响企业出口产品的质量：中间品质量效应、产品种类效应和技术溢出效应，并利用 2000—2007 年中国工业企业数据和海关贸易数据对这三个效应进行了检验。结果显示，进口中间品能够显著提高企业的出口产品质量，但当企业在生产率水平、融资约束等方面存在不同时，这种效应也有较大差异。与许家云等（2017）类似，刘海洋（2017）认为进口中间品影响出口产品质量的渠道为进口中间品的竞争效应和成本优势、进口中间品的技术溢出效应以及进口中间品具有较高的质量。该研究通过合并 2000—2006 年期间中国工业企业数据库和海关贸易数据库，得到 74795 家出口企业的 209693 个观察值。同时，他借鉴 Bas 等（2015）的计量模型进行实证分析，分析结果显示，进口中间品显著地提升了中国工业企业出口产品的质量，在剔除加工贸易后，这种影响更显著，但是随着进口中间品使用强度的提高，进口中间品对产品质量的提升效果呈递减趋势。

李秀芳等（2016）侧重分析了进口中间品多元化对出口产品质量的影响，他们认为进口中间品多元化通过降低边际成本、固定成本来促进出口产品质量的提升，但这种效应受到企业吸收能力的限制。该研究利用中国海关贸易数据和工业企业数据对上述结论进行了检验，结果表明，在样本期间，中国进口中间品的多元化水平呈现下降的趋势。2004—2006 年，外资企业、来自 OECD 成员的进口中间品的多元化提升了出口产品质量，而 2000—2003 年，本土企业、来自发展中国家的进口中间品的多元化对出口产品质量则没有呈现出显著的提升作用，其原因在于企业吸收能力差，且进口中间品多元化的固定成本效应大于边际成本效应。

Krugler 等（2012）、Bas 等（2015）、Fan 等（2015）则侧重分析进口中间品质量对出口产品质量的影响，这些学者均认为发展中国家进口的中间品质量一般高于国内中间品的质量，随着进口中间品占比的下降，中间投入的质量也会下降，进而影响到出口产品的质量。Kee 等（2016）分析了中国在国内中间品对进口中间品进行替代的过程中，进口中间品占比的下降对出口产品质量的负向影响。

近期也有研究从劳动力结构、雇佣结构等劳动力投入的角度，分析进口中间品影响出口产品质量的机制。石小霞等（2019）基于中间品贸易自由化背景，分析了劳动力技能结构以及进口中间品和劳动力技能结构的组合对出口产品质量的影响。理论上认为进口中间品和劳动力技能结构从三个方面促进出口产品质量升级：成本降低效应、劳动力技能结构改善效应和企业内要素投入组合效应。随后他们利用 2000—2007 年中国制造业企业数据对这三种效应进行检验，检验结果显示，中间品贸易自由化能够显著提升出口产品质量，但当出口目的地、产品种类和企业所有制不同时，这种效应也存在着明显的异质性。高技能劳动投入的增加也可以显著提升出口产品质量，而且结合进口中间品时，对出口产品质量产生显著影响的是企业内要素投入组合效应。刘啟仁等（2020）在提出中国出口产品"质量变动之谜"的基础上，将企业的异质雇佣结构引入质量异质性理论框架中，以此来分析技能劳动投入对出口产品质量的影响，并试图结合中间品投入与技能劳动投入的互补性来解释"质量变动之谜"。研究发现，企业雇佣结构升级能够显著提升出口产品质量；企业中间品质量与雇佣结构升级之间存在互补性，中间品质量越高，雇佣结构升级对产品质量的促进效应越强。"质量变动之谜"的产生部分源自中间品投入比例下降导致的中间品质量的降低，并由此抑制了雇佣结构升级对产品质量的促进效应。

五、对企业加成率的影响

企业加成率是衡量市场影响力和企业定价能力及持续获利能力的关键指标，其高低直接影响企业的国际竞争力和在全球价值链中获取的福利的多少（De Loecker et al., 2014; Edmond et al., 2012）。

（一）中间品贸易自由化对企业加成率的影响

毛其淋等（2017）采用双重差分法分析了中间品贸易自由化对企业加成率的影响，他们认为中间品贸易自由化通过产品质量升级和生产效率提高两个渠道，显著提高企业的成本加成定价能力，且地区制度环境越好，中间品贸易自由化对企业加成率的提升效应越大。耿晔强等（2017）基于2000—2007年中国制造业企业数据及关税数据，检验了中间品贸易自由化和制度环境对企业加成率的影响，结果显示，中间品贸易自由化与制度环境从整体上能够显著提高企业加成率，当企业所有制类型、出口状态、地区分布和要素密集度不同时，这种效应也存在一定的差异。祝树金等（2018）以多产品企业为对象，从成本降低效应和质量升级效应两个方面分析了中间品贸易自由化对企业出口产品加成率的影响，并采用2000—2006年的"企业–产品"面板数据进行检验。结果显示，中间品贸易自由化能够显著提高多产品企业的出口产品加成率，尤其是产品质量升级，对企业的出口产品加成率的促进作用更明显。刘政文等（2019）在异质性企业理论模型中加入了中间品和最终品贸易，他们在不同的市场结构下，分析中间品贸易自由化对企业成本加成率的已有影响及影响渠道。该研究采用2000—2007年中国工业企业数据库的贸易数据，对理论分析进行了实证检验。结果表明，一方面，中间品进口关税的下降，会降低单个企业的生产成本，从而提高企业成本加成率；但是另一方面，中间品进口关税的下降也会降低行业的平均成本，增强企业间的竞争，从而降低企业成本加成率。在市场集中度更高时，这种效应更显著。牛虎等（2020）分析了1998—2006年中国工业企业中间品贸易自由化对企业成本加成率的影响，结果显示，中间品进口关税的下降，使企业成本显著降低，其作用机制主要是竞争效应，而非成本降低效应。

（二）进口中间品质量对企业加成率的影响

姚红等（2020）从产业集聚的角度，分析了进口中间品质量对出口企业加成率的影响。该研究在企业绩效理论体系中引入进口中间品质量因素，用会计法测算出口企业加成率，并采用2000—2012年中国工业企业的贸易数据，检验了进口中间品质量对出口企业加成率的调节作用。研究发现，进口中间品质量的提升能够显著提高出口企业成本加成率，而产业集聚强化了这种效应。

(三)进口中间品来源地结构对企业加成率的影响

企业从哪些国家或地区进口中间品,直接决定了进口中间品的成本、质量及技术水平,进而影响到企业加成率。陈昊等(2020)构建了基于海外市场搜寻成本的企业搜寻密度模型,分析了进口中间品来源地数目和集中度对企业加成率的影响及实现路径。他们分析认为,进口中间品的来源地数目越多、进口来源地越分散,企业加成率越低。随后,他们还采用2001—2006年中国工业企业数据和海关贸易数据对上述结论进行实证检验。检验结果证实了进口中间品的来源地数目较多对企业加成率的负向影响,以及进口来源地集中度较高对企业加成率的正向影响。具体来看,分样本检验的结论与总样本没有显著差异,但是当企业的控股类型、出口行为、贸易方式和进口来源地不同时,结果存在着不同程度的差异。

六、对企业出口国内增加值率的影响

在全球价值链分工的背景下,产品的出口国内增加值率是衡量企业参与国际贸易实际利得的重要标准,企业通过进口先进技术、关键设备和零部件并进行吸收再创新,可以有效提升产品质量,并提高出口国内增加值率。诸竹君等(2018)扩展了 Kee 等(2016)包含企业出口国内增加值率与进口中间品质量的模型,从静态和动态两个方面分析了进口中间品质量对企业出口国内增加值率的影响,并利用2000—2006年的中国海关数据、工业企业数据和专利数据对上述命题进行了检验。结果显示,进口中间品质量对企业出口国内增加值率的静态影响显著为负,动态影响也为负,但并不显著。企业的自主创新通过企业加成率和相对价格两种渠道,显著提高企业出口国内增加值率,这种效应在具备较高显性比较优势、较小技术差距和市场化程度较高的地区更显著。岳文(2019)在异质性企业理论模型中引入进口中间品和出口国内增加值率这两个因素,分析中间品贸易自由化对出口国内增加值率的影响。该研究采用2000—2006年的企业微观数据进行了实证检验,结果表明,中间品进口关税的降低能够显著提高企业出口国内增加值率,但在不同地区和不同所有制类型的企业,这种影响并不一致。杨继军等(2020)认为贸易便利化可通过影响进口中间品进而影响企业的出口国内增加值率,其理论分析显示,由于贸易便利化扩展了进口中间品种类,降低了进口中间品相关的"服务连接成本",抑制了上游中间品企业的垄断,削减了下游企业的生产成本,因此会提高企业出口国内增加值率。该研究基于中国工业企业数据库的贸易数据,采用 Tobit 模型对这种效应及作用机制进行了实证检验,结果证实了贸易便利化能够显著提高企业出口增加值率,对于非国有企业、一般贸易企业和资本密集型企业的影响更明显。

第五节 研究述评

随着国际生产分工的日益细化,生产分割、离岸外包等成为全球生产链的主要构成方式,中间品贸易也成为进出口贸易的重要组成部分。关于中间品贸易的研究成为贸易理论拓展的新方向。本章从中间品的界定、中间品贸易的度量、中间品贸易的宏观经济效应和中间品贸易的微观经济效应这四个方面对中间品贸易的相关研究进行了梳理。第一,现有文献对中间品的界定不尽相同,但大多数学者认为,中间品的作用在于作为投入品生产其他中间品或者最终品,其在生产和贸易过程中实现了增值。第二,中间品及其贸易的度量方法也存在差异,目前在实证研究中使用最多的是 BEC 的分类方法以及世界投入产出框架下的界定方法。前者相对简单、易于操作;后者更加准确,且能很好地避免重复统计的问题。第三,中间品进口对一国宏观经济的影响,理论上有着两种不同的效应:一方面,通过进口低成本或者本国不能生产的中间品,促进本国经济增长;另一方面,进口中间品会替代部分国内同类中间品,从而通过挤占效应抑制本国经济增长。关于进口中间品的宏观经济效应的实证研究中,绝大多数认为前一种影响更显著。进口中间品通过成本节约效应、技术溢出效应促进一国经济的增长,与此同时,对就业与工资、出口、环境等方面也有着显著的影响。第四,随着企业微观数据的开放,关于中间品贸易的经济效应的研究开始从宏观转向微观,侧重于研究进口中间品对企业行为以及经济绩效的影响。进口中间品被认为是国际技术传递的主要载体,因此,大量文献分析了进口中间品对企业全要素生产率的影响,发现进口中间品能够有效促进企业提高全要素生产率,其影响机制包括成本节约效应、技术溢出效应、质量提升效应和要素互补效应等。此外,众多文献也分析了进口中间品对企业的出口、研发与创新、出口质量、加成率和出口国内增加值率等的影响。

通过对现有相关文献的整理,可以看出中间品贸易研究的重点是中间品贸易的经济效应,相关的研究正在逐渐深入和细化。一方面,研究的主题从宏观经济效应更多地转向企业行为和微观效应,包括企业的出口、研发与创新、全要素生产率、出口质量、加成率、出口国内增加值率等;另一方面,更加强调进口中间品的异质性对企业的影响,包括进口中间品的产品结构、产品质量、进口来源地的结构等。这些研究既在理论上丰富了传统贸易理论,同时也在中间品贸易政策的制定上提供了有价值的参考。

关于中间品贸易的后续研究,可以从两个方面拓展研究边界。一是加强中间品贸易的理论分析。目前关于中间品贸易产生的原因、贸易模式、贸易效应及其影响因素的理论分析,大多沿用的是传统产品贸易理论,如资源禀赋理论、产业内贸易理论等,这些理论并不能准确地体现出中间品贸易的特质。在后续的理论研究中,可以更多地将中间品贸易不同于产品贸易的特质,嵌入中间品贸易的理论分析中。二是在实证研究中更多地考虑世界经济与贸易的新变化对中间品贸易的影响。例如分析欧美国家对高技术中间品的出口限制、更高的环保标准等对中间品贸易的影响。

本章思考题

(1)现有很多文献对中间品的度量都采用的是广义经济类别分类(BEC)的分类方法,试分析其利弊。

（2）在分析中间品贸易的宏观经济效应时，现有文献主要集中分析哪几个方面？你认为还有哪些方面需要拓展？

（3）在分析中间品贸易的微观经济效应时，现有文献主要集中分析哪几个方面？你认为还有哪些方面需要拓展？

（4）在分析中间品贸易的经济效应时，现有文献大多数侧重于分析进口中间品，试分析出口中间品的宏观效应和微观效应。

参考文献

柏培文，杨志才，2019. 中国二元经济的要素错配与收入分配格局 [J]. 经济学（季刊）（1）：630-660.

陈昊，李俊丽，陈建伟，2020. 中间品进口来源地结构与企业加成率：理论模型与经验证据 [J]. 国际贸易问题（4）：35-50.

陈晓华，潘梦琴，陈航宇，2022. 中间品进口技术含量与制造业全球价值链嵌入：基于参与度和分工地位视角的实证检验 [J]. 南京财经大学学报（5）：76-86.

陈勇兵，仉荣，曹亮，2012. 中间品进口会促进企业生产率增长吗？：基于中国企业微观数据的分析 [J]. 财贸经济（3）：76-86.

初晓，李平，2017. 中间品进口对中国全要素生产率的影响：基于技术溢出的视角 [J]. 世界经济与政治论坛（7）：83-101.

曹亮，直银苹，徐阳，2019. 中国中间品贸易自由化与企业出口产品范围 [J]. 广西财经学院学报（10）：82-95.

程惠芳，詹森华，2018. 基于中国多产品企业的中间品贸易自由化与出口多样化研究 [J]. 社会科学战线（3）：41-49.

楚明钦，陈启斐，2013. 中间品进口、技术进步与出口升级 [J]. 国际贸易问题（6）：27-34.

邓军，王丽娟，2020. 贸易自由化、中间产品贸易与工资：基于中国微观企业数据的经验研究 [J]. 当代财经（7）：100-111.

冯笑，王永进，2019. 多产品企业、中间品贸易自由化与产品范围 [J]. 中南财经政法大学学报（5）：134-160.

傅缨捷，丁一兵，2014. 中间品进口与经济结构转型 [J]. 世界经济研究（4）：51-89.

樊海潮，张丽娜，2018. 中间品贸易与中美贸易摩擦的福利效应：基于理论与量化分析的研究 [J]. 中国工业经济（9）：41-59.

耿晔强，狄媛，2017. 中间品贸易自由化、制度环境与企业加成率：基于中国制造业企业的实证研究 [J]. 国际经贸探索（5）：51-68.

耿晔强，史瑞祯，2018. 进口中间品质量与企业出口绩效 [J]. 经济评论（5）：90-105.

黄娟，2020. 中间品贸易自由化、环境规制与工业污染排放 [J]. 宏观经济研究（6）：144-152.

霍东星，方显仓，2020. 中间品价格对价格粘性的影响：基于动态随机一般均衡模型的研究 [J]. 上海经济研究（4）：41-53.

姜青克，戴一鑫，郑玉，2018. 进口中间品技术溢出与全要素生产率 [J]. 产业经济研究（4）：99–112.

贾净雪，2015. 我国中间品进口结构及其行业增长效应研究 [J]. 国际贸易问题（5）：21–30.

蒋银娟，2015. 进口中间品对异质性企业产品创新的影响 [J]. 生产力研究（5）：128–132.

康志勇，2015. 中间品进口与中国企业出口行为研究："扩展边际"抑或"集约边际" [J]. 国际贸易问题（9）：122–132.

龙世国，湛柏明，2018. 中间品贸易对中国的增长效应研究 [J]. 国际贸易问题（2）：43–55.

卢晓菲，章韬，2020. 中间品贸易自由化对出口产品质量的影响研究：基于中间品价值链嵌入位置的视角 [J]. 上海经济（1）：57–71.

刘斌，王乃嘉，2015. 中间品关税减让、契约制度与全要素生产率 [J]. 河北大学学报（7）：96–101.

刘海洋，林令涛，高璐，2017. 进口中间品与出口产品质量升级：来自微观企业的证据 [J]. 国际贸易问题（2）：39–49.

刘俊华，2020. 中间品进口结构对我国区域技术创新的影响：基于9个发达国家的实证分析 [J]. 产业创新研究（1）：20–23.

刘啟仁，铁瑛，2020. 企业雇佣结构、中间投入与出口产品质量变动之谜 [J]. 管理世界，36（3）：1–22.

刘庆林，黄震鳞，2020. 中间品贸易自由化对我国就业结构影响及其应对策略 [J]. 山东社会科学（1）：98–103.

刘胜，陈秀英，2017. 我国服务中间投入进口结构与行业增长效应 [J]. 经济经纬，2017（3）：62–68.

刘晖之，李晓娟，2018. 中间品进口对制造业创新的影响研究 [J]. 科学决策（12）：56–73.

刘政文，马弘，2019. 中间品贸易自由化、市场结构与企业成本加成 [J]. 经济评论（6）：109–133.

李宏，刘珅，王悦，2016. 中间品进口结构对最终品出口结构的影响分析：基于中国数据的实证检验 [J]. 国际商务（对外经济贸易大学学报）（1）：40–49.

李平，郭娟娟，2017. 全球价值链背景下中间品进口对企业全要素生产率的影响 [J]. 上海财经大学学报（6）：31–42.

李平，姜丽，2015. 贸易自由化、中间品进口与中国技术创新：1998—2012年省级面板数据的实证研究 [J]. 国际贸易问题（7）：3–11.

李秀芳，施炳展，2016. 中间品进口多元化与中国企业出口产品质量 [J]. 国际贸易问题（3）：106–116.

马淑琴，童银节，邵宇佳，2019. 中间品贸易、最终品贸易与国际经济周期联动性研究：来自世界与中国的经验证据 [J]. 国际经贸探索（7）：4–20.

马述忠，吴国杰，2016. 中间品进口、贸易类型与企业出口产品质量：基于中国企业微观数据的研究 [J]. 数量经济技术经济研究（11）：77–93.

毛其淋，许家云，2017. 中间品贸易自由化提高了企业加成率吗？：来自中国的证据 [J]. 经济学（季刊）（1）：485–524.

牛虎，李伟剑，2020. 中间品贸易自由化、市场结构与企业成本加成 [J]. 武汉金融（9）：9–17.

彭支伟，张伯伟，2017. 中间品贸易、价值链嵌入与国际分工收益：基于中国的分析 [J]. 世界经济（10）：23–47.

钱纳里，鲁宾逊，赛尔奎因，1995. 工业化和经济增长的比较研究 [M]. 吴奇，王松宝，等译. 上海：生活·读书·新知三联书店.

钱学锋，王胜，黄云湖，等. 进口种类与中国制造业全要素生产率 [J]. 世界经济，2011（5）：3-25.

石小霞，刘东，2019. 中间品贸易自由化、技能结构与出口产品质量升级 [J]. 世界经济研究（6）：82-94.

孙一平，朱小明，张亮，2017. 中间品贸易自由化、企业创新与工资 [J]. 宏观经济研究（2）：99-112.

单希彦，2014. 中间产品进口与工资差距：以进口关税为工具变量的实证分析 [J]. 国际贸易问题（10）：155-165.

施炳展，张雅睿，2016. 贸易自由化与中国企业进口中间品质量升级 [J]. 数量经济技术经济研究（9）：3-21.

眭强，冯亚芳，2020. 进口中间品质量对企业生产率的影响：基于影响渠道的分析 [J]. 国际商务研究，41（2）：55-64.

田巍，余淼杰，2014. 中间品贸易自由化和企业研发：基于中国数据的经验分析 [J]. 世界经济（6）：90-112.

王厚双，盛新宇，安佳琪，2020. 服务进口对服务出口的引致效应研究：基于进口三元边际视角 [J]. 会计与经济研究（3）：94-109.

王维薇，2015. 全球生产网络背景下中间品进口与最终品出口的二元边际：基于微观视角的解释 [J]. 世界经济研究（10）：90-101.

王孝松，张忆濛，田思远，2020. 贸易自由化与就业水平：基于结构模型的理论和实证研究 [J]. 武汉大学学报（9）：106-122.

巫俊，魏浩，2022. 中间品进口产品质量与中国企业创新绩效：基于企业专利数据的实证分析 [J]. 中国软科学（5）：35-44.

魏浩，李翀，赵春明，2017. 中间品进口的来源地结构与中国企业生产率 [J]. 世界经济，40（6）：48-71.

许家云，毛其淋，胡鞍钢，2017. 中间品进口与企业出口产品质量升级：基于中国证据的研究 [J]. 世界经济，40（3）：52-75.

席艳乐，陈小鸿，2014. 贸易自由化与中国性别就业差异 [J]. 现代财经（7）：80-102.

夏杰长，姚战琪，2019. 生产性服务中间投入对中国制造业服务化的影响 [J]. 社会科学战线（5）：102-110.

夏权智，吴小芳，罗京，2020. 中国中间品和最终品贸易中的隐含能源 [J]. 环境经济研究，5（3）：133-151.

杨继军，刘依凡，李宏亮，2020. 贸易便利化、中间品进口与企业出口增加值 [J]. 财贸经济，41（4）：115-128.

杨晶晶，胡佳刚，周定根，2018. 中间品贸易自由化如何影响企业研发投入：来自我国微观企业层面的证据 [J]. 湖南大学学报（7）：71-78.

岳文，2019. 异质性企业、中间品贸易自由化与出口国内附加值 [J]. 商业研究（9）：20-28.

姚红，董楠楠，2020. 进口中间品质量对出口企业成本加成的影响：基于产业集聚的调节作用 [J]. 科技与管理，22（4）：24-32.

姚战琪，2019. 生产性服务的中间品进口对中国制造业全球价值链分工地位的影响研究 [J]. 学术探索（3）：86-95.

张杰，郑文平，陈志远，等，2014. 进口是否引致了出口：中国出口奇迹的微观解读 [J]. 世界经济（6）：3-26.

张翊，陈雯，骆时，2015. 中间品进口对中国制造业全要素生产率的影响 [J]. 世界经济（9）：107-129.

郑休休，赵忠秀，2018. 生产性服务中间投入对制造业出口的影响：基于全球价值链视角 [J]. 国际贸易问题（8）：52-65.

郑亚莉，王毅，郭晶，2017. 进口中间品质量对企业生产率的影响：不同层面的实证 [J]. 国际贸易问题（6）：50-60.

周申，海鹏，张龙，2020. 贸易自由化是否改善了中国制造业的劳动力资源错配 [J]. 世界经济研究（9）：3-18.

宗毅君，2017. 进口中间品会影响出口二元边际吗？：基于1996—2014年我国制造业微观贸易数据的实证研究 [J]. 南京财经大学学报（3）：21-29.

祝树金，钟腾龙，李仁宇，2018. 中间品贸易自由化与多产品出口企业的产品加成率 [J]. 中国工业经济（1）：41-59.

诸竹君，黄先海，余骁，2018. 进口中间品质量、自主创新与企业出口国内增加值率 [J]. 中国工业经济（8）：116-134.

湛柏明，裴婷，2019. 中间品进口贸易的技术溢出效应研究 [J]. 国际商务（对外经济贸易大学学报）（2）：25-26.

AMITI M, KHANDELWAL A K, 2013. Import competition and quality upgrading [J]. The review of economics and statistics, 95(2): 476-490.

ATHUKORALA P-C, YAMSHITA N, 2006. Production fragmentation and trade integration: East Asia in a global context[J]. North American journal of economics and finance,17(3): 233-256.

BALDWIN R, 2005. Heterogeneous firms and trade: testable and untestable properties of the Melitz model: NBER working paper (5663) [R/OL]. [2022-04-19]. https://www.nber.org/papers/w11471. DOI: 10.3386/w11471.

BAS M, STRAUSS-KAHN V, 2015. Input-trade liberalization, export prices and quality upgrading[J]. Journal of international economics, 95(2): 250-262.

BAS M,2012. Input-trade liberalization and firm export decision: evidence from Argentina [J]. Journal of development economics,97(2): 481-493.

BERTHOU A, CHUNG J J-H, MANOVA K, et al.,2020. Trade, productivity and (mis) allocation: IMF working paper[J]. [2022-04-21]. https://www.imf.org/en/Publications/WP/Issues/2020/08/14/Trade-Productivity-and-Mis-allocation-49680.

DE LOECKER J, GOLDBERG P K. Firm Performance in a Global Market [J]. Annual Review of Economics,2014,6: 201-227.

DEARDORFF A V,2001. Fragmentation in Simple Trade Models [J]. North American journal of economics and finance,12(2): 121-137.

EDMOND C,MIDRIGAN V,XU D Y,2012.Competition, markups, and the gains from international trade:

NBER working papers(18041)[R/OL].[2022-04-27]. https://www.nber.org/papers/w18041. DOI: 10.3386/w18041.

ETHIER W J,1982.National and international returns to scale in the modern theory of international trade[J].The American economic review, 72(3) : 389-405.

FAN H, LI Y A, YEAPLE S R, 2015. Trade liberalization, quality, and export prices[J]. The review of economics and statistics, 97(5): 1033-1051.

FEENSTRA R C, HANSON G H,1999. The impact of outsourcing and high-technology capital on wages: estimates for the United States,1979—1990[J]. The quarterly journal of economics, 114(3): 907-940.

FENG L, LI Z Y, SWENSON D L, 2016. The connection between imported intermediate inputs and exports: evidence from Chinese firms [J]. Journal of international economics, 101: 86-101.

GOLDBERG P K, KHANDELWAL A K, PAVCNIK N, et al.,2010. Imported intermediate inputs and domestic product growth: evidence from India[J]. The quarterly journal of economics, 125(4): 1727-1767.

HALLAK J C, SIVADASAN J,2009. Firms' exporting behavior under quality constraints: NBER working papers (14928)[R/OL] [2022-04-28]. https://www.nber.org/papers/w14928.DOI: 10.3386/w14928.

HALPERN L,KOREN M,SZEIDL A, 2015. Imported inputs and productivity[J]. The American economic review,105(12): 3660-3703.

HEUSER C, MATTOO A,2017. Services trade and global value chains: policy research working paper(8126), World Bank [R/OL]. [2022-05-04]. https://openknowledge.worldbank.org/server/api/core/bitstreams/94d38b0f-a027-56eb-a1ab-c07af4890cd5/content.

HUMMELS D, ISHIIJ J, YI K-M,2001. The nature and growth of vertical specialization in world trade [J]. Journal of international economics, 54 (1): 75-96.

JOHNSON R C, NOGUERA G,2012. Accounting for intermediates: production sharing and trade in value added[J]. Journal of international economics,86(2): 224-236.

JONES R W, KIERZKOWSKI H,1988. The role of services in production and international trade: a theoretical framework[M]// JONES R W, KRUEGER L K. The political economy of international trade. Oxford: Blackwell: 31-48.

KASAHARA H, LAPHAM B,2013. Productivity and the decision to import and export: theory and evidence[J]. Journal of international economics, 89(2): 297-316.

KEE H L, TANG H,2016. Domestic value added in exports: theory and firm evidence from China[J]. The American economic review, 106(6): 1402-1436.

KOOPMAN R, WANG Z, WEI S J,2014. Tracing value-added and double counting in gross exports[J]. The American economic review, 104(2): 459-494.

KRUGLER M, VERHOOGEN E A,2012. Plant size and product quality[J]. The review of economic studies, 79 (1): 307-339.

LENZEN M, KANEMOTO K, MORAN D, et al.,2012. Mapping the structure of the world economy[J]. Environmental science & technology, 46(15): 8374-8381.

LENZEN M, MORAN D, KANEMOTO K, et al.,2013. Building Eora: a global multi-regional input-output database at high country and sector resolution[J]. Economic systems research,25(1): 20-49.

LIU X P, MATTOO A, WANG Z, et al.,2020. Services development and comparative advantage in manufacturing[J]. Journal of development economics,144: 102438.

NG F, YEATS A, 1999.Production sharing in East Asia: who does what for whom, and why?: Policy research working paper, Word Bank [R/OL]. (10-31) [2022-04-15]. https://documents.worldbank.org/en/publication/documents-reports/documentdetail/380281468771676867/production-sharing-in-east-asia-who-does-what-for-whom-and-why.

PIRZADA A J,2017. Price stickiness and international materials prices: Bristol economics discussion paper(17/686) [R/OL]. (08-01) [2022-05-09]. https://www.bristol.ac.uk/efm/media/workingpapers/working_papers/pdffiles/dp17686.pdf.

SANYAL K K, JONES R W,1982. The theory of trade in middle products[J].The American economic review,72(1): 16-31.

VEERAMANI C,2008. Impact of imported intermediate and capital goods on economic growth: a cross country analysis: Mumbai working paper(29), IGIDR [R/OL].[2022-05-14]. http://www.igidr.ac.in/pdf/publication/WP-2008-029.pdf.

WU X D, GUO J L, LI C H, et al., 2020. Carbon emissions embodied in the global supply chain: intermediate and final trade imbalances [J]. Science of the total environment, 707: 134670.

第六章

中国对外贸易的环境效应研究：文献回顾及进展

本章学习目标

- 掌握中国对外贸易环境效应研究的经典文献，了解直接环境效应和间接环境效应两个方面的文献研究脉络。
- 熟悉全球价值链视角下中国对外贸易环境效应研究的发展方向；了解与不同行业、不同环境污染物有关的中国对外贸易环境效应研究进展。
- 了解不同环境效应研究的分析方法，包括直接环境效应分析中的投入产出分析方法，间接环境效应分析中的实证分析方法。

本章思维导图

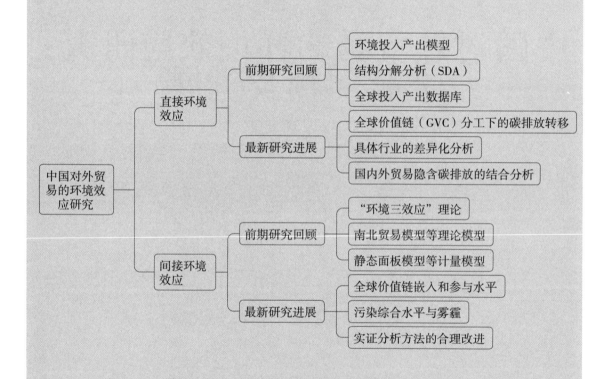

自改革开放以来，中国对外贸易的发展取得了举世瞩目的成就，货物进出口总额从1978年的206.4亿美元上升至2018年的46224.2亿美元，年均增长率高达14.49%，从2009年到2018年已连续十年成为世界第一大出口国。与此同时，根据国际能源署（IEA）统计，中国二氧化碳（CO_2）排放总量从1990年的20.89亿吨上升至2018年的95.28亿吨，年均增长率高达11.70%，从2006年至今始终为全球第一大碳排放国。由此可见，中国对外贸易规模增长的环境代价不可忽视，对外贸易的环境效应问题值得广泛关注，对此已有众多学者进行了持续性的研究并取得了较为丰富的研究成果。

关于对外贸易的环境效应研究，主要从直接环境效应和间接环境效应两个方面展开。其中，直接环境效应主要通过对外贸易隐含污染（碳）排放进行分析，能够得到对外贸易活动直接产生了多少环境污染（碳）排放；间接环境效应主要通过实证分析贸易相关因素对环境污染（碳）排放的影响，以得到对外贸易活动到底是促进还是抑制环境污染（碳）排放，抑或有其他的影响作用。按照上述研究内容的划分，本章拟从直接环境效应和间接环境效应两个方面对中国对外贸易的环境效应研究进行梳理，尤其关注自2016年以来的研究进展。

第一节　中国对外贸易的直接环境效应

一、前期研究回顾

从现有研究来看，除少数文献关注到对外贸易隐含污染排放（马涛等，2005；傅京燕等，2011），中国对外贸易的直接环境效应研究主要集中于对外贸易隐含碳排放分析，故以下文献梳理主要围绕中国对外贸易隐含碳排放研究展开。对外贸易隐含碳排放研究的展开，得益于环境投入产出模型的提出与改进，相关研究方法主要经历了从单区域投入产出（Single Region Input-Output，SRIO）模型到双边贸易投入产出（Bilateral Trade Input-Output，BTIO）模型，再到多区域投入产出（Multi-Region Input-Output，MRIO）模型三个发展阶段。其中，MRIO模型不仅考虑了不同国家间的技术异质性，还将进口产品分为中间品和最终品两大部分，进而改进了SRIO模型和BTIO模型存在的缺陷，成为现阶段主要使用的环境投入产出模型。

在上述测算模型基础上，结合Wyckoff等（1994）、Schaeffer等（1996）早期对外贸易隐含碳排放研究，国内外学者开始关注到了中国对外贸易隐含碳排放问题。其中，Pan等（2008）、齐晔等（2008）较早利用环境投入产出模型测算了中国对外贸易隐含碳排放水平，并根据测算结果分析了中国在其中所需承担的碳排放责任问题，即分析了谁该为中国对外贸易引起的环境问题承担责任。在此基础上，Lin等（2010）着重分析了中国对外贸易中的隐含碳排放问题，认为发电部门和水泥生产部门对外贸易的隐含碳排放量最大。李小平（2010）则基于进口替代假设建立了垂直专业化分工的环境投入产出模型，发现对外贸易总体上有利于中国的节能减排。需要注意到，早期研究多基于 SRIO 模型对中国对外贸易隐含碳排放水平进行测算（陈迎等，2008；陈红敏，2009；郭朝先，2010），由于使用国内产业碳排放系数替代进口国的相关产业部门的碳排放系数，因此中国对外贸易隐含碳排放水平的测算结果有较大的偏差。与之不同，后续有学者使用 BTIO 模型（Liu et al., 2010；闫云凤等，2012）、MRIO 模型（赵玉焕等，2013；彭水军等，2015；潘安等，2015）进行中国对外贸易隐含碳排放水平的测算与分析，直接地考察了中国对外贸易活动引起的碳排放的水平，并通过结构分解分析（Structural Decomposition Analysis，SDA）等方法对隐含碳排放的影响因素进行分析。当然，上述基于 MRIO 模型研究的展开，与世界投入产出数据库（WIOD）、全球供应链数据库（Eora）、EXIOBASE 数据库和 GTAP 数据库等投入产出数据库的不断更新和完善密切相关，它们也成为最新研究中使用的重要数据来源。

二、最新研究进展

（一）引入全球价值链的视角

自 20 世纪 80 年代以来，随着全球范围内关税水平的显著下降和通信技术、运输技术的快速发展，产品内分工逐渐成为可能，进而形成了以全球价值链（Global Value Chain，GVC）分工为特征的国际分工体系（王直等，2015）。自 GVC 概念提出以来，GVC 始终受到了国内外学者的广泛关注，其中为解决传统贸易统计方法"统计幻象"问题而提出的增加值贸易核算方法成为热点研究领域。增加值贸易研究经历了 Hummels 等（2001）、Koopman 等（2010）、Wang 等（2013）研究的关键性进展，已逐渐形成了较为完善的统计核算体系。其中最新关键性成果为能够将一国出口贸易分解为 16 个部分的总贸易核算方法（Wang et al., 2013；王直等，2015）。

由于增加值贸易核算方法与对外贸易隐含碳排放研究具有共同的研究方法基础——投入产出模型，逐渐有学者开始将两方面研究进行结合，进而从 GVC 视角分析中国对外贸易隐含碳排放问题，对 GVC 分工体系下的直接环境效应进行重点分析。潘安（2017a）较早地将 MRIO 模型与 Koopman 等（2010）的增加值贸易核算方法相结合，在统一的核算框架下研究 GVC 分工对中国对外贸易隐含碳排放的影响，研究显示，中国在 GVC 分工中的地位与中国对外贸易隐含碳排放量呈负相关关系。同样地，Xu 等（2017）也根据相同的增加值贸易核算方法，基于 GVC 视角对中国对外贸易隐含碳排放水平进行测算，他们认为，对传统统计数据的依赖导致了对中国进出口隐含碳排放水平的严重高估，不合理地增加了中国在全球碳减排中的责任份额。随着总贸易核算方法的逐步推广应用，部分学者开始将该增加值贸易核算方法运用于测算中国对外贸易隐含碳排放水平的研究中。例如，潘安（2018）、潘安等（2018）、Fei 等（2020）采用总贸易核算方法对中国对美国、日本及全球出口进行增加值分解，并据此测算了 1995—2011 年中美、中日以及中国整体出口的隐含碳排放水平，进而基于 GVC 视角重点考察了中美、中日贸易等的直接环境效应。与之类似，钱志权等（2019）、Zhang 等（2019）、李真等（2020）也在增加值贸易核算框架下进行了中国对外贸易隐含碳排放测算，从不同的视角分析了直接环境效应问题。

在 GVC 视角下，还有学者关注到了中国在参与双边贸易中的隐含碳排放转移问题，主要以中国与发达国家的贸易为主。对于中美贸易中的隐含碳排放转移，蒋雪梅等（2018）测算了 1995—2008 年中美高新技术产品出口贸易的隐含碳排放量。研究表明，中国仅参与了高新技术产业分工中的劳动密集型环节，在获得经济利益的同时也承接了来自美国的贸易隐含碳排放转移。刘竹等（2020）也关注到了中美贸易中的隐含碳排放转移问题，研究发现，美国对中国出口高附加值产品、进口高能耗和高污染产品，进而造成了中国在中美贸易中的环境成本逆差。余娟娟等（2020）还基于 MRIO-SNA 模型构建了全球碳转移网络，他们认为，全球碳转移网络存在生产侧和消费侧的结构性失衡，而中美两国逐渐成为碳转移网络中生产和消费的核心。对于中日贸易中的碳排放转移，马晶梅等（2016）通过分析 2000—2011 年中日贸易隐含碳排放特征，认为中国在与日本的双边贸易中存在贸易逆差和隐含碳排放顺差的双失衡问题，即中国承接了来自日本的贸易隐含碳排放转移。潘安等（2018）也关注到了 GVC 分工下的中日贸易隐含碳排放转移，他们不仅发现中日两国分别为隐含碳排放转出和转入的角色，还揭示出了两国以外的第三国在隐含碳排放转移中的角色差异。另外，乔小勇等（2018）还从中间品贸易隐含碳排放问题入手，并通过不同数据库数据的比较，发现目前国际上"南北碳转移"问题较为突出，发展中国家生产侧隐含碳排放大于消费侧，而发达国家则相反。

可见，中国在 GVC 分工体系下承担了较大规模的隐含碳排放转移，而这可能引起中国对外贸易与环境的失衡。因此，考察中国贸易利益与环境成本的关系，成为 GVC 视角下中国对外贸易直接环境效应的另一个研究方向。对此，Liu 等（2018）将中国出口贸易利益与环境成本按来源进行分解，绘制了 1995—2009 年中国出口的全球价值网络（Global Value Network，GVN）和全球排放网络（Global Emissions Network，GEN），他们认为，中国承担的环境成本大于其出口产品在全球生产中所获得的利益。赵玉焕等（2018）进一步关注到了光电设备制造业，认为中国在该行业上获得的出口利益大于环境成本。闫云凤等（2017）则聚焦到了中美贸易中的气候问题，他们认为中美贸易利益存在着很大的不平衡，中国处于双顺差地位，即存在典型的"美国消费，中国污染"现象，中国付出了不可忽视的环境代价。与上述研究不同，潘安等（2019）构建了关系指数（IB 指数）来衡量中国出口利益与环境成本的关系，从国家和行业两个维度探究中国出口利益与环境成本失衡的原因，这为后续定量分析中国出口贸易利益与环境成本失衡问题提供了研究方法和思路。

（二）具体行业的对外贸易隐含碳排放分析

与前期研究多集中于整体对外贸易隐含碳排放问题不同，最新研究进展中出现了特别关注于某一特定行业贸易隐含碳排放问题的文献，具体包括制造业、农业等。就中国制造业贸易隐含碳排放研究而言，张明志等（2017）从加工贸易产品的分析视角，结合细分能源测算等方法，选取了中国制造业在 1995—2010 年中的 6 个重要年份并计算了这 6 个年份制造业的贸易隐含碳排放量。黄凌云等（2017）测算了 2000—2011 年中国制造业 14 个行业出口隐含碳排放强度，据此实证分析了不同技术进步路径对中国制造业出口隐含碳排放强度的影响。Tian 等（2018）则运用投入产出模型和结构路径分解（Structural Path Decomposition，SPD）方法对 1992—2012 年中国制造业对外贸易隐含碳排放进行分析，得到了以"金属冶炼与轧制"和"电气生产与供应"为起点的路径导致了对外贸易隐含碳排放量增加的结论。马晶梅等（2020）还在 GVC 视角下，利用总贸易核算方法对 2000—2014 年中国制造业出口增加值及对外贸易隐含碳排放量进行测算，他们认为，中国制造业出口的环境成本明显高于其贸易利得。

就中国农业贸易隐含碳排放而言，戴育琴等（2016）较早地计算了2001—2013年中国农产品出口贸易隐含碳排放量，得到中国农产品出口贸易隐含碳排放量总体呈增长趋势的结论，并认为农产品出口结构的优化可有效减少农产品出口贸易隐含碳排放量。丁玉梅等（2017）指出我国农产品进出口隐含碳排放量总体均呈增长态势，且进口隐含碳排放量的增速相对较快，故农产品净出口隐含碳排放量逐年减少，我国自2003年开始成为碳排放净转出国。与上述研究不同，齐玮等（2017）认为1995—2014年中国出口农产品隐含碳排放量总体呈下降趋势，而农产品进口隐含碳排放量呈上升趋势，且超过了农产品出口隐含碳排放量，这使得中国在农产品贸易隐含碳排放上处于净进口状态。潘安（2017b）也认为中国农产品从对外贸易隐含碳排放净出口的角色转向净进口的角色，农产品对外贸易有助于降低我国的对外贸易隐含碳排放水平，这在一定程度上有利于缓解工业对外贸易隐含碳排放所带来的环境污染加剧的问题。此外，还有学者关注到了中国建筑业（Liu et al., 2018）、电力行业（Luo et al., 2020）等行业的对外贸易隐含碳排放问题。

进一步地，较多学者通过中国对外贸易隐含碳排放的行业间差异，对具体行业的对外贸易隐含碳排放进行针对性分析。具体而言，余晓泓等（2017）从消费者责任角度考察了中国不同行业对外贸易隐含碳排放水平，认为我国行业间的对外贸易隐含碳排放存在严重的不平衡，其中纺织业、金属冶炼以及电力器械制造业等行业部门的对外贸易隐含碳排放水平相对较高。Yan等（2018）采用SDA和归因分析方法，着重探究了2002—2012年中国对外贸易隐含碳排放强度变化的驱动因素及其对行业层面碳减排的贡献，他们认为第二产业在对外贸易隐含碳减排中扮演着最重要的角色。孟凡鑫等（2019）则着眼于2010年中国与"一带一路"沿线国家的双边贸易隐含碳排放，并对中国在双边贸易中隐含碳排放的行业间流向进行分析，他们认为中国作为其中的"双边贸易隐含碳净出口国"，公用事业（电力、热力和燃气等）行业的双边贸易隐含碳排放量最大，而建筑业是双边贸易隐含碳排放净进口行业。

（三）与国内区域间贸易隐含碳排放的结合分析

虽然对外贸易隐含碳排放主要隐含于跨国间的贸易活动中，但其与国内区域间贸易活动仍存在一定联系，进而催生了部分学者将对外贸易隐含碳排放与国内区域间贸易隐含碳排放纳入统一的框架下进行分析。事实上，与对外贸易隐含碳排放的研究一样，国内区域间贸易隐含碳排放也得到了较多学者的持续性关注。例如，Meng等（2011）较早分析了中国区域间贸易隐含碳排放特征，认为东部、中部、西部地区存在显著差异，特别是2003年以后，碳排放从东部地区转向中部、西部地区；Zhang等（2014）将"污染天堂假说"纳入MRIO模型，认为第二产业贡献了更多的区域间贸易隐含碳排放，区域间贸易隐含碳排放溢出主要集中在我国沿海省份。

在上述研究基础上，近年来陆续有学者将对外贸易与区域间贸易隐含碳排放结合起来进行研究。具体来看，潘安（2017c）较早地引入了碳转移链的概念，从对外贸易和区域间贸易两个方面考察我国的隐含碳排放转移，他认为对外贸易和区域间贸易使中国面临跨国和跨区域的双重隐含碳泄漏。胡剑波等（2019）从省际贸易和国际贸易两个维度测算了中国产品部门的隐含碳排放水平，并在此基础上测算了中国31个省份的低碳贸易竞争力指数。研究发现，上海市的隐含碳排放竞争力最强，而青海省的隐含碳排放竞争力最弱。王育宝等（2020）在提出净碳转移概念的基础上，着重考察了国内省域、国际净碳转移特征，揭示出中国承接了大量来自国外净碳转移的现实，而东部省份通过国内贸易对中西部省份进行了净碳转移，其中西北地区的国内净碳转入量最大。王安静等（2020）在增加值贸易视角下，考察中国区域间碳排放转移时，将各省市的碳排放分解为满足省内和其他省最终需求、出口隐含碳排放等部分，他们发现，2012年中国各省整体上出口隐含碳排放量占比大幅降低，而复杂国内价值链贸易隐含的碳排放量占比在整体上有很大程度的提高。

综上所述，中国对外贸易的直接环境效应能够从不同方面的对外贸易隐含碳排放研究中得以体现，中国与发达国家贸易时主要承接了大量的隐含碳排放转入，这在一定程度上导致中国长期存在贸易利益与环境失衡问题。而上述碳排放转移过程还可以进一步追溯到国内区域间的贸易活动，即可能存在所谓的碳排放转移链。总的来看，在前期较好的研究基础上，最新的对外贸易隐含碳排放研究主要在引入GVC的研究视角、具体行业的对外贸易隐含碳排放研究以及与国内区域间贸易隐含碳排放研究相结合等方面继续推进，研究内容更贴近于现实发展，所得到的直接环境效应分析结论也更为准确，能够为中国应对贸易与环境关系失衡提供重要的研究依据和政策启示。

第二节　中国对外贸易的间接环境效应

一、前期研究回顾

与直接环境效应依赖投入产出分析方法不同，对外贸易的间接环境效应主要通过构建实证模型并根据回归结果加以分析，即考察对外贸易相关因素对隐含环境污染（碳）排放的影响。该方面研究主要起步于Grossman等（1991）提出的"环境三效应"理论，他们将对外贸易自由化对环境的影响分解为规模效应、结构效应和技术效应，这一理论为后续对外贸易的间接环境效应研究奠定了重要的理论框架基础。在此基础上，Runge（1993）进一步把对外贸易对环境的影响分解为五个方面，Panayotou（2000）又将其扩展为六种效应。此外，Copeland等（1994）基于南北贸易模型对贸易开放的规模效应、结构效应和技术效应进行了系统性的理论阐述，Antweiler等（2001）进一步改进Copeland等（1994）的模型框架，构建了基于一般均衡的Antweiler-Copeland-Taylor模型（简称为"ACT模型"）。

在上述理论框架基础上，Dean（2002）、Cole（2004）、Halicioglu（2009）、Lau等（2014）、Kanjilal等（2013）、Khalid等（2013）和Baghdadi等（2013）一系列研究均通过构建实证模型，定量分析了对外贸易相关因素对隐含环境污染（碳）排放的影响，这为分析中国对外贸易的间接环境效应提供了研究基础。

需要注意到，早期中国对外贸易的间接环境效应研究多基于静态面板数据模型进行。例如：游伟民（2010）选取2000—2008年我国30个省（市）的数据，基于静态面板数据模型对我国东部、中部、西部地区对外贸易对二氧化硫（SO_2）排放量的影响进行了实证分析，研究发现，贸易开放度的提高对我国东部环境质量的提高有正向影响，但对中部、西部地区有负向影响；与之类似，傅京燕等（2010）、王文娟（2012）均利用静态面板数据模型，实证检验了贸易开放对我国省际污染排放的影响。

从早期文献来看（表6-1），对外贸易相关因素并不局限于贸易开放度，还包括进出口规模、外商直接投资、贸易因素虚拟变量等其他衡量方式；环境污染物则主要包括"工业三废"（废气、废水、废渣）、SO_2等一般污染物，同时CO_2的排放也受到了广泛的关注。值得注意的是，上述研究得到的结论并不一致，反映在贸易相关因素对污染排放的影响主要可分为正效应、负效应以及不确定三大类。

表 6-1 早期关于对外贸易相关因素衡量方式与污染物的代表性研究汇总

研究分类	指标	代表性研究
贸易相关因素衡量方式	贸易开放度（贸易依存度）	张连众等（2003）、彭水军等（2006）、Ren等（2014）、代丽华等（2015）
	进出口规模	邓柏盛等（2008）、张根能等（2014）、阚大学等（2015）
	外商直接投资（FDI）	温怀德等（2008）、谢文武等（2011）、王正明等（2013）、冷艳丽等（2015）、朱婕等（2015）、许可等（2015）
	贸易因素虚拟变量	邹庆等（2013）、田野（2013）
环境污染物	工业三废	许士春等（2007）、徐圆等（2014）、占华等（2015）、魏龙等（2015）、阚大学等（2015）
	SO_2	于峰等（2007）、庄惠明等（2009）、晋盛武等（2014）、代丽华等（2015）
	CO_2	Jalil等（2009）、魏巍贤等（2010）、李锴等（2011）、周杰琦等（2013）

二、最新研究进展

（一）全球价值链视角下的对外贸易衡量因素

与中国对外贸易的直接环境效应研究最新进展相似，GVC研究也对间接环境效应研究产生了深刻的影响，这主要体现在GVC视角下的对外贸易衡量因素更为丰富。在该方面进行拓展研究的学者们认为，与传统使用贸易开放度、FDI等衡量方式不同，GVC视角下的对外贸易衡量因素或许能更好地反映全球经济活动在一体化过程中对隐含环境污染（碳）排放的影响。在张少华等（2009）考察经济全球化指数、彭星等（2013）和王玉燕等（2015）分析GVC嵌入程度的研究基础上，杨飞等（2017）利用中国1995—2009年行业数据，引入GVC参与度指数，实证分析GVC嵌入和技术进步对行业氮氧化物及SO_2排放的影响。该研究发现，GVC嵌入对上述污染物排放的影响存在门槛效应，而且制造业GVC嵌入的门槛值显著高于服务业。同样考察GVC嵌入水平的影响，余娟娟（2017）将研究视角扩展至微观层面，主要运用倾向得分匹配与双重差分法比较企业参与GVC分工前后的污染（碳）排放差异，发现GVC嵌入总体上增加了中国企业单位产值的污染（碳）排放。

进一步地，吕越等（2019）将对外贸易隐含碳排放和实证分析相结合，通过实证分析GVC嵌入度对工业行业对外贸易隐含碳排放的影响，发现GVC嵌入度对整体工业行业存在显著的碳减排作用，尤其体现在技术密集型制造业，但对污染密集型制造业反而存在加剧碳排放的不利作用。Yasmeen等（2019）则引入了增加值贸易核算方法，从GVC视角探讨1995—2009年包括中国在内39个国家的对外贸易对空气污染的影响。研究发现，增加值贸易在经济发展初期阶段加剧了空气污染，但在经济发展的后期反而有利于提高环境质量，即验证了对外贸易与污染（碳）排放之间的非线性关系。Wang等（2021）还利用WIOD数据库和包括中国在内五个发展中国家的相关数据进行实证分析，结果表明，发展中国家对外贸易对环境的影响存在GVC参与度的门槛效应，即当参与GVC的程度较低时，技术进步会导致污染（碳）排放量增加；反之，技术进步则可减少污染（碳）排放量。张志明等（2020）创新性地将亚太价值链的总体、前向和后向嵌入度纳入统一的实证分析框架中，并通过经验分析发现，总体上亚太价值链嵌入加剧了中国的空气污染，且后向嵌入的加剧作用强于前向嵌入。在动态视角上，他们还发现亚太价值链嵌入与空气污染呈现出显著的"倒U"型关系，目前总体和后向嵌入仍处于亚太价值链嵌入的空气污染恶化区间，而前向嵌入处于空气污染恶化区间与改善区间的交界地带。

可以发现，以上研究已将GVC相关研究的内容较为深入地引入了中国对外贸易的间接环境效应分析中，包括使用WIOD数据库，采用GVC嵌入、参与度等衡量指标等，将中国对外贸易的间接环境效应研究从单国视角拓展至全球视角。

（二）环境污染物的多样化考察

正如前文所述，早期中国对外贸易的间接环境效应研究考察的多为"工业三废"、SO_2、CO_2等单一污染排放物，这在后续的最新研究中得到了多样化拓展。

一方面，在前期研究基础上，部分学者开始使用熵权法等方法构建污染物的综合指标，并据此进行中国对外贸易的间接环境效应分析。例如，阚大学等（2016）采用熵权法对工业废水、废气、SO_2、烟尘、粉尘、固体废弃物排放量这6类环境污染度量指标进行计算，得到环境污染综合指数，据此分析了对外贸易对环境污染的非线性影响；张志明等（2020）同样使用了熵权法，选取8种气体的排放量作为空气污染度量指标，经测算得到了空气污染综合指数，以此考察GVC嵌入对其的非线性影响。

另一方面，随着近年来中国雾霾天气频发，公众对空气污染的关注度不断提升，使得PM2.5和PM10这两类新型空气污染物逐渐引起国内外学者的关注，并被纳入了中国对外贸易的间接环境效应研究中。当然，该方面研究的展开得益于相关空气污染物检测数据的陆续公开，这为实证考察对外贸易相关因素对空气污染的影响提供了重要的数据支撑。在雾霾研究领域，近年来涌现了较多的实证分析研究成果，从不同维度实证考察了对外贸易对雾霾的影响。具体而言，康雨（2016）基于中国省级面板数据的空间计量模型，较早地分析了贸易开放水平对雾霾的影响，得到中国雾霾存在显著的空间溢出效应且贸易开放会加剧雾霾污染的结论。何枫等（2016）以2001—2012年中国30个省市为研究对象，实证检验了经济发展与雾霾之间是否存在环境库兹涅茨曲线（EKC）关系，同时还发现对外贸易依存度对雾霾污染排放不存在显著影响。蔡海亚等（2018）还分析了对外贸易变量对PM2.5、PM10污染的影响，认为贸易开放通过提高协同集聚水平间接制约了集聚的负外部性对雾霾污染的影响。与康雨（2016）相同，戴宏伟等（2019）也借助空间计量模型，利用PM2.5衡量雾霾污染，实证考察了京津冀地区13个城市的产业结构、城镇化水平和对外贸易依存度等对该地雾霾污染的影响，发现对外贸易依存度的增加会使得该地区及邻接或相近地区的雾霾污染加重。与上述研究不同，Xu等（2020）使用了脉冲响应函数和预测误差方差分解方法进行研究，发现贸易自由化与雾霾污染呈负相关关系，同时贸易自由化对雾霾污染的方差贡献率超过70%。该研究还基于双向固定效应方法和空间滞后模型，得到贸易自由化显著减轻了雾霾污染的研究结论。李昭华等（2020）对可拓展的随机性的环境影响评估模型（STIRPAT）进行拓展，并利用2001—2016年中国省级面板数据实证分析了对外贸易对PM2.5污染的影响，揭示对外贸易对PM2.5影响的异质性特征。

根据以上研究可知，与传统考察一般污染物的研究不同，实证分析中国对外贸易对污染综合水平、雾霾污染等的影响，能够使得中国对外贸易间接环境效应研究的范围更为广泛，所得的环境效应结论更为全面，是一个重要的研究拓展方向。

（三）实证分析方法的合理改进

实证分析方法的改进，也是中国对外贸易间接环境效应另一个重要的拓展方向，其得益于计量经济学理论与应用研究的持续性进展。该领域的研究拓展主要围绕考虑污染排放的动态性、非线性影响、内生性问题、空间溢出效应等方面展开，以下就上述方面的最新研究进行逐一梳理。

首先，在考虑污染排放的动态性方面，学者们主要通过构建动态面板数据模型加以实现，表现为在实证模型中加入被解释变量的滞后项作为解释变量。郝慧慧等（2016）采用我国1998—2013年29个省份的面板数据，考虑了环境质量的动态特征，实证分析了国际技术贸易对不同地区环境质量的影响。他们发现，国际技术贸易对东部地区环境质量产生了显著的促进作用，但该促进作用在中、西部地区并不显著。同样地，黄娟（2020）也构建了动态面板模型，将工业污染物排放量的滞后一期作为解释变量加入所建模型中，利用2004—2014年中国30个省份14大类制造业的面板数据，实证分析了GVC分工下我国中间品贸易自由化、环境规制对工业SO_2污染排放的影响效应。

其次，在考虑非线性影响方面，主要通过构建面板门槛模型加以分析。该方面研究与传统研究得到线性影响的研究不同，所得结论的经济含义更为丰富。占华（2017）较早地利用中国30个省（市）1997—2014年省际面板门槛数据模型，发现贸易开放对碳排放的影响在中国经济发展水平、人力资本、环境规制强度等方面均存在门槛效应。惠炜等（2017）同样使用面板门槛模型，以环境规制强度为门槛变量，实证检验中国的出口贸易和外商直接投资是否存在污染避难所效应。王柏杰等（2018）关注到出口贸易对环境污染的影响可能存在阶段性特征，依次将货物出口贸易、对外直接投资作为门槛变量带入基准模型中进行了估计和检验。其中，货物出口贸易对环境污染的影响存在"双重门槛"效应；对外直接投资对环境污染的影响在全国、东部和中部地区存在"双重门槛"效应，而在西部地区存在"三重门槛"效应。吴肖丽等（2019）则在EKC模型基础上构建了面板门槛模型，以人均产出水平作为门槛变量,指出出口开放对中国工业碳排放存在非线性影响特征,这表明出口开放的碳减排作用会随着工业行业人均产出水平的提升而增强。

再次,在考虑内生性问题方面,学者们主要考虑其中可能存在的双向因果关系问题。在传统的中国对外贸易的间接环境效应研究中,主要考察的是对外贸易相关因素对环境污染的影响,但环境污染反过来也可能对对外贸易活动产生影响,即存在双向因果关系,进而导致典型的内生性问题的产生。对此,钟凯扬(2016)基于面板向量自回归模型,研究对外贸易、FDI 和环境污染的动态关系,实证结果表明,对外贸易加剧了环境污染,并有多期滞后影响;FDI 通过带动对外贸易增长,间接加剧了环境污染;而环境污染对 FDI 和对外贸易在长期视角上有一定的抑制作用。与之相似,马进(2017)运用向量自回归模型进行了时间序列分析,得到我国农产品对外贸易与农业环境污染在长期和短期均存在一定的均衡关系和双向动态影响的结论,这同样验证了对外贸易与环境污染存在的双向关系。此外,代丽华(2017)运用两阶段工具变量方法,试图解决环境污染与贸易开放的内生性问题。研究表明,第一阶段的实证结果说明,PM2.5 排放量的增加会导致对外贸易依存度显著降低;第二阶段的实证结果显示,贸易开放会造成环境质量的恶化,并且这一恶化是污染行业的出口造成的,这说明环境污染与贸易开放的确存在双向因果关系,因此考虑了内生性问题后的估计结果更为可靠。柯美高(2020)还分析了生活 SO_2 排放与对外贸易强度之间可能存在的双向因果关系,基于内生性问题考虑后的实证结果表明,对外贸易总体上降低了中国的消费污染水平,其中规模效应为正,技术效应和结构效应为负。

最后,在考虑空间溢出效应方面,主要通过构建空间计量模型加以分析。该方面的研究展开与空间计量经济学的发展密不可分,成为实证分析方法改进方向上的重要拓展分支。在考虑了空间溢出性问题的前提下,康雨(2016)较早地运用空间滞后面板模型实证分析了贸易开放对雾霾的影响。与该研究的分析思路类似,钟娟等(2019)也运用了空间计量模型,考察了产业集聚与开放经济影响污染减排的空间效应,研究发现,开放经济的结构与技术效应并未超越其规模效应,即尚未体现出改善环境的功能。该研究还发现了 FDI 具有加剧 SO_2 污染的较强空间溢出效应,极易形成围绕 FDI 的城市间协同性污染排放关系。胡艺等(2019)还基于空间杜宾模型考察了出口贸易对空气污染的影响效应,研究结果表明,出口贸易不仅对本市空气污染有着显著的正向直接效应,对邻近城市空气污染也存在显著的正向间接效应,并且间接效应大于直接效应。

总之,以上四个方面的最新研究进展,主要依赖于实证分析方法的改进,包括利用动态面板模型、面板门槛模型、工具变量法以及空间计量模型等。上述研究方法的改进,能够使所得的间接环境效应结论更为可靠,同时还能得到存在非线性影响特征、空间溢出效应等结论,这也是传统贸易与环境关系研究难以得到的。

第三节 研究述评

自 2019 年以来,中国一直在积极推进对外贸易高质量发展,发展目标之一就是要推进对外贸易与环境协调发展。党的二十大报告指出:"推动经济社会发展绿色化、低碳化是实现高质量发展的关键环节"。这为贸易高质量发展指明了方向。可见，如何处理好对外贸易与环境的关系，将是中国现在以及未来不得不面对的现实挑战。对此，中国对外贸易的环境效应研究的持续推进，能够为中国实现对外贸易与环境关系协调发展提供理论与实证分析依据，具有重要的现实意义。

本章主要从直接环境效应和间接环境效应两个方面，对现有中国对外贸易的环境效应研究文献进行系统性梳理，尤其注重梳理自 2016 年以来的研究进展脉络。其中，直接环境效应的最新研究主要在引入 GVC 的视角、分析具体行业问题、与国内区域间贸易问题相结合三个方面有重要拓展，间接环境效应的最新研究则在深化贸易衡量因素内涵、考察多样化的环境污染物、改进实证分析方法三个方面有突出进展。值得注意的是，目前直接和间接环境效应研究并非完全独立，有不少研究将两者结合进行分析，例如吕越等（2019）将对外贸易隐含碳排放作为环境污染物的衡量指标进行实证分析，这或许是未来更为全面地考察中国对外贸易环境效应的重要发展方向和趋势。

本章思考题

（1）环境投入产出模型的发展经历了三个阶段，学者们主要在哪些方面对其进行了改进与完善？
（2）在全球价值链视角下，贸易衡量因素有哪些新的变化？与传统贸易衡量因素相比，这些新的衡量因素有何特点与优势？
（3）在中国对外贸易环境效应研究中，哪些研究内容能够进行异质性特征的分析？
（4）中国对外贸易的环境效应研究，能够对中国推进对外贸易高质量发展产生何种积极影响？研究意义与价值如何体现？

参考文献

陈红敏，2009. 包含工业生产过程碳排放的产业部门隐含碳研究 [J]. 中国人口·资源与环境，19（3）：25-30.

陈迎，潘家华，谢来辉，2008. 中国外贸进出口商品中的内涵能源及其政策含义 [J]. 经济研究，43（7）：11-25.

蔡海亚，徐盈之，2018. 产业协同集聚、贸易开放与雾霾污染 [J]. 中国人口·资源与环境，28（6）：93-102.

丁玉梅，廖程胜，吴贤荣，等，2017. 中国农产品贸易隐含碳排放测度与时空分析 [J]. 华中农业大学学报（社会科学版）（1）：44-54.

邓柏盛，宋德勇，2008. 我国对外贸易、FDI 与环境污染之间关系的研究：1995-2005[J]. 国际贸易问题（4）：101-108.

代丽华, 2017. 贸易开放如何影响 PM2.5：基于淮河两岸供暖政策差异的因果效应研究 [J]. 管理评论, 29（5）：237-245.

代丽华, 金哲松, 林发勤, 2015. 贸易开放是否加剧了环境质量恶化：基于中国省级面板数据的检验 [J]. 中国人口·资源与环境, 25（7）：56-61.

代丽华, 林发勤, 2015. 贸易开放对中国环境污染的程度影响：基于动态面板方法的检验 [J]. 中央财经大学学报（5）：96-105.

戴宏伟, 回莹, 2019. 京津冀雾霾污染与产业结构、城镇化水平的空间效应研究 [J]. 经济理论与经济管理（5）：4-19.

戴育琴, 冯中朝, 李谷成, 2016. 中国农产品出口贸易隐含碳排放测算及结构分析 [J]. 中国科技论坛（1）：137-43.

傅京燕, 张珊珊, 2011. 我国制造业进出口隐含污染分析：基于投入产出的方法 [J]. 国际商务（对外经济贸易大学学报）（2）：30-41.

傅京燕, 周浩, 2010. 贸易开放、要素禀赋与环境质量：基于我国省区面板数据的研究 [J]. 国际贸易问题（8）：84-92.

郭朝先, 2010. 中国二氧化碳排放增长因素分析：基于 SDA 分解技术 [J]. 中国工业经济（12）：47-56.

何枫, 马栋栋, 祝丽云, 2016. 中国雾霾污染的环境库兹涅茨曲线研究：基于 2001—2012 年中国 30 个省市面板数据的分析 [J]. 软科学, 30（4）：37-40.

郝慧慧, 姚洪心, 2016. 跨国技术转移对中国区域环境质量的影响研究 [J]. 国际商务（对外经济贸易大学学报）（3）：139-149.

胡剑波, 任香, 高鹏, 2019. 中国省际贸易、国际贸易与低碳贸易竞争力的测度研究 [J]. 数量经济技术经济研究, 36（9）：42-60.

胡艺, 张晓卫, 李静, 2019. 出口贸易、地理特征与空气污染 [J]. 中国工业经济（9）：98-116.

黄娟, 2020. 中间品贸易自由化、环境规制与工业污染排放 [J]. 宏观经济研究（6）：144-152.

黄凌云, 谢会强, 刘冬冬, 2017. 技术进步路径选择与中国制造业出口隐含碳排放强度 [J]. 中国人口·资源与环境, 27（10）：94-102.

惠炜, 赵国庆, 2017. 环境, 规制与污染避难所效应：基于中国省际数据的面板门槛回归分析 [J]. 经济理论与经济管理（2）：23-33.

晋盛武, 吴娟, 2014. 腐败、经济增长与环境污染的库兹涅茨效应：以二氧化硫排放数据为例 [J]. 经济理论与经济管理（6）：28-40.

蒋雪梅, 刘轶芳, 2018. 全球价值链视角下的中、美高新技术产业出口效益及环境效应分析 [J]. 管理评论, 30（5）：58-63.

阚大学, 吕连菊, 2015. 对外贸易、地区腐败与环境污染：基于省级动态面板数据的实证研究 [J]. 世界经济研究（1）：120-126.

阚大学, 吕连菊, 2016. 进出口贸易对环境污染的非线性影响：基于面板平滑转换回归模型 [J]. 国际商务（对外经济贸易大学学报）（2）：5-17.

柯美高, 2020. 贸易自由化对中国消费污染的影响及机制研究 [J]. 中南财经政法大学学报（5）：125-136.

康雨, 2016. 贸易开放程度对雾霾的影响分析：基于中国省级面板数据的空间计量研究 [J]. 经济科学（1）：114-125.

刘竹, 孟靖, 邓铸, 等, 2020. 中美贸易中的隐含碳排放转移研究 [J]. 中国科学: 地球科学, 50 (11): 1633–1642.

吕越, 吕云龙, 2019. 中国参与全球价值链的环境效应分析 [J]. 中国人口·资源与环境, 29 (7): 91–100.

冷艳丽, 冼国明, 杜思正, 2015. 外商直接投资与雾霾污染: 基于中国省际面板数据的实证分析 [J]. 国际贸易问题 (12): 74–84.

李锴, 齐绍洲, 2011. 贸易开放、经济增长与中国二氧化碳排放 [J]. 经济研究 (11): 60–72.

李小平, 2010. 国际贸易中隐含的 CO_2 测算: 基于垂直专业化分工的环境投入产出模型分析 [J]. 财贸经济 (5): 66–70.

李昭华, 汤竹宇, 2020. 进出口贸易如何影响中国 PM2.5 污染: STIRPAT 模型拓展及省级空间面板数据分析 [J]. 国际经贸探索, 36 (4): 4–20.

李真, 陈天明, 2020. 中美双边工业品增加值贸易隐含碳福利核算与分配问题研究 [J]. 财贸经济, 41 (5): 84–98.

马进, 2017. 我国农产品贸易与农业环境的双向影响机制研究 [J]. 山东社会科学 (8): 156–161.

马晶梅, 陈亚楠, 2020. 中国制造业出口贸易利得分配与环境成本研究: 基于全球价值链视角 [J]. 统计与信息论坛, 35 (3): 86–93.

马晶梅, 王新影, 贾红宇, 2016. 中日贸易隐含碳失衡研究 [J]. 资源科学, 38 (3): 523–533.

马涛, 陈家宽, 2005. 中国工业产品国际贸易的污染足迹分析 [J]. 中国环境科学, 25 (4): 508–512.

孟凡鑫, 苏美蓉, 胡元超, 等, 2019. 中国及"一带一路"沿线典型国家贸易隐含碳转移研究 [J]. 中国人口·资源与环境, 29 (4): 18–26.

彭水军, 包群, 2006. 经济增长与环境污染: 环境库兹涅茨曲线假说的中国检验 [J]. 财经问题研究 (8): 3–17.

彭水军, 张文城, 孙传旺, 2015. 中国生产侧和消费侧碳排放量测算及影响因素研究 [J]. 经济研究, 50 (1): 168–182.

彭星, 李斌, 2013. 全球价值链视角下中国嵌入制造环节的经济碳排放效应研究 [J]. 财贸研究, 24 (6): 18–26.

潘安, 2017a. 全球价值链分工对中国对外贸易隐含碳排放的影响 [J]. 国际经贸探索, 33 (3): 14–26.

潘安, 2017b. 中国农业贸易的碳减排效应研究 [J]. 华南农业大学学报 (社会科学版), 16 (4): 25–33.

潘安, 2017c. 对外贸易、区域间贸易与碳排放转移: 基于中国地区投入产出表的研究 [J]. 财经研究, 43 (11): 57–69.

潘安, 2018. 全球价值链视角下的中美贸易隐含碳研究 [J]. 统计研究, 35 (1): 53–64.

潘安, 魏龙, 2015. 中国与其他金砖国家贸易隐含碳研究 [J]. 数量经济技术经济研究, 32 (4): 54–70.

潘安, 吴肖丽, 2018. 全球价值链分工下的中日贸易隐含碳排放研究 [J]. 现代日本经济, 37 (2): 40–52.

潘安, 谢奇灼, 戴岭, 2019. 中国出口贸易利益与环境成本的失衡 [J]. 环境经济研究, 4 (3): 10–29.

齐玮，侯宇硕，2017. 中国农产品进出口贸易隐含碳排放的测算与分解 [J]. 经济经纬，34（2）：74-79.

齐晔，李惠民，徐明，2008. 中国进出口贸易中的隐含能估算 [J]. 中国人口·资源与环境，18（3）：69-75.

乔小勇，李泽怡，相楠，2018. 中间品贸易隐含碳排放流向追溯及多区域投入产出数据库对比：基于WIOD，Eora，EXIOBASE数据的研究 [J]. 财贸经济，39（1）：84-100.

钱志权，杨来科，蒋琴儿，2019. 全球价值链背景下中国出口增加值隐含碳测度与结构分解 [J]. 亚太经济（5）：59-67.

田野，2013. 中国—东盟自由贸易区的环境效应研究：基于污染密集品贸易效应的实证分析 [J]. 经济经纬（1）：45-50.

王安静，孟渤，冯宗宪，等，2020. 增加值贸易视角下的中国区域间碳排放转移研究 [J]. 西安交通大学学报（社会科学版），40（2）：85-94.

王柏杰，周斌，2018. 货物出口贸易、对外直接投资加剧了母国的环境污染吗？：基于"污染天堂假说"的逆向考察 [J]. 产业经济研究（3）：77-89.

王文娟，2012. 贸易对中国环境影响的结构效应和总效应：基于1992—2009年省际面板数据的分析 [J]. 财贸研究，23（5）：38-45.

王玉燕，王建秀，阎俊爱，2015. 全球价值链嵌入的节能减排双重效应：来自中国工业面板数据的经验研究 [J]. 中国软科学（8）：148-162.

王育宝，何宇鹏，2020. 中国省域净碳转移测算研究 [J]. 管理学刊，33（2）：1-10.

王正明，温桂梅，2013. 国际贸易和投资因素的动态碳排放效应 [J]. 中国人口·资源与环境，23（5）：143-148.

王直，魏尚进，祝坤福，2015. 总贸易核算法：官方贸易统计与全球价值链的度量 [J]. 中国社会科学（9）：108-127.

吴肖丽，潘安，2019. 出口开放对中国工业碳排放的非线性影响研究 [J]. 国际经贸探索，35（6）：17-32.

温怀德，刘渝琳，温怀玉，2008. 外商直接投资、对外贸易与环境污染的实证研究 [J]. 当代经济科学（2）：88-94.

魏龙，潘安，2015. 资源贸易、外商直接投资与环境污染 [J]. 商业研究（4）：92-99.

魏巍贤，杨芳，2010. 技术进步对中国二氧化碳排放的影响 [J]. 统计研究，27（7）：36-44.

许可，王瑛，2015. 中国对外直接投资与本国碳排放量关系研究：基于中国省级面板数据的实证分析 [J]. 国际商务研究，36（1）：76-86.

许士春，何正霞，2007. 中国经济增长与环境污染关系的实证分析：来自1990—2005年省级面板数据 [J]. 经济体制改革（4）：22-26.

徐圆，赵莲莲，2014. 国际贸易、经济增长与环境质量之间的系统关联：基于开放宏观的视角对中国的经验分析 [J]. 经济学家（8）：24-32.

谢文武，肖文，汪滢，2011. 开放经济对碳排放的影响：基于中国地区与行业面板数据的实证检验 [J]. 浙江大学学报（人文社会科学版），41（5）：163-174.

于峰，齐建国，2007. 开放经济下环境污染的分解分析：基于1990—2003年间我国各省市的面板数据 [J]. 统计研究，24（1）：47-53.

闫云凤，常荣平，2017. 全球价值链下的中美贸易利益核算：基于隐含碳的视角 [J]. 国际商务（对外经济贸易大学学报）(3)：17-26.

闫云凤，赵忠秀，2012. 中国对外贸易隐含碳的测度研究：基于碳排放责任界定的视角 [J]. 国际贸易问题（1）：131-142.

杨飞，孙文远，张松林，2017. 全球价值链嵌入、技术进步与污染排放：基于中国分行业数据的实证研究 [J]. 世界经济研究（2）：126-134.

余娟娟，2017. 全球价值链嵌入影响了企业排污强度吗：基于 PSM 匹配及倍差法的微观分析 [J]. 国际贸易问题（12）：59-69.

余娟娟，龚同，2020. 全球碳转移网络的解构与影响因素分析 [J]. 中国人口·资源与环境，30（8）：21-30.

余晓泓，徐苗，2017. 消费者责任视角下中国产业部门对外贸易碳排放责任研究 [J]. 产经评论，8（1）：18-30.

游伟民，2010. 对外贸易对我国环境影响的区域差异研究：基于 2000—2008 年省际面板数据的分析 [J]. 中国人口·资源与环境，20（12）：159-163.

占华，2017. 贸易开放对中国碳排放影响的门槛效应分析 [J]. 世界经济研究（2）：38-49.

占华，于津平，2015. 贸易开放对我国环境污染影响效应的实证检验：基于我国省际动态面板数据的系统 GMM 分析 [J]. 当代经济科学，37（1）：39-46.

朱婕，任荣明，2015. 出口、环境污染与对外直接投资：基于 2003—2012 年中国省级面板 VAR 的实证检验 [J]. 生态经济，31（6）：36-40.

庄惠明，赵春明，郑伟腾，2009. 中国对外贸易的环境效应实证：基于规模、技术和结构三种效应的考察 [J]. 经济管理，31（5）：9-14.

张根能，张路雁，秦文杰，2014. 出口贸易对我国环境影响的实证分析：以 SO_2 为例 [J]. 宏观经济研究（9）：126-133.

张连众，朱坦，李慕菡，等，2003. 贸易自由化对我国环境污染的影响分析 [J]. 南开经济研究（3）：3-5.

张明志，余东华，2017. 中国制造业隐含碳分布及绩效评价：兼论"供给侧改革"的绿色理念 [J]. 统计与信息论坛，32（9）：46-54.

张少华，陈浪南，2009. 经济全球化对我国环境污染影响的实证研究：基于行业面板数据 [J]. 国际贸易问题，2009（11）：68-73.

张志明，耿景珠，黄微，2020. 亚太价值链嵌入如何影响中国的空气污染 [J]. 国际贸易问题（2）：44-58.

邹庆，陈迅，吕俊娜，2013.WTO 前后国际贸易对中国 CO_2 排放影响的对比分析 [J]. 科研管理，34（11）：137-146.

周杰琦，汪同三，2013. 贸易开放提高了二氧化碳排放吗？：来自中国的证据 [J]. 财贸研究（2）：12-19.

赵玉焕，李洁超，2013. 基于技术异质性的中美贸易隐含碳问题研究 [J]. 中国人口·资源与环境，23（12）：28-34.

赵玉焕，刘娅，王淞，等，2018. 生产全球化背景下中国光电设备制造业出口的经济利益和环境成本：基于网络分析的中美比较研究 [J]. 国际贸易问题（11）：145-161.

钟娟，魏彦杰，2019. 产业集聚与开放经济影响污染减排的空间效应分析 [J]. 中国人口·资源与环境，29（5）：98-107.

钟凯扬，2016. 对外贸易、FDI 与环境污染的动态关系：基于 PVAR 模型的研究 [J]. 生态经济，32（12）：58-64.

ANTWEILER W, COPELAND B R, Taylor M S,2001.Is free trade good for the environment?[J].The American economic review, 91(4): 877-908.

BAGHDADI L,MARTINEZ-ZARZOSO I,ZITOUNA H,2013.Are RTA agreements with environmental provisions reducing emissions?[J].Journal of international economics, 90(2): 378-390.

COLE M A,2004.Trade, the pollution haven hypothesis and the environmental Kuznets curve: examining the linkages[J]. Ecological economics, 48(1): 71-81.

COPELAND B R,TAYLOR M S,1994.North-South trade and the environment[J].The quarterly journal of economics, 109(3): 755-787.

DEAN J M,2002.Does trade liberalization harm the environment? A new test[J].The Canadian journal of economics, 35(4): 819-842.

FEI R L,PAN A,WU X L, et al.,2020.How GVC division affects embodied carbon emissions in China's exports?[J].Environmental science and pollution research international, 27(29): 36605-36620.

GROSSMAN G M,KRUEGER A B,1991.Environmental impacts of a North American Free Trade Agreement: NBER working paper(3914) [R/OL].[2022-06-14].https://www.nber.org/papers/w3914.pdf. DOI: 10.3386/w3914.

HALICIOGLU F,2009.An econometric study of CO_2 emissions, energy consumption, income and foreign trade in Turkey[J]. Energy policy, 37(3): 1156-1164.

HUMMELS D,ISHII J,Yi K M,2001.The nature and growth of vertical specialization in world trade[J]. Journal of international economics,54(1): 75-96.

JALIL A,MAHMUD S F,2009.Environment Kuznets curve for CO_2 emissions: a cointegration analysis for China [J]. Energy policy, 37(12): 5167-5172.

KANJILAL K,GHOSH S,2013.Environmental Kuznet's curve for India: evidence from tests for cointegration with unknown structuralbreaks [J]. Energy policy, 56: 509-515.

KHALID A,WEI L,2013.An empirical analysis of CO_2 emission in Pakistan using EKC hypothesis [J]. Journal of international trade law and policy, 12(2): 188-200.

KOOPMAN R,POWERS W,WANG Z, et al.,2010.Give credit where credit is due: tracing value added in global production chains: NBER working paper(16426)[R/OL].[2022-06-23].https://www.nber.org/papers/w16426.pdf. DOI: 10.3386/w16426.

LAU L S,CHOONG C K,ENG Y K,2014.Investigation of the environmental Kuznets curve for carbon emissions in Malaysia: do foreign direct investment and trade matter?[J].Energy policy, 68: 490-497.

LIN B Q,SUN C W,2010.Evaluating carbon dioxide emissions in international trade of China[J]. Energy policy, 38(1): 613-621.

LIU X B,ISHIKAWA M,WANG C, et al.,2010.Analyses of CO_2 emissions embodied in Japan–China trade[J]. Energy policy, 38(3): 1510-1518.

LIU Y, ZHAO Y H, LI H, et al.,2018.Economic benefits and environmental costs of China's exports: a comparison with the USA based on network analysis[J]. China & World economy, 26(4): 106-132.

LUO F, GUO Y, YAO M T, et al.,2020.Carbon emissions and driving forces of China's power sector: input-output model based on the disaggregated power sector[J]. Journal of cleaner production, 268: 121925.

MENG L,GUO J E,CHAI J, et al.,2011.China's regional CO_2 emissions: characteristics, inter-regional transfer and emission reduction policies[J].Energy policy, 39(10): 6136-6144.

PAN J H,PHILLIPS J,CHEN Y,2008.China's balance of emissions embodied in trade: approaches to measurement and allocating international responsibility[J].Oxford review of economic policy, 24(2): 354-376.

PANAYOTOU T,2000.Globalization and environment: CID working paper(53)[R/OL]. [2022-06-27]. https://www.hks.harvard.edu/sites/default/files/centers/cid/files/publications/faculty-working-papers/053.pdf.

REN S G,YUAN B L, MA X, et al.,2014.International trade, FDI (Foreign Direct Investment) and embodied CO_2 emissions: a case study of China's industrial sectors [J].China economic review, 28: 123-134.

RUNGE C F,1993.Trade, pollution and environmental protection: staff paper p93-20, University of Minnesota [R/OL].[2022-07-11].https://ageconsearch.umn.edu/record/14025/files/p93-20.pdf. DOI: 10.22004/ag.econ.14025.

SCHAEFFER R,DE SÁ A,1996.The embodiment of carbon associated with Brazilian imports and exports[J]. Energy conversion and management, 37(6): 955-960.

TIAN Y,XIONG S,MA X,et al., 2018.Structural path decomposition of carbon emission: a study of China's manufacturing industry[J].Journal of cleaner production, 193: 563-74.

WANG S H,HE Y Q,SONG M L,2021.Global value chains, technological progress, and environmental pollution: inequality towards developing countries[J]. Journal of environmental management, 277: 110999.

WANG Z,WEI S J,ZHU K F,2013.Quantifying international production sharing at the bilateral and sector levels: NBER working paper(19677)[R/OL].[2019-04-12].https://www.nber.org/system/files/working_papers/w19677/w19677.pdf. DOI: 10.3386/w19677.

WYCKOFF A W,ROOP J M, 1994.The embodiment of carbon in imports of manufactured products: implications for international agreements on greenhouse gas emissions[J].Energy policy, 22(3): 187-194.

XU X L,MU M J,WANG Q,2017.Recalculating CO_2 emissions from the perspective of value-added trade: an input-output analysis of China's trade data[J]. Energy policy, 107: 158-66.

XU Y Z,FAN X M,ZHANG Z Q,et al.,2020.Trade liberalization and haze pollution: evidence from China[J].Ecological indicators, 109: 105825.

YAN J,SU B,LIU Y,2018.Multiplicative structural decomposition and attribution analysis of carbon emission intensity in China, 2002—2012[J].Journal of cleaner production, 198: 195-207.

YASMEEN R,LI Y N,HAFEEZ M,2019.Tracing the trade-pollution nexus in global value chains: evidence from air pollution indicators[J].Environmental science and pollution research, 26(5): 5221-5233.

ZHANG Z H,XI L,BIN S,et al.,2019.Energy, CO_2 emissions, and value added flows embodied in the international trade of the BRICS group: a comprehensive assessment[J]. Renewable and sustainable energy reviews, 116: 109432.

ZHANG Z K,GUO J E,HEWINGS G J D,2014.The effects of direct trade within China on regional and national CO_2 emissions[J]. Energy economics, 46: 161-175.

四
技术与服务篇

第七章

制造业服务化的研究进展

本章学习目标

- 了解国内外不同学者对制造业服务化的定义及内涵；了解制造业服务化的相关测度方法；了解制造业服务化相关理论的研究前沿。
- 熟悉推进制造业服务化的重要影响因素；熟悉制造业服务化转型对制造业出口绩效、产业升级、劳动力就业等方面的影响效应。
- 掌握制造业服务化的本质内涵；掌握基于多边投入产出模型的测度部门制造业服务化水平的方法。

本章思维导图

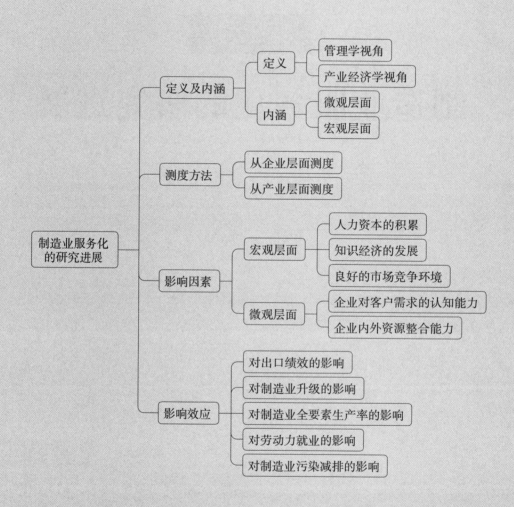

当前中国处于以新发展理念引领高质量发展的历史时期,"十四五"规划的发展主题是高质量发展,高质量发展也是实现我国第二个百年奋斗目标的重要战略思想。高质量发展应体现创新、协调、绿色、开放、共享的新发展理念,而制造业服务化的高端推进不仅体现了制造业与服务化的融合、协调发展,还对国内产业升级、就业结构优化、节能减排等具有积极作用,这些积极作用与我国高质量发展的新发展理念是不谋而合的。因此,本章内容将从制造业服务化的定义及内涵、制造业服务化水平的测度方法、制造业服务化的影响因素及制造业服务化的影响效应这四大层面梳理当前国内外学者对制造业服务化的研究现状及最新进展。

第一节　制造业服务化的定义及内涵

在人类社会发展的初级阶段,制造业的生产主要依靠能源、原材料等生产要素的投入。随着社会发展水平和科技水平的提高,服务要素在生产中占据日益重要的地位,服务要素对生产的重要性日趋增加。当前,全球经济正从制造经济转向服务经济,服务经济在各国占据着越来越重要的经济地位。生产要素从投入实体的制造经济转向投入无形的服务经济,也使企业向生产服务型转变和升级。因此,制造业服务化是经济社会发展的必然趋势,是推动企业高质量发展的必然选择。作为当今世界制造业发展趋势之一的服务化,正在受到更多学者的关注。

制造业服务化(Servitization of Manufacturing)这一概念最早由 Vandermerwe 等于 1988 年提出。Vandermerwe 等(1988)认为,如果制造企业以顾客为中心,为了更好地满足顾客的需求,在提供所需产品的同时配备相应的技术与服务,从而提升核心产品的价值,这就是制造业服务化。自此之后,越来越多的学者开始从不同的视角给出了关于制造业服务化的定义。这里按照管理学及产业经济学的视角进行分类归纳,如表 7-1 所示。

这些学者从不同的视角对制造业服务化的概念进行了不同的界定,但在本质上存在一定的共通性。第一,无论是从企业层面,还是从产业层面来看,如果在制造业的生产活动中,服务投入或者服务产出的比例在不断上升,我们就可以说这是制造业服务化的表现。其中,投入服务化表现为服务要素在制造业的全部投入中占据着越来越重要的位置;产出服务化表现为服务产品在制造业的全部产出中占据着越来越重要的位置。第二,制造业服务化的产业基础仍然是制造业,良好的制造业基础是推行制造业服务化的前提条件。如若脱离了这一实体基础,制造业服务化可能就会演变为制造业空心化。

基于这些定义,相关文献对制造业服务化的内涵大致从宏观、微观两个层面进行阐释。

其一,从微观的层面来看,服务作为一种高端要素,它可以对产品供给形成差异,而企业通过增加服务投入来满足不同的市场需求。制造业服务化包含两个方面的内容:一是制造企业为提升产品竞争力而引入维修售后服务、个性化定制、整体解决方案等附加于产品上的服务,如美国施乐公司(Xerox)从简单的制造复印机转变为既制造复印机又提供复印机租赁、维修服务的公司,美国万国商业公司(IBM)从大型机和电脑制造转变为提供信息服务的公司;二是制造企业的中间投入中使用越来越多的人力资源、管理咨询、融资租赁等服务活动，且服务活动在制造企业的经营过程中占据越来越重要的地位，如通用电气公司（GE）设立金融部门乃至最后将其独立开来，为制造产品销售创造便利条件。在全球价值链背景下，制造企业通过对有形产品融合附加服务来提升企业竞争优势的策略，逐渐实现全球价值链以生产制造为中心转向为以提供服务为中心。

表 7-1　制造业服务化的各种定义

视角	学者	对制造业服务化的定义
管理学的视角	White 等（1999）	制造业服务化是一个动态的变化过程，是制造企业从物品提供者转变为服务提供者的一个过程
	Reiskin 等（1999）	制造业服务化就是制造企业把生产目标从生产产品转向提供服务
	Fishbein 等（2001）；Makower（2001）	制造业服务化就是制造企业从售卖物品本身到售卖服务和功能的转变
	Desme（2003）	制造企业在生产物的过程中，为了满足客户的需要并在市场中拥有更强的竞争力，会逐渐开发更加完善的服务，因此服务要素的占比就会日益增高，这就是制造业服务化
	Szalavetz（2003）	制造业服务化包括两层含义，一是在产品生产和企业管理中使用越来越多的服务要素，甚至直接将服务环节外包出去，即投入服务化；二是将产品和服务合为一体，在提供产品的同时提供整体解决方案、售后服务、个性化定制、技术支持等，即产出服务化
	孙林岩（2007）	制造业服务化是将生产性服务和制造业相融合，整合企业制造资源，提高核心竞争力和协同发展能力，从而打造高效竞争的制造业模式
产业经济学的视角	Acemoglu 等（2008）	制造业服务化的实质其实就是资源配置的转移，把资源从原来的制造业逐渐转移到服务业中，进而实现制造商到服务商的蜕变，与其说是制造业服务化，不如说是不同产业的资源再分配
	Toffel（2002）；Baines 等（2009）	制造业服务化的核心是在提供产品的基础上，更好地结合服务
	周大鹏（2013）	从微观、中观和宏观三个层面，对制造业服务化的概念进行了界定：从微观层面上看，制造业服务化是一种经营策略，使制造业能更好满足市场需求并向差异化方向发展；从中观层面上看，制造业服务化是一种战略升级，代表着该地区或国家制造业的转型，推动制造业向全球价值链两端延伸；从宏观层面上看，制造业服务化的出现证明该国家或地区的知识经济已经发展到了特定阶段，是经济增长新方向的代表
	徐振鑫等（2016）	基于产业形态升级的角度，对制造业服务化进行了界定，指出制造业服务化是在信息技术飞速发展的背景下，制造业不再单纯地制造产品，而是把有形的产品和无形的服务相结合，以实体产品为载体，向更人性化、智能的高级业态的转型
	刘斌等（2016）	细化了投入服务化和产出服务化的定义：投入服务化指生产要素逐渐以服务要素投入为主，并占据重要位置；产出服务化指制造业产品逐渐由实物型产品向服务型产品转变

其二，从宏观产业层面来看，由于投入要素的质量不断提高，制造业会不断优化产业结构并使全球价值链升级。制造业服务化意味着在制造业产业链中服务活动越来越重要，所占的比例也越来越高。从表现形式来看，这主要体现在以下两个方面：一是原本作为企

业的服务活动由内部供给转变为向市场购买，分工逐步深化，涌现新的服务业；二是本身独立的服务业不断发展壮大，在制造业中不断占据越来越重要的位置。在信息技术飞速发展的背景下，制造业不再单纯地制造产品，而是把有形的产品和无形的服务相结合，以实体产品为载体，向更人性化、智能的高级业态的转型（徐振鑫等，2016）。

第二节 制造业服务化水平的测度方法

目前学术界主要从企业和产业两个层面进行制造业服务化的测度。

一、从企业层面测度

从企业层面来看，主要通过收集大量优质的企业数据，通过计算单个企业的经营性服务收入在企业总收入中的比例以及企业提供服务业务获得的产出在总产出中的比例，来测度企业的制造业服务化水平。Neely等（2007）运用全球上市企业数据库（OSIRIS）中的23个国家一万多家企业的数据，用提供纯服务或"物品+服务"的企业占该国统计的企业数量来表示该国的服务化水平。Neely（2008）同样基于全球上市企业数据库的数据测度了单个企业的经营性服务收入在企业总收入中的比例，发现规模越大的企业越倾向于在产品中增加服务要素投入，从而提升企业制造业服务化水平。Fang等（2008）利用微观层面的数据测度了美国上市企业的制造业服务化水平，研究发现，美国上市企业的制造业服务化程度与企业销售总额和市场价值具有显著的"U"型关系。国内学者陈漫等（2016）、肖挺（2016）也采用微观测度的方法，并利用中国企业数据进行了相应分析。

这种基于企业的微观测度，虽然依托了大量的样本，但单个制造企业的服务产品的销售额或服务性的收入较低很有可能源于其产品性能的落后，企业通过重组改革，开发了新的产品来适应市场的发展，其本质与制造业服务化并无直接关系。此外，相对于提供制造企业服务收入指标的国外优质企业数据库[例如全球上市企业数据库（OSIRIS）、全球企业数据库（ORBIS）、法国网上商城数据库（BRN）]而言，目前国内对于企业制造业服务化的研究往往受到指标选择、企业特性、微观样本等因素的限制，亟须在相关领域进行拓展性研究。

二、从产业层面测度

与企业层面的测度相比，从产业层面去测度的优点是产业数据更加完备且相对来说易于收集，基于产业层面测度的方法也更加丰富多样。目前最具代表性的测度方法主要有社会网络分析方法（Danowski et al., 1998）、赫芬达尔指数法（Gambardella et al., 1998）以及最常用的投入产出法（顾乃华等，2010a；刘斌等，2016）等。其中，运用投入产出法进行测度的方法更为广泛，因为它能够从投入和产出的角度直观地反映制造业产出和投入中服务要素的占比情况。由于当前产出方面的数据较难获得，学者们更多是从投入的角度进行研究，并利用产业总产出直接消耗系数或者完全消耗系数去反映制造业服务化水平。如 Lay 等（2010）、Falk 等（2013）利用投入产出法测度欧洲制造业消耗其他行业的系数，研究发现，制造业从以生产制造为主导转向以增值服务为主导的制造业服务化的进程有助于制造业重构竞争优势。国内学者徐盈之等（2009）、顾乃华等（2010b）、彭水军等（2014）、黄群慧等（2014）、刘斌等（2016）也先后采用直接消耗系数法测度了中国制造业服务化水平。由于直接消耗系数未能考虑全球价值链分工下贸易折返和重复计算等问题，因此测度可能会存在一定的偏差。

当前，随着全球价值链理论（Hummels et al., 2001；Koopman et a1., 2008）及贸易增加值统计体系的日益完善，越来越多的学者开始意识到，在全球价值链的分工体系下，一个国家制造业出口产品的价值既可能来源于国内要素，也可能来源于国外要素；既可能来源于制造业部门，也可能来源于服务业部门。如果单纯地从单边或双边的贸易流去刻画一国的产业关联，显然是失之偏颇的。为此，越来越多的学者开始基于多区域投入产出（Multi-Regional Input–Output，MRIO）模型进行制造业服务化的测度，通过对出口贸易增加值的分解来分析制造业出口中的服务业占比和来源，如程大中等（2015）和戴翔（2016）等。这里重点介绍一下基于多区域投入产出模型构建的制造业服务化测度方法。

假设全球有 m 个国家，每个国家有 n 个部门，则多区域投入产出表的基本形式如表 7-2 所示。

表 7-2　多区域投入产出表的基本形式

			中间投入						最终使用			总产出
			国家 1			...	国家 m		国家 1	...	国家 m	
			部门 1	...	部门 n		部门 1	...	部门 n			
中间投入	国家 1	部门 1	x_{11}^{11}	...	x_{1n}^{11}	...	x_{11}^{1m}	...	x_{1n}^{1m}	y_1^{11}	...	y_1^{1m}	X_1^1
		...	...	...	...	...	...	...	...	...	...	...	...
		部门 n	x_{n1}^{11}	...	x_{nn}^{11}	...	x_{n1}^{1m}	...	x_{nn}^{1m}	y_n^{11}	...	y_n^{1m}	X_n^1
	...	...	...	...	...	...	...	...	...	...	...	...	...
	国家 m	部门 1	x_{11}^{m1}	...	x_{1n}^{m1}	...	x_{11}^{mn}	...	x_{1n}^{mn}	y_1^{m1}	...	y_1^{mn}	X_1^m
		...	...	...	...	...	...	...	...	...	...	...	...
		部门 n	x_{n1}^{m1}	...	x_{nn}^{m1}	...	x_{n1}^{mn}	...	x_{nn}^{mn}	y_n^{m1}	...	y_n^{mn}	X_n^m
最初投入			V_1^1	...	V_n^1		V_1^m	...	V_n^m				
总投入			X_1^1	...	X_n^1		X_1^m	...	X_n^m				

▨ 区域为第 1 象限；▨ 区域为第 2 象限；▨ 区域为第 3 象限；空白区域为第 4 象限。

上述投入产出表，可以分为 4 个象限，其中 3 个有效象限具体如下所述。

第 1 象限是最大的一部分，它表示的是中间消耗系数，这也是整个多区域投入产出表中最为重要的一部分。假设有任意两个不同的部门 k、l，那么这一象限中的元素 x_{kl} 具有两层含义：一方面可以表示 k 部门移送给 l 部门的产品使用数量（从行向来看）；另一方面可以表示 l 部门在生产过程中所消耗掉的 k 部门产品数量。第 1 象限表示的是各部门间的投入与消耗的关系。

第 2 象限是投入产出表右边的部分，它表示的是最终使用矩阵。用于分析产品的最终使用的数量关系和部门构成。

第 3 象限位于投入产出表的左下方，表示的是初始投入矩阵。它主要反映了部门的固定资产折旧和劳动报酬等初始要素的投入。

多区域投入产出表中存在三大平衡关系，即行平衡关系和列平衡关系，以及总量平衡关系。并根据投入产出关系可以得出行和等于列和。具体平衡关系可以用数学公式表达，具体如下所述。

（1）列向平衡关系。总投入 = 初始投入 + 中间投入

用数学公式表达为式（7-1）。

$$\sum_{k=1}^{n} x_{kl} + V_l = X_l \qquad (7\text{-}1)$$

（2）行向平衡关系。

用数学公式表达为式（7-2）。

$$\sum_{l=1}^{n} x_{kl} + y_l = X_k \qquad (7\text{-}2)$$

（3）总量平衡关系。总投入 = 总产出

用数学公式表达为式（7-3）。

$$\sum X_k = \sum X_l \qquad (7\text{-}3)$$

投入产出法的基本原理就是基于投入产出表，然后借助矩阵的原理建立起投入产出模型，从而用来研究各个部门之间相互的经济关系。

这里进一步假设世界存在 m 个国家，每个国家存在 n 个部门，并且每个部门只生产一种产品。这些部门既可以把生产的产品作为中间品投入生产，也可以把生产的产品作为本国或世界其他各国的最终消费品，根据多区域投入产出模型我们可以得到式（7-4）。

$$\begin{pmatrix} x_1 \\ x_2 \\ \vdots \\ x_m \end{pmatrix} = \begin{pmatrix} A_{11} & A_{12} & \cdots & A_{1m} \\ A_{21} & A_{22} & \cdots & A_{2m} \\ \vdots & \vdots & \ddots & \vdots \\ A_{m1} & A_{m2} & \cdots & A_{mm} \end{pmatrix} \begin{pmatrix} x_1 \\ x_2 \\ \vdots \\ x_m \end{pmatrix} + \begin{pmatrix} y_{11} + \sum_{i \neq 1} y_{1i} \\ y_{22} + \sum_{i \neq 2} y_{2i} \\ \vdots \\ y_{mm} + \sum_{i \neq m} y_{mi} \end{pmatrix} \qquad (7\text{-}4)$$

用分块矩阵表示，可以简写为下式。

$$X = AX + Y \qquad (7\text{-}5)$$

假设 i、j 分别表示任意两个不同的贸易伙伴国，那么代入式（7-4），x_i 表示 i 国的总产

出，分块矩阵 A 的对角线上的子矩阵 A_{ii} 表示的是 i 国国内产品的直接消耗系数矩阵；对角线外的子矩阵 A_{ij} 表示 j 国从 i 国进口的直接消耗系数矩阵。式（7-5）中的 Y 矩阵表示的是各国的最终产品产出，y_{ii} 表示 i 国的国内使用部分，$\sum_{j \neq i} y_{ij}$ 表示的是 i 国出口到 j 国的出口部分。

对式（7-5）进一步变换，我们可以得到下式。

$$X = (I-A)^{-1} Y \quad (7-6)$$

式中，右边的逆矩阵 $(I-A)^{-1}$ 即为著名的列昂惕夫逆矩阵（Leontief Inverse Matrix），它将多区域投入产出模型中的列昂惕夫逆矩阵令为 L_w，即 $L_w \equiv (I-A)^{-1}$。

在上述基本恒等式的基础上进一步定义增加值向量得到下式。

$$y_w \equiv \begin{pmatrix} \sum_i y_{1i} \\ \sum_i y_{2i} \\ \vdots \\ \sum_i y_{mi} \end{pmatrix} \equiv \begin{pmatrix} y_{11} + \sum_{i \neq 1} y_{1i} \\ y_{22} + \sum_{i \neq 2} y_{2i} \\ \vdots \\ y_{mm} + \sum_{i \neq m} y_{mi} \end{pmatrix}; \quad y_{w,-r} \equiv \begin{pmatrix} \sum_i y_{1i} \\ \sum_i y_{2i} \\ \vdots \\ \sum_i y_{mi} \end{pmatrix} - \begin{pmatrix} y_{1r} \\ y_{2r} \\ \vdots \\ y_{mr} \end{pmatrix} \quad (7-7)$$

$$v_w \equiv \begin{pmatrix} v_1 \\ v_2 \\ \vdots \\ v_m \end{pmatrix} \quad (7-8)$$

式（7-7）中，y_w 为全球制造品的最终产出向量，r 国为除 i 国和 j 国的第三国，$y_{w,-r}$ 为剔除 r 国国内使用部分的最终产出向量，也就是国外使用的最终产出向量。v_w 为 i 国各部门的增加值与总产出的比例，即各部门单位产出所对应的增加值。

各国通过直接或间接参与全球制造业最终产品的生产而为最终产出 y_w 的实现作出了贡献。根据式（7-6），各国由最终产出引致的总产出可表示为下式。

$$x_w = L_w y_w \quad (7-9)$$

i 国各部门的贸易附加值可以由下面的公式估算。

$$GVC_i = \hat{v}_w L_w y_w \quad (7-10)$$

如果想要计算某个制造业部门的最终生产给世界各国创造的增加值，只需要把 y_w 替换成该部门的最终产出即可。然后用某制造业部门最终产品增加值来自服务部门的增加值部分比上该制造业部门最终产品增加值，就可以得出该制造业部门的服务化水平（SVAR）。

$$SVAR = \frac{GVC_i^s}{GVC_i} \quad (7-11)$$

式中，GVC_i^s 表示 i 国制造业服务增加值；GVC_i 表示 i 国制造业总体增加值。基于多区域投入产出模型，程大中等（2015）、戴翔（2016）先后利用 WIOD 数据库测算出了我国制造业出口贸易中的服务含量，其基本结论是中国制造业服务化的水平相比发达国家具有一定的差距，但保持了不断上升的趋势。彭水军等（2016）则采用 OECD 的数据并基于多区域投入产出模型测算了我国制造业的服务化水平。

第三节　制造业服务化的影响因素

制造业服务化表现为制造业为了满足顾客需要而向其提供与物品相关的各种服务，是一种新型的模式。企业作为微观主体，一方面需要应对市场需求及外部环境变化，另一方面又受制于企业的内部管控和成本约束。因此，企业的制造业服务化过程可能会受到社会经济、技术及制度环境等外部因素的影响，同时还可能会受到企业内部管理者的能力及企业资源整合能力等内部因素的影响。综上所述，本节将从宏观层面和微观层面梳理制造业服务化的影响因素。

一、宏观层面的影响因素

1. 人力资本的积累

在制造业服务化的过程中，全球价值链从以产品生产为主转向以售后服务、个性化定制、整体解决方案等附加服务为主，中间投入中也越来越多地使用到人力资源、管理咨询、融资租赁等服务要素，这些知识密集型的服务要素对人力资本的需求较高。黄群慧等（2014）利用WIOD数据库中1995—2009年的投入产出表数据，对14个主要制造业国家的服务化的影响因素进行了实证检验，结果发现，提高产业人力资本水平是推动制造业服务化发展的关键。何哲和孙林岩于2012年的研究发现，企业的制造业服务化的实现需要建立在企业原有的研发能力和创新能力之上，而这些能力的根本支撑还是高质量人力资本的积累。因此，无论是从宏观产业层面还是从微观企业层面来看，人力资本水平对制造业服务化至关重要。国家、产业和企业应该进一步加强对专业化人才的培养，制定相应的机制，吸引人才、留住人才，为制造业服务化积累相应的人力资本。

2. 知识经济的发展

在现代社会中，知识作为一种新型要素在现代经济增长中发挥着举足轻重的作用。现代经济学理论认为，知识经济是以知识为基础的富有生命力的经济形态之一。与农业经济和工业经济相比，知识经济能够促生出更加丰富和兼容性的分工模式、生产方式、销售业态等，对制造业和服务业的融合发展及制造业服务化进程的推进具有重要意义。具体而言，知识经济发展对制造业服务化的促进作用主要体现在以下两个方面。

一是知识经济的发展会催生出大量新型服务业。制造业原有的服务活动由内部供给转变为向市场购买，分工逐步深化，新的服务业涌现进一步加深与传统制造业的融合。二是知识经济还会促进原有的独立服务业的不断发展壮大，在产业经济中占据越来越重要的位置，进而带动以实体产品为载体的传统制造业向更人性化、更智能化的高级业态转型。

另外，从要素投入的角度来看，知识经济的发展可以有效增加产品生产环节中智力、技术等高质量要素的投入比例，增加产品生产中的知识密集度，促进生产环节与服务环节的有机融合，进而加快制造业服务化进程（周大鹏，2010）。安筱鹏（2012）同样认为，在制造业服务化的进程中，知识要素的价值更高，它具有稀缺和不可模仿的特性，这种价值能更有效地促进制造业服务化发展，是制造业服务化的关键。

3. 良好的市场竞争环境

良好的市场竞争环境是推动产业发展、提升产业竞争力的必要条件。随着市场经济的不断发展，客户的需求不再是产品本身，产品和服务相结合的差异化竞争策略更能为制造业赢得市场竞争的优势地位。尤其在传统制造业中，良性的市场竞争会倒逼其通过融合有形产品并附加服务来提升竞争优势，并逐渐实现全球价值链以生产制造为中心转向为以提供服务为中心转变的模式。正如国内学者简兆权等（2011）所提出的观点，产业外部环境中消费环境和竞争环境的改变是制造业服务化的推动力，只有当服务附加值超过了本身加工制造的价值，产品才不容易被复制，才能将产品从同质化的低效率竞争中解脱出来。产品的竞争点不再是"微笑曲线"的底端，而是开始向两极延展，消费者也把关注点从产品本身转移到产品与服务的总和上，这些都在一定程度上推动了制造业服务化的进程。因此，推动国有企业改革、创造良好的市场竞争环境，也是影响制造业服务化的重要因素。此外，在制造业服务化的进程中，知识要素至关重要，知识产权是重要的竞争性资源，知识产权的资本属性和商品属性会极大增加利润，带来转型的强劲动力。因此，在规范市场环境的基础上，进一步完善知识产权保护有利于增强制造业服务化发展的动力。

二、微观层面的影响因素

1. 企业对客户需求的认知能力

由于企业的服务化投入具有一定的不确定性，因此其管理层如何更好地了解客户需求、整合内外资源显得尤为重要。了解客户需求是制造业服务化的重要环节，是促进制造业服务化发展的内在动力，而企业知识和资源整合能力的不足，对知识和客户关系的错误认知和不当处理，都会对制造业服务化产生影响（马风华，2019）。胡查平（2020）基于制造业的多案例分析总结得出，除企业内外部环境，企业对客户特征的认知水平也在一定程度上影响着企业的制造业服务化水平。因此，只有充分了解客户对产品的功能、售后服务、流通模式等方面的需求偏好，量体裁衣，才能更好地满足客户需求，实现所谓的增值服务，这也是企业实现制造业服务化的根本动力所在。

2. 企业内外资源的整合能力

如何整合服务、处理供应链之间的关系、管理相关信息等，都是企业在制造业服务化进程中需要解决的问题，也是决定企业转型成败的关键（Martinez et al., 2010; Kinnunen, 2011）。制造业服务化从宏观上看是两大产业的融合，从微观上看则是企业内部生产环节与外部采购、设计、售后、物流等多个服务环节的协同整合，这一协同整合过程既涉及企业内、外资源之间的整合，又涉及企业内、外部门之间的沟通与合作。因此，这一协同整合过程对企业资源整合能力的要求较高，只有具较高资源整合能力和经营管理能力的企业才能更好地实现制造业服务化的目标。

第四节　制造业服务化的影响效应

制造业服务化不仅体现了制造业与服务业的融合、协调发展，还会对一国经济增长、产业结构、就业结构、环境污染等方面产生多重影响。关于制造业服务化的影响效应研究非常丰富，这里将从以下五个方面梳理。

一、制造业服务化对出口绩效的影响

Reinert 等（1997）通过对 15 个 OECD 成员的数据进行分析，发现服务对出口绩效的重要性取决于经济发展水平。当观察对象由中等收入成员转向高收入成员，私营服务与贸易、交通运输、通信这三种服务成为影响由产业间联系引致的出口的重要因素。刘斌等（2016）认为，制造业服务化增加了企业出口额，提升了出口产品价格，增加了企业出口产品的种类，并扩大市场范围。从服务异质性角度来看，分销服务化对企业出口表现的影响最为明显。许和连等（2017）从微观层面研究了制造业投入服务化对企业出口国内增加值率（Export Domestic Value Added Ratio，EDVAR）的影响。研究发现，制造业投入服务化与企业出口国内增加值率存在着"U"型关系，成本降低和技术创新是制造业投入服务化提升企业 EDVAR 的可能渠道。张宏（2018）针对装备制造细分行业的研究表明，对装备制造业来说，制造业服务化的数量边际的效应更为显著。吕云龙等（2017）的研究表明，制造业出口的服务化会显著提高制造业的国际竞争力。龙飞扬等（2019）和祝树金等（2019）的研究也表明，制造业投入服务化能够显著提升出口产品质量，且这种促进作用会根据贸易方式、企业性质、技术密集度和地域分布等企业特征的不同而呈现不同程度的影响。

二、制造业服务化对制造业升级的影响

陈爱贞等（2016）从理论上充分论证了生产性服务业的集聚，帮助制造业实现结构升级和全球价值链攀升的内在机制。刘斌（2016）等则根据实证结果，得出了制造业服务化有助于提高中国企业全球价值链参与程度和全球价值链地位的结论。白清（2015）建立了多个理论模型，认为生产性服务业将通过服务外包、规模效应、全球价值链融合、高级知识要素投入等机制来促进制造业升级。高传胜（2008）基于中国投入产出数据进行研究，从服务异质性的角度说明了通信服务、金融服务、科教文卫服务对制造业升级的支撑作用较大，而商贸和交通运输对制造业全球价值链攀升的促进作用则相对较小。周大鹏（2013）借助投入产出数据构建的面板模型，量化分析了制造业服务化的产业升级效应，实证分析结果表明，服务要素投入的确对制造业升级具有显著影响，但服务要素投入对不同类型制造业升级的影响程度是不同的。胡昭玲等（2017）利用跨国面板数据进行实证研究，结果显示，制造业服务化可以通过技术创新来推动产业结构转型升级。戴翔（2020）则对制造业中不同的服务化路径进行区分，指出以国内服务投入占比表示的制造业服务化对全球价值链的攀升体现出显著正向影响，而以国外服务投入占比表示的制造业服务化则对全球价值链的攀升呈显著负向作用。

三、制造业服务化对制造业全要素生产率的影响

相关方面的研究相对丰富，主要从微观和宏观两个层面展开。

其一，从微观层面来看，国外学者 White 等（1999）、Reiskin 等（1999）、Fishbein 等（2001）的研究证实，制造业服务化通过优质服务要素供给，提高了企业组织管理效率，显著降低了企业的管理成本和生产成本。Grossman 等（2012）将服务任务环节引入柯布-道格拉斯生产函数后发现，服务要素的投入降低了企业生产成本，促进了企业生产率的提升。随后 Crozet 等（2017）对 1997—2007 的法国企业进行研究，发现企业在采用制造业服务化战略之后，利润率、雇佣人数、总销售额和产品销售额均获得不小的提升。Arnold 等（2011）运用世界银行企业调查的数据，测算了撒哈拉沙漠以南的非洲的 10 个国家共计 1000 多家企业 2001—2005 年的全要素生产率，发现服务业，特别是通信、电力、金融服务业的发展，与企业全要素生产率存在显著正相关关系。

其二，从宏观层面来看，大部分学者肯定了制造业服务化外包或制造业服务化对制造业生产率提升的积极作用。例如 Wolfmayr（2012）对奥地利制造业进行研究，发现服务外包对全要素生产率有显著正向的作用，对技术密集型行业作用更大，服务外包类型的差异与全要素生产率增长高度相关，知识密集型的服务外包因其传递知识的属性而影响最明显。Raa 等（2000）对 20 世纪 80 至 90 年代美国制造业的生产率复苏进行分析，同样证明了制造业服务化对生产率增长的正向作用。国内学者顾乃华等（2010a）基于中国产业、

地区视角，使用 2007 年中国省级投入产出数据进行研究，发现提高工业投入服务化程度能显著提高工业的增加值率和全要素生产率。吕越等（2017）利用 WIOD 数据库 2013 年的投入产出数据，也发现制造业服务化对企业全要素生产率具有显著的正向促进作用。方鸣等（2014）从在岸和离岸服务投入的角度进行研究，发现离岸服务投入有助于制造业全要素生产率的提升，而在岸服务投入的影响不显著，产业规模和出口强度的差异会影响这两种服务投入对制造业全要素生产率的作用。李晓慧等（2015）使用 1995 年、2002 年、2007 年的中国不同制造行业投入产出数据，计算了中国 28 个制造行业的投入服务化水平，并检验了投入服务化对制造业生产率的整体影响以及行业差异。研究发现，中国制造业投入服务化总体水平不高，并有下降趋势，投入服务化有利于制造业服务化的提高，但作用不明显；在行业差异方面，劳动密集型行业效应大于资本密集型行业效应，高技术行业与低技术行业的差异不明显。

但也有学者认为制造业服务化所带来的服务业扩张，有可能会挤占制造业的发展空间，产生所谓的"服务化困境"问题。Baumol（1967）最早开展这方面的研究，发现服务业增长的相对停滞，导致了结构变动和经济增长减速。Baumol（1967）提出了一个两部门非均衡增长模型，该模型显示了在部门间生产率增长不均衡的国家中，名义工资的上涨，使停滞部门的成本特别是工资成本不断积累。如果停滞部门的需求价格弹性较小，则会出现所谓的"成本病"现象；如果停滞部门的需求价格弹性较大，则会导致停滞部门规模萎缩，就服务业而言，即会导致服务质量的下降和服务供给的内部化。Baumol 于 1985 年在原有模型的基础上，引进了介于两部门之间的"渐进停滞部门"（Asymptotically Stagnant Sector），他发现停滞的服务部门的"成本病"对经济增长率的负面影响要比原模型讨论的负面影响更为严重。实现制造业服务化目标的企业，在生产运营过程中的经济效益有可能会不增反减的现象被称为"服务化陷阱"。Oliva 等（2003）认为造成这一现象的原因在于制造业服务化转型过程中存在客户不予接受、成本上升、风险增加、组织抵抗等多种障碍。Barquet 等（2013）研究认为，这些障碍将加大企业成本的管理难度，从而导致生产经营的非效率，不利于企业规模经济优势的发挥。程大中（2004）运用改进的两部门非均衡增长模型，对 1978—2004 年中国服务业的增长情况进行研究，发现中国整体服务业的劳动生产率增长是滞后的，并且这也是导致服务业就业份额增长的主要原因，印证了"成本病"的存在。臧成伟（2015）则从技术扩散的角度进行分析，认为服务业扩张本身并没有拉低经济增长率，而是通过降低技术扩散程度间接影响了经济增长率。

四、制造业服务化对劳动力就业的影响

制造业服务化有利于产业结构升级，进而对劳动力要素结构产生影响。Tomlinson（1999）通过对英国生产者服务业进行调查研究，结果表明，生产者服务业的发展有利于人才的流动及知识的拓展，尤其对于知识密集型行业的从业人员来讲，需要不断地进行团队学习，提升自身个人能力的同时，还要进行工作岗位的轮换，积累新的工作经验，为自身的发展提供更为广阔的前景，这就使得高知识含量的生产者服务业对人才具有更强的吸引

力。Francois 等（2015）通过对 OECD 成员投入产出表数据的分析发现，服务要素投入比例的增加促进了制造业产业值的增加与就业人口数量的提升，并且这种促进作用在高科技服务行业中尤为显著。Edquist（1997）认为这种现象出现的原因在于制造业的高科技要素依赖于知识密集型的服务业知识的创新与积累，因此，制造业的发展促使与之配套的高科技服务行业就业人口规模的急剧扩张。Falk 等（2013）通过实证研究发现，制造业服务化转型进程的加速增加了知识密集型服务行业（如金融服务、商业咨询等行业）的就业人数，但对较为基础的服务业领域，如办公室文员的就业情况无显著的影响。国内学者白玲等（2009）研究发现，由于我国生产者服务业的发展滞后，生产者服务业内部存在着发展的结构性失衡，因此这些行业对高端人才的吸纳能力不足。田喜洲（2010）利用 2009 年投入产出表的数据，运用参数估计手段，研究生产者服务业的就业状况及制造业发展对这些行业就业的影响。研究结果表明，制造业发展仅对交通运输、仓储邮电及批发零售等行业影响较大，对其他行业的影响并不显著。郭怀英（2013）指出，产出服务化在就业方面表现很突出。从就业构成看，企业内部承担非制造职能的员工，比如承担管理、科技研发、品牌销售等服务活动的员工人数快速增长，白领的占比甚至已经超过蓝领，其结果就是生产性服务业就业增长远超过总就业增长和其他服务业就业增长。肖挺（2016）利用 2010—2015 年的投入产出表数据，实证研究了第二、第三产业融合与服务业就业人数比例以及分行业就业人数变化等变量的关系。研究结果表明，在控制了市场竞争度以及城市化水平等因素后，制造业服务化水平与服务业就业人数比例显著正相关，但对不同行业就业人数变化的影响是不均衡的。马述忠等（2019）基于工资收入的视角研究了制造业服务化对就业的影响。结论显示，制造业服务化水平越高的企业，工资水平越高；反之，制造业服务化水平越低的企业，工资水平越低。并且不同领域的服务投入对企业工资水平所带来的影响差异很大，其影响力度由高到低排序为分销、交通、金融、信息。因此，制造业服务化的提升有利于改善就业人员的工资水平。

五、制造业服务化对制造业污染减排的影响

当前已经有学者关注到了制造业服务化的环境效应，如陈艳莹等（2009）从产出和投入两个角度来对其进行论述。其一，在产出方面，如果企业以产品为平台提供出租服务，那么可以用更少的产品来满足消费者的需求，从而减轻环境的资源负荷。而且当大型制造企业转型为专业的服务提供企业时，由于规模优势的存在，因此可以通过消耗较少的资源而达到预期的效果。其二，从投入的角度来看，在生产的过程中部分资源要素被人力资本、知识资本、技术资本替代，对自然资源的依赖减少，并将生产性服务外包给专业化的供应企业，可以实现生产效率的提升和资源消耗的减少。

但在新型国际分工模式下，污染气体的排放随着全球价值链发生了转移，最直接的表现即为各国在制造业服务化过程中面临着碳排放的问题。目前只有少数学者的研究涉及了制造业服务化与碳排放以及碳生产率关系的研究。王向进等（2018）基于全球价值链视角，检验了制造业服务化对产业碳排放的影响。研究结果显示，制造业服务化通过推进产业结

构升级而减少产业碳排放,从而使碳生产率提高。黄玉霞等(2020)研究了制造业服务化与完全碳排放强度之间的关系,发现制造业服务化可以降低制造业完全碳排放强度。饶畅(2013)实证检验了广东省制造业服务化对碳生产率的影响,分析了制造业服务化是否通过提高碳生产率而促进环境效益的提高。研究结果显示,制造业服务化对碳生产率的影响可以分为短期和长期两个阶段,在短期内制造业服务化会降低碳生产率,而在长期中碳生产率会随制造业服务化水平的提高而提高。郑国姣等(2019)将关注点放在了中国装备制造业投入服务化水平与绿色全要素生产率上,就提高绿色全要素生产率而言,高端服务要素投入与低端服务要素投入具有明显差异,高端服务要素投入的促进效应大于低端服务要素投入。葛美瑜(2019)采用WIOD数据库的数据测度制造业服务化水平,并实证分析了其与碳排放之间的关系,研究发现,碳排放水平与服务化水平呈现明显的"倒U"型关系,且制造业服务化在碳减排效应上存在行业与投入要素的异质性。

第五节　研究述评

随着全球产业结构的不断调整,制造业服务化已经成为众多国家推进产业转型升级的重要战略。基于这样的时代背景,关于制造业服务化的研究也日益丰富,总体上体现出以下三个方面研究趋势。

第一,在全球价值链分工的背景下,由于贸易流向的日益复杂和传统贸易指标的"乏力",基于多区域投入产出模型,结合增加值贸易核算的方法可以更好地厘清各国之间中间品的贸易往来,较好地克服贸易折返和重复计算等问题。因此,如何基于这些前沿的全球价值链测度方法构建出测度制造业服务化水平的科学指标体系将成为一个重要研究方向。

第二,目前对制造业服务化的相关研究要么从宏观产业层面展开,要么从微观企业层面展开。如何从理论和实证两方面将宏观与微观结合起来,"自上而下"地进行系统性研究将成为一大趋势。这一方面既需要经济学理论和管理学理论的有机融合,另一方面又需要宏观数据库和微观数据库的不断更新整合。尤其是我国关于制造业服务化的微观数据库,相比全球上市企业数据库(OSIRIS)、全球企业数据库(ORBIS)等国外优质企业数据库而言,亟须进一步建设完善,才能为相关的微观研究提供更可靠的数据基础。

第三,目前关于制造业服务化的经济效应的研究相对较多,但是关于制造业服务化对就业结构及污染减排等方面的相关研究还相对匮乏。因此,从新的视角去研究制造业服务化的影响效应,形成该领域的系统研究有助于我们全面评估制造业服务化的潜在影响,进而更好地把握制造业服务化的相关问题。

本章思考题

(1)如何从宏观、微观的双重层面理解制造业服务化的内涵?

（2）制造业服务化与制造业空心化的区别何在？
（3）请论述制造业服务化会对我国劳动力就业总量及就业结构分别产生何种影响。
（4）请论述制造业服务化会对我国制造业污染减排产生何种影响。

参考文献

安筱鹏，2012.制造业服务化路线图：机理、模式与选择[M].北京：商务印书馆.
白玲，刘琳，2009.生产者服务业与我国高素质劳动力就业问题研究[J].理论与现代化（5）：57-63.
白清，2015.生产性服务业促进制造业升级的机制分析：基于全球价值链视角[J].财经问题研究（4）：17-23.
陈爱贞，刘志彪，张少军，2016.中国装备制造业创新的二元分工网络制约[J].厦门大学学报（哲学社会科学版）（3）：10-20.
陈漫，张新国，2016.经济周期下的中国制造企业服务转型：嵌入还是混入[J].中国工业经济（8）：93-109.
陈艳莹，叶良柱，2009.制造业服务化的环境效应[J].商业研究（8）：59-62.
程大中，2004.中国服务业增长的特点、原因及影响：鲍莫尔—富克斯假说及其经验研究[J].中国社会科学（2）：18-32.
程大中，程卓，2015.中国出口贸易中的服务含量分析[J].统计研究，32（3）：46-53.
戴翔，2016.中国制造业出口内涵服务价值演进及因素决定[J].经济研究，51（9）：44-57.
戴翔，2020.制造业服务化与价值链攀升：来自中国经验证据[J].西安交通大学学报（社会科学版），40（5）：37-52.
方鸣，刘晨旭，2014.投入服务化对工业行业全要素生产率的影响研究：基于在岸和离岸服务投入的细分视角[J].财贸研究，25（4）：64-70.
高传胜，2008.中国生产者服务对制造业升级的支撑作用：基于中国投入产出数据的实证研究[J].山西财经大学学报（1）：44-50.
顾乃华，夏杰长，2010a.对外贸易与制造业投入服务化的经济效应：基于2007年投入产出表的实证研究[J].社会科学研究（5）：17-21.
顾乃华，夏杰长，2010b.生产性服务业崛起背景下鲍莫尔—富克斯假说的再检验：基于中国236个样本城市面板数据的实证分析[J].财贸研究，21（6）：14-22.
郭怀英，2013.制造业服务化趋势及其启示[J].现代产业经济（6）：21-27.
葛美瑜，2019.制造业投入服务化对碳减排的溢出效应研究[J].环境科学与管理，44（12）：21-25.
胡查平，胡琴芳，2020.制造业服务化战略竞争优势构建的理论框架：基于制造业的多案例分析[J].中国流通经济，34（4）：87-99.
胡昭玲，夏秋，孙广宇，2017.制造业服务化、技术创新与产业结构转型升级：基于WIOD跨国面板数据的实证研究[J].国际经贸探索，33（12）：4-21.
黄群慧，霍景东，2014.全球制造业服务化水平及其影响因素：基于国际投入产出数据的实证分析[J].经济管理，36（1）：1-11.

黄玉霞，谢建国，2020. 全球价值链下投入服务化与制造业增值能力：基于世界投入产出数据库的实证分析 [J]. 国际商务（对外经济贸易大学学报）（1）：10-26.

简兆权，伍卓深，2011. 制造业服务化的内涵与动力机制探讨 [J]. 科技管理研究，31（22）：104-107.

龙飞扬，殷凤，2019. 制造业投入服务化与出口产品质量升级：来自中国制造企业的微观证据 [J]. 国际经贸探索，35（11）：19-35.

吕越，李小萌，吕云龙，2017. 全球价值链中的制造业服务化与企业全要素生产率 [J]. 南开经济研究（3）：88-110.

吕云龙，吕越，2017. 制造业出口服务化与国际竞争力：基于增加值贸易的视角 [J]. 国际贸易问题（5）：25-34.

刘斌，魏倩，吕越，等，2016. 制造业服务化与价值链升级 [J]. 经济研究，51（3）：151-162.

李晓慧，邹昭晞，2015. 制造业投入服务化的生产率效应分析 [J]. 首都经济贸易大学学报，17（2）：39-45.

马风华，李江帆，2019. 制造业服务化困境研究动态 [J]. 科技进步与对策，36（16）：155-160.

马述忠，许光建，2019. 出口制造业服务化与实际工资水平 [J]. 浙江大学学报（人文社会科学版），49（1）：93-108.

彭水军，李虹静，2014. 中国生产者服务业、制造业与出口贸易关系的实证研究 [J]. 国际贸易问题（10）：67-76.

彭水军，袁凯华，2016. 全球价值链视角下中国加工贸易的升级演进 [J]. 经济学家（10）：96-104.

饶畅，2013. 制造业投入服务化对碳生产率影响的理论建模和实证检验：以珠三角为例 [J]. 经济与管理，27（6）：81-86.

孙林岩，李刚，江志斌，等，2007. 21世纪的先进制造模式：服务型制造 [J]. 中国机械工程（19）：2307-2312.

田喜洲，2011. 制造业对生产性服务业就业的影响空间与机制 [J]. 华中科技大学学报（社会科学版），25（3）：73-79.

王向进，杨来科，钱志权，2018. 制造业服务化、高端化升级与碳减排 [J]. 国际经贸探索，34（7）：35-48.

许和连，成丽红，孙天阳，2017. 制造业投入服务化对企业出口国内增加值的提升效应：基于中国制造业微观企业的经验研究 [J]. 中国工业经济（10）：62-80.

肖挺，2016. 制造业国际贸易对服务化就业结构变迁影响的实证研究 [J]. 世界经济研究（11）：101-111.

徐盈之，孙剑，2009. 信息产业与制造业的融合：基于绩效分析的研究 [J]. 中国工业经济（7）：56-66.

徐振鑫，莫长炜，陈其林，2016. 制造业服务化：我国制造业升级的一个现实性选择 [J]. 经济学家（9）：59-67.

郑国姣，常冉，2019. 中国装备制造业服务化与绿色全要素生产率研究：基于新型国际分工下的GVC视角 [J]. 技术经济与管理研究（10）：3-8.

周大鹏，2010. 制造业服务化研究：成因、机理与效应 [D]. 上海：上海社会科学院.

周大鹏，2013. 制造业服务化对产业转型升级的影响 [J]. 世界经济研究（9）：17-22.

祝树金，谢煜，段凡，2019. 制造业服务化、技术创新与企业出口产品质量 [J]. 经济评论（6）：3-16.

臧成伟，2015. 服务业扩张对经济增长率的影响：基于结构调整影响技术扩散的视角 [D]. 济南：山东大学.

ACEMOGLU D, GUERRIERI V,2008. Capital deepening and nonbalanced economic growth[J]. Journal of political economy, 116(3): 467-498.

ARNOLD J M, JAVORCIK B S, MATTOO A, 2011.Does services liberalization benefit manufacturing firms?: Evidence from the Czech Republic[J]. Journal of international economics, 85(1): 136-146.

BAINES T S, LIGHTFOOT H W, BENEDETTINI O, et al.,2009. The servitization of manufacturing: a review of literature and reflection on future challenges[J]. Journal of manufacturing technology management, 20(5): 547-567.

BARQUET A P B, DE OLIVEIRA M G, AMIGO C R, et al.,2013. Employing the business model concept to support the adoption of product–service systems(PSS)[J].Industrial marketing management,42(5): 693-704.

BAUMOL W J,1968. Reasonable rules for rate regulation: plausible policies for an imperfect world[M]// PHILLIPS A, WILLIAMSON O E. Prices: issues in theory, practice and public policy. Philadelphia: University of Pennsylvania Press: 108-123.

CROZET M, MILET E, 2017. Should everybody be in services? The effect of servitization on manufacturing firm performance[J]. Journal of economics &management strategy, 26(4): 820-841.

DANOWSKI J A, CHOI J H,1998. Convergence in the information industries: telecommunications, broadcasting and data processing 1981—1996[J]. Progress in communication sciences: advances in telecommunications,15: 125-150.

DESMET S, VAN DIERDONCK R, VAN LOOY B, et al.,2003. Servitization: or why services management is relevant for manufacturing environments[M]//GEMMEL P, VAN LOOY B, VAN DIERDONCK R. Services management: an integrated approach. London: Pearson: 430-441.

EDQUIST C,1997. Systems of innovation: technologies, institutions and organizations[M]. London: Routledge.

FALK M, PENG F,2013. The increasing service intensity of European manufacturing[J]. The service industries journal, 33(15/16): 1686-1706.

FANG E, PALMATIER R W, STEENKAMP J-B E M, 2008. Effect of service transition strategies on firm value[J]. Journal of international marketing,72(5): 1-14.

FISHBEIN B, GARRY M C, DILLON P S, 2001. Leasing: a step toward producer responsibility[J]. Journal of industrial ecology, 5(4): 118-120.

FRANCOIS J, MANCHIN M, TOMBERGER P,2015. Services linkages and the value added content of trade[J].The world economy,38(11): 1631-1649.

GAMBARDELLA A, TORRISI S,1998. Does technological convergence imply convergence in markets? Evidence from the electronics industry[J]. Research Policy, 27: 445-463.

GROSSMAN G M, ROSSI-HANSBERG E,2012.Task trade between similar countries[J]. Econometrica: journal of the econometric society, 80(2): 593-629.

HUMMELS D, ISHII J, YI K M, 2001.The nature and growth of vertical specialization in world trade[J]. Journal of International Economics, 54(1): 75-96.

KINNUNEN R-E,2011.Servitization of manufacturing companies-framework for analyzing servitization capabilities[D]. Helsinki: Aalto University.

KOOPMAN R, WANG Z, WEI S J,2008.How much of Chinese exports is really made in China?Assessing domestic value-added when processing trade is pervasive: NBER working paper(14109) [R/OL].[2022-07-02]. https://www.nber.org/system/files/working_papers/w14109/w14109.pdf. DOI: 10.3386/w14109.

LAY G, COPANI G, JÄGER A, et al., 2010.The relevance of service in European manufacturing industries[J]. Journal of service management, 21(5): 715-726.

MAKOWER J,2001. The clean revolution: technologies from the leading edge: Global Business Network Worldview Meeting,May 14-16[C/OL]. [2019-05-09]. https://cleanedge.com/download/file/fid/258.

MARTINEZ V, BASTL M, KINGSTON J, et al., 2010.Challenges in transforming manufacturing organizations into product-service providers[J]. Journal of manufacturing technology management, 21(4): 449-469.

NEELY A, 2007. The servitization of manufacturing: an analysis of global trends: 14th European Operations Management Association Conference[C/OL].[2023-07-06]. https://www.researchgate.net/publication/237137711_The_servitization_of_manufacturing_an_analysis_of_Global_Trends.

NEELY A,2008. Exploring the financial consequences of the servitization of manufacturing[J]. Operations management research,1(2): 103-118.

OLIVA R, KALLENBERG R, 2003.Managing the transition from products to services[J]. International journal of service industry management, 14(2): 160-172.

RAA T T, WOLFF E N, 2000. Engines of growth in the US economy[J]. Structural change and economic dynamics, 11(4): 473-489.

REINERT K A, ROLAND-HOIST D W,1997. Social accounting matrices[M]// FRANCOIS J F, REINERT K A. Applied methods for trade policy analysis: a handbook. Cambridge: Cambridge University Press: 94-121.

REISKIN E D, WHITE A L, JOHNSON J K, et al., 1999. Servicizing the chemical supply chain[J]. Journal of industrial ecology,3(2/3): 19-31.

SZALAVETZ A,2003. Tertiarization' of manufacturing industry in the new economy: experinces in Hungarian companies: IWE working paper(134) [R/OL].[2023-07-05]. https://vgi.krtk.hu/en/publikacio/no-134-2003-03/.

TOFFEL M W, 2002.Contracting for servicizing: Harvard Business School working paper (08-063)[R/OL].(05-15)[2023-07-11]. https://www.hbs.edu/ris/Publication%20Files/08-063_17bf1f50-d901-42e6-8adf-70e832ba49a7.pdf.

TOMLINSON M, 1999. The learning economy and embodied knowledge flows in Great Britain[J]. Journal of evolutionary economics, 9(4): 431-451.

VANDERMERWE S, RADA J,1988. Servitization of business: adding value by adding services[J]. European management journal, 6(4): 314-324.

WHITE A L, STOUGHTON M, FENG L,1999. Servicizing: the quiet transition to extended product responsibility: US Environmental Protection Agency Office of Solid Waste[R/OL].[2023-07-13]. https://www.greenbiz.com/sites/default/files/document/O16F7332.pdf.

WOLFMAYR Y,2012. Export performance and increased services content in manufacturing[J]. National institute economic review, 220(1): R36-R52.

第八章

出口国内增加值率的研究动态

本章学习目标

- 了解出口国内增加值率核算的背景;了解案例研究的优点和局限;了解单区域投入产出模型与多区域投入产出模型之间的区别。
- 熟悉垂直专业化与出口国内增加值率的联系和区别;熟悉微观计量测度的优点和局限;熟悉出口国内增加值率的影响因素。
- 掌握出口国内增加值率核算的演化路径;掌握前向关联、后向关联与超越里昂惕夫范式的分解范式;掌握区分贸易类型下的投入产出核算与微观计量方法。

本章思维导图

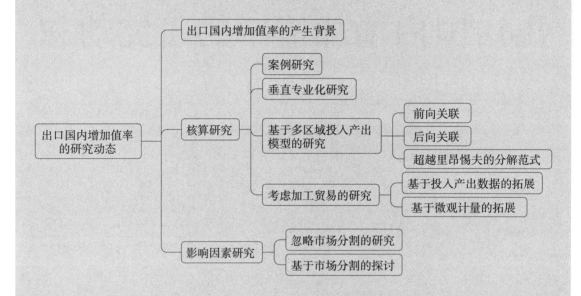

第一节　出口国内增加值率产生的背景

伴随生产力的快速发展与通信成本、关税壁垒的降低，"任务化"与"碎片化"的全球价值链模式不断普及。借助于国际贸易这一媒介，发达国家通过外包组装加工业务，集中精力进行产品内的高附加值环节的生产，而发展中国家则更多地利用成本优势完成产品生产的最后一环。然而，随着中国产业的快速发展，这种利用成本优势的产业发展模式，不仅难以推动产业转型升级，也与党的二十大报告中强调的"增强国内国际两个市场两种资源联动效应""推动货物贸易优化升级"等重要发展目标背道而驰。不同于李嘉图模型下的"葡萄牙葡萄酒和英国布匹的交易"，全球价值链使得人类社会逐步由产品交换走向环节交换，由产品间分工走向了产品内分工。各个国家都要进口中间品进行产品生产，这不仅导致了中间品贸易的盛行，还同样使一件商品多次穿越国境，使传统的海关统计总额无法准确反映各国的真实所得。为了应对全球价值链下"所见非所得"的难题，相关研究开始聚焦于出口国内增加值率视角，探寻一个国家产品出口的真实所得及其背后的影响因素。实际上，出口国内增加值率不仅体现了产品价值来源中的国内增加值比重，还是衡量一个国家在全球价值链中地位与竞争力的关键指标。

与传统的统计口径不同，出口国内增加值率的核算并非基于海关统计总额这一名义指标，而是基于国内生产总值的视角，更加明确地体现了出口商品在国内产生的价值增值幅度。党的二十大报告明确指出，要"坚持把发展经济的着力点放在实体经济上，推进新型工业化，加快建设制造强国、质量强国"。在这一战略的指引下，提升出口国内增加值率，优化产业结构，推动我国产业向价值链高端攀升，显得尤为重要。近年来，在国际竞争日益激烈的背景下，作为中国科技企业的佼佼者，华为积极响应国家战略，积极推动核心技术国产化进程。尤其是在面对美国层层加码的科技封锁下，华为突破重围，自主研发出了全新的麒麟系列芯片和鸿蒙系统，得到了市场的广泛认可，提升了我国在全球价值链中的地位和竞争力，展现出中国企业强大的自主创新能力和市场竞争力。上述事实意味着，明晰出口国内增加值率对经济的影响及其机制，对于提升产业链、供应链韧性和安全水平具有重要意义。基于此，本章按照研究方法与研究视角的不同，对出口国内增加值率的核算与影响因素进行讨论分析。

第二节 出口国内增加值率的核算研究

一、案例研究

受制于数据收集难和统计方法待改进，系统性的国内增加值率研究无法实现。早期的研究主要利用案例分析工具，探索个别产品中不同国家的价值创造比率。在案例研究方面，最早的文献可以追溯到芭比娃娃的全球分工案例。通过对芭比娃娃的生产链条进行剖析，Tempest（1996）发现，芭比娃娃的全球化分工十分不均。在售价 10 美元的单位商品中，中国内地获取了 35 美分的劳动报酬、中国香港获取了 65 美分的原材料与运输报酬，剩余的大多数价值都被美国攫取。基于诺基亚 N95 手机的案例，Ali-Yrkkö 等（2011）发现，在该手机的整个价值链条中，欧盟成员占据了半数以上的价值份额，但承担组装加工任务的中国，仅仅获得 2.1% 的价值份额。基于 iPad 供应链的分析，Linden 等（2009）发现一台售价 299 美元的产品，其出厂价格仅为 144 美元。并且在这 144 美元的价值构成中，只有 4 美元的价值归属中国的代工厂商，绝大多数的价值份额依次被日本、美国、韩国等国家获取。基于 iPhone 的价值构成，Xing 等（2010）发现，虽然中国是全球最大的 iPhone 成机出口国，但是中国出口每台 iPhone 的获利不足 4%。若不考虑全球价值链分工，2007—2009 年中国出口到美国的 iPhone 手机价值分别为 6.87 亿美元、9.22 亿美元和 20.23 亿美元。但是，如果追溯出口增加值的要素来源，iPhone 从中国出口到美国的真实价值仅为 0.20 亿美元、0.34 亿美元与 0.73 亿美元。显然，相比其他协作伙伴，中国制造业出口盈利能力最为薄弱。考虑到 iPhone 与 iPad 都是典型的国际分工产物，Kraemer 等（2011）同时比较了两种产品的价值构成，以期为政策制定者提供有效参考。他们发现，随着时间的推移，生产链条中的价值构成有所变动。随着自身实力的不断提升，韩国逐渐超过了日本，成为 iPhone 与 iPad 生产链条中的重要投入来源地。不过，中国制造业在产品出口中的获利份额仍在 2% 上下徘徊。如同 Lamy（2010）的研究指出，由于中国是依靠低廉的组装成本并大量进口国外中间品来完成商品生产最后一环的，因此中国出口商品的价值多数不是由中国创造的。

除了以上针对案例的研究，还有许多立足于其他商品的出口增加值率的核算研究。如波音飞机（Antràs, 2003）与汽车（Baldwin et al., 2015）。基于单个产品的案例分析，可以最大限度上利用微观信息，追溯商品的生产环节和价值来源。不过，这一范式无法大面积推广。一方面，案例分析需要精确的财务信息，但并非所有的商品都会准确记载每个生产环节的投入来源。另一方面，案例分析只能分析单个商品的出口国内增加值率的构成，这显然无法代表行业的整体情况。

二、垂直专业化研究

随着越来越多的发展中国家参与全球价值链分工，如何客观测度每个国家的整体所得日趋重要。为了厘清这一问题，投入产出技术方面的学者开始利用相关数据，进行了行业层面的宏观补充研究。垂直专业化是指在分工协作不断提升的背景下，各个国家都只从事产品内某一环节或某些环节分工的现象。由于垂直专业化分工涉及价值分配，因此垂直专业化与出口国内增加值率之间存在着密切关联。

在现实运用中，尽管Hanson（2005）、Athukorala等（2006）从产品层面研究了垂直专业化的测度，不过由于他们的研究范式无法运用于出口国内增加值率的核算，本章的垂直专业化测度主要基于投入产出系统核算范式。为了区分出口产品中的国内增加值和国外增加值比例，Hummels等（2001）率先构造了测度垂直专业化的指标体系。他们认为测度垂直专业化的指标可以分为VS、VS1两类指标。其中VS指标是指一国出口中使用的进口中间品比例；VS1指标则是一国出口中被他国用于生产出口的比例。VS1指标需要考虑国家间的投入产出关联，但由于当时国家间的投入产出数据较难获取，因此他们主要利用单个国家的投入产出表进行了VS指标的核算。在此基础上，Daudin等（2011）进一步将一国出口中被他国进口用于生产最终品后又被进口回本国的中间品设定为VS1*指标，从而更加丰富了垂直专业化指标的核算研究。不过，相较于VS指标，VS1、VS1*指标不但计算繁琐，而且无法对出口国内、出口国外增加值进行区分。由于出口国内增加值率可以在某种程度上与1减VS等同，因此，VS指标在后续的应用中更为普遍。如利用中国1992年、1997年与2000年的竞争性投入产出表，北京大学中国经济研究中心课题组在2005年测算了中美贸易中的垂直专业化比例。研究发现，日韩对中国的中间品出口在中国向美国出口的垂直专业化程度中约占1/3，这揭示了中国与日韩一同协作完成东亚产业链分工的典型事实。利用中国的非竞争性投入产出数据，黄先海等（2007）发现，1992—2003年中国制造业出口的垂直专业化程度已由16.8%上升至29.4%。利用OECD于2009年提供的单国投入产出数据，文东伟等（2010）比较了中国与主要国家的垂直专业化差异。研究发现，尽管中国制造业的垂直专业化程度较低，但是整个观察期内的增幅却远远高于大多数国家。此外，考虑到垂直专业化可以有效区分国内、国外投入来源，部分研究开始利用这一框架剔除国外投入，这造成技术含量的高估。通过构建国内技术含量指标，姚洋等（2008）发现，中国虽然出口了更多的高技术产品，但相对而言，出口的整体技术含量没有提高，并且国内产品的技术含量迅速下降。类似地，杜传忠等（2013）亦通过剔除出口商品中所包含的进口中间品价值，分别从全国、产业及地区三个层面对2002—2011年中国工业制成品出口的国内技术复杂程度进行了核算和分析。

虽然VS指标得到了相对广泛的运用，不过，受制于数据和技术条件，VS指标自身同样存在着严重的局限性。一方面，该指标假设在国际分工中既不存在一国进口中间品加工成半成品又出口到国外的情况，也不存在一个国家将其出口后的产品再进口的情况。但是根据iPhone和iPad的分工案例，由于产品的生产日趋复杂，中间品多次穿越国境的迂回贸易十分普遍。另一方面，VS 指标假设进口的国外中间品会等比例地用于生产国内最终品和出口最终品。这种情况可能契合发达国家的实际，却背离了中国与墨西哥的分工现实。由于中国和墨西哥都是通过低廉的成本优势并借助加工贸易承接国外需求，其加工出口的国外增加值率势必高于内销产品的国外增加值率。因此，如何拉近 VS 指标与现实世界的距离，成为后续研究的重要方向。

三、基于多区域投入产出模型的研究

为了考察中间品重复穿越国境的迂回贸易，后续学者开始借助国家间的投入产出表进行相关拓展。相比 Hummels 等（2001）使用的单国投入产出表，国家间投入产出表又被称为多区域投入产出表，此类投入产出数据提供了国家（区域）之间中间投入与最终需求的往来信息，为我们详细地刻画中间品贸易提供了充足的便利。

按照研究范式的不同，最早可以追溯到 Wang 等（2009）的研究。通过首次运用亚洲国家间投入产出数据，他们率先进行了 VS 指标研究假设的修补。基于后向关联视角，Wang 等（2009）将出口拆分成国外增加值和国内增加值，其中国内增加值不仅包括了直接出口增加值还纳入了通过中间品出口又回流到本国的增加值。这就使得间接出口增加值的核算成为可能，更加契合了国际分工现实。不过，在中间品多次穿越国境情形下，中间品存在多次于海关统计口径累积的可能。为了进一步消除重复统计，Johnson 等（2012）开始利用前向关联，按照最终需求目的地的原则，进行出口国内增加值总额的测度。由于最终商品无须多次穿越国境，因此 Johnson 等（2012）的测度范式有效剔除了重复统计的部分。不过稍显遗憾的是，受限于测度范式，他们的研究指标仅适用于国家层面的出口国内增加值率核算，无法直接运用于单个部门的核算（Wang et al., 2013）。因此，前向关联仅在单纯考虑出口国内增加值总额的研究中适用（Zhao et al., 2017；Duan et al., 2019）。为了弥补后向关联和前向关联的不足，Koopman 等（2014）与王直等（2015）分别基于国家维度和部门维度，给出了超越里昂惕夫的分解范式。不同于单纯的后向关联和前向关联，超越里昂惕夫的分解范式将出口总额分解为出口国内增加值、折返的国内增加值、国外增加值与重复统计的部分。由于他们的指标不仅细化了出口总额的构成，更进一步搭建了与早期指标的关联，因此他们也成为出口国内增加值率研究的集大成者。

受其影响，国内学者开始利用超越里昂惕夫的分解范式，进行出口国内增加值率的研究。如利用细分的制造业行业数据，王岚（2014）发现 1995—2009 年，中国制造业中大部分行业的出口国内增加值率有较明显的下降，其中煤炭、炼油和核燃料、基础金属和合金、机械、电子和光学仪器以及运输设备等行业下降得尤为明显。利用 1995—2011 年中国与欧盟之间双边制造业贸易数据，高运胜等（2015）发现，中国出口至欧盟的制成品，在国家层面的国内增加值率呈现 75.46%～81.93% 的下滑，并且资本技术密集型行业的下滑幅度低于劳动密集型行业。通过跨国之间的数据对比，Yu 等（2018）进一步印证了中国制造业出口国内增加值率偏低的困境。基于中国和主要国家 2011 年的投入产出数据，韩中（2020）发现与美国、日本等发达国家相比，中国长期处于全球价值链中低端的生产环节，价值增值能力相对较弱，在出口过程中 21.77% 的增加值来自国外中间创造，这表明国外投入借助中间品进口的形式，被中国使用后再出口到全球市场。利用 2000—2014 年主要国家的生产性服务业数据，黄蕙萍等（2020）发现，中国生产性服务业的出口国内增加值率整体上低于美国、日本、英国和印度，这表明中国生产性服务业的价值创造能力弱于上述样本国家。此外，还有部分学者通过出口国内增加值率与量化工具的结合，进行了其他方面的补充分析。如利用微观计量手段，Shen 等（2018）发现中国对美国劳动就业的影响受到行业双边全球价值链位置的影响。利用社会网络分析，Zhou 等（2019）发现中国的全球价值链参与程度已经逐步实现了边缘位置向核心区域的攀升。利用数据包络分析法和广义矩估计法，Yao 等（2021）发现国家之间的增加值贸易显著提升了能源效率。

值得注意的是，以上研究虽然丰富了我们对于出口国内增加值率和中国出口总额构成的认知，却与中国出口的发展现状仍然存在一定的差距。这是因为，与发达国家不同，中国占据了全球 67% 的加工贸易份额（刘维林，2015）。国务院发展研究中心信息网的相关数据显示，2022 年的来料加工贸易、进料加工贸易、出料加工贸易总共占据了中国进出口贸易 20.09% 的份额。作为全球价值链中外包及组装加工环节的产物，加工贸易的中间品主要依靠国外供给，最终品亦是为了满足国外市场。因此，在加工贸易和一般贸易生产结构差异较大的情形下，简单地将两者等同可能无法获取中国制造业出口国内增加值率的变动特点，致使核算结果存在一定偏差。

四、考虑加工贸易的研究

（一）基于投入产出数据的拓展

鉴于核算偏差主要源于投入产出数据无法提供有效的区分，不少学者尝试借助于贸易类型统计数据，进行投入产出数据的二次拓展。如 Chen 等（2008）首次提出了区分加工贸易的核算模型，不过他们并未给出投入产出数据的具体核算方法。运用海关进出口数据与中美两国的宏观统计数据，Lau 等（2007）通过将生产活动区分为内销、加工贸易与一般贸易三部分，给出了可以区别贸易类型投入产出数据的具体核算范式，并核算了中美之间的出口国内增加值率。研究发现，美国单位产品出口至中国的国内增加值率是中国单位产品出口至美国的两倍。不过，他们的核算范式并未考虑不同统计口径的误差。鉴于不同国家之间的海关统计质量与实际出口存在较大差异，如何最大限度提高数据利用效率并充分反映贸易类型差异成为后续研究的关注重点。为此，Koopman 等（2012）通过受约束最优化方法，按照残差最小化的原则，列出了 1997 年、2002 年与 2007 年区分贸易类型的投入产出数据。研究发现，如果单纯使用 VS 指标进行核算，中国制造业的出口国内增加值率将会集中在 72.9%～81.1%，但如果区分贸易类型，将会发现，中国制造业的出口国内增加值率集中在 50.0%～59.7%。类似地，考虑到外资企业在生产过程中更加依赖于国外中间投入，Ma 等（2015）、Tang 等（2020）亦利用海量微观信息，进行了对区分企业所有制的中国投入产出数据的拓展。他们发现,忽略外资企业的核算同样可能导致核算偏差。不过,以上投入产出数据的拓展都是基于单国投入产出表进行的,受制于单国投入产出表无法刻画迂回贸易的弊端,这可能导致 VS 指标的第一个假设无法修正。鉴于此,Koopman 等(2014)利用 UN Comtrade Database 和全球贸易分析模型数据库(GTAP),基于受约束的最优化方法进行了区分贸易类型的多区域投入产出数据建模。同样地,在国内层面,段玉婉等(2018)亦进行了区分贸易类型的多区域投入产出数据建模。研究发现,忽略加工贸易将严重高估各区域的出口国内增加值率,夸大区域间实际出口的价值差异,使一些变量的时间变化趋势与实际相反。利用 1997—2015 年的中国投入产出数据,Chen 等(2020)进一步比较了更长样本时期内,考虑或忽略贸易类型下的出口国内增加值率之间的差异。

需要说明的是,由于投入产出的数据拓展十分困难,因此除 Koopman 等(2014)、段玉婉等(2018),已有的研究大多是基于单国投入产出表进行拓展的。这虽然降低了数据处理的难度,却也间接导致了迂回贸易的难以识别。并且,在现实世界中,不仅仅是贸易类型存在异质性特点,所有制结构和区域差异同样是影响出口国内增加值率的重要因素。考虑到不同群体之间都存在着投入产出类型的差异,而投入产出核算又对数据结构十分敏感。这意味着,如果我们想要利用投入产出核算得到更为详实的结果,就必须不断提高研究难度。此外,对过于宏观的部门研究亦会忽略不同个体的异质性特点,这会使全球价值链核算与异质性贸易研究处于相对割裂的状态。

(二)基于微观计量的拓展

事实上,除了在行业层面进行宏观研究,不少学者开始利用微观计量方法,进行区分贸易类型的出口国内增加值率的核算研究。

如利用中国工业企业数据与海关进出口数据,Upward 等(2013)首次将 VS 指标推广至企业的出口国内增加值率层面。由于海关进出口数据不仅记载了贸易类型,同时根据广义经济类别分类(Classification by Broad Economic Categories,BEC)进行中间投入、最终需求的区分,因此有效摆脱了对于投入产出表的依赖,充分测度了不同贸易类型的出口国内增加值率。他们发现,中国制造业的出口国内增加值率呈现不断攀升的趋势,已由 2003 年的 53% 攀升至 2006 年的 60%。借鉴这一研究思路,Zhang 等(2012)利用 2008 年的海关进出口数据对出口国内增加值率进行核算。研究发现,中国加工贸易的出口国内增加值率仅为 44%,一般贸易的出口国内增加值率却高达 90%。尽管 Upward 等(2013)首次将 VS 指标推广至企业层面,但是这一指标不仅缺乏直接的微观经济基础,同样忽视了全球价值链的迂回贸易特点。鉴于以上不足,Kee 等(2016)首次基于一个微观局部均衡的分析框架,给出了相对完备的出口国内增加值率的核算范式。他们的核算范式不仅更基于经济学基础,还通过纳入进口中间投入内含的国内增加值比例、国内中间投入中内含的国外增加值比例,有效获取了中间品贸易的分工特点。根据微观层面的核算,他们发现,2000—2007 年,中国制造业的出口国内增加值率由 65% 上升至 70%,其中加工贸易与一般贸易分别由 46% 上升至 55%、由 92% 下降至 90%。显然,相比一般贸易,不断攀升的加工贸易正在成为拉动中国制造业出口国内增加值率提升的重要动力。

参照国外的研究范式,国内部分学者亦进行了制造业出口国内增加值率研究的有益补充。如考虑到企业之间存在着进口中间品交易的特点,张杰(2013)在研究中间品贸易代理商问题后，发现 2000—2006 年，中国制造业的出口国内增加值率已由 49% 攀升至 57%。并且攀升较大的样本主要是民营企业和外资加工贸易企业。考虑到全球价值链存在增加值回流和中间品重复穿越国境的现象，高翔等（2019）通过将王直等（2015）的行业结果匹配至工业企业层面，重新核算了中国制造业的出口国内增加值率。研究发现，2000—2011 年，中国制造业的出口国内增加值率已由 2000 年的 62.19% 攀升至 2011 年的 74.45%。其中，加工贸易的出口国内增加值率实现了由 43.28% 至 56.49% 的攀升，一般贸易的出口国内增加值率则始终在 84% 左右徘徊。此外，吕越等（2018）、毛其淋等（2018）、李小平等（2019）、沈国兵等（2020）亦进行了类似的研究。

需要说明的是，尽管微观层面的研究丰富了我们对于异质性企业出口国内增加值率的认知并搭建了连接异质性贸易与全球价值链核算的桥梁。但受制于数据统计较难，当前的研究仍然存在有待拓展的空间。首先，由于海关进出口数据统计的都是商品贸易，因此服务投入不会纳入于全球价值链的核算之中。而随着生产力的不断发展，越来越多的跨国企业与发达国家都在通过强化服务投入、外包组装加工进入了全球价值链的顶端。作为全球最大的加工贸易国家，中国的制造业"大而不强"的困境在很大程度上源于服务投入的缺失。在只有商品中间投入数据可以获取的情形下，忽略服务投入的微观核算无疑高估了中国制造业的出口国内增加值率。其次，由于工业企业仅统计规模以上的企业，因此中小企业很难进入出口国内增加值率的核算范围。相比规模较大的企业，因为中小企业的出口国内增加值率可能具有显著的分化特点，所以单纯地利用规模以上企业的数据进行的研究，可能存在样本选择偏差问题。最后，由于海关进出口数据只能提供直接进出口信息，无法涵盖进口中间品在国内企业之间的流转，因此即使采用类似张杰等（2013）的预先设定方式进行处理，其计算结果与现实情形仍有一定距离。综上所述，基于微观层面的出口国内增加值率的研究仍需进一步深化完善。

第三节　出口国内增加值率的影响因素研究

相比主要的发达国家，中国的出口国内增加值率呈现相对偏低的状态。偏低的出口国内增加值率不仅导致了出口利润低下，更使中国制造业长期受制于人。因此，如何推动产业由低出口国内增加值率向高出口国内增加值率转变，成为解决当前产业发展乃至产业升级问题的关键（苏杭等，2017；袁凯华等，2017）。为了推动中国出口国内增加值率攀升，大量研究进行了不同角度的探讨。按照研究视角的不同，可以初步分为忽略市场分割的研究和基于市场分割的探讨两类。

一、忽略市场分割的研究

已有的出口国内增加值率的影响因素研究，主要集中于微观视角。如利用相关性分析与统计对比，Upward 等（2013）发现，产业技能和技术水平在致使出口复杂度提升的同时，也间接带动了出口国内增加值率的提高。基于微观企业决策视角，Kee 等（2016）首次建立了一个统一的理论分析框架。他们发现，进口中间品与国内中间品相对价格的下降是促使中国制造业出口国内增加值率提高的主要原因，并且外资进入与贸易自由化是其发生作用的重要渠道。由于微观层面的量化分析更为普遍，因此国内学者大多借鉴 Kee 等（2016）的研究进行扩展。

如在外商直接投资方面，张杰等（2013）利用 2000—2006 年的中国工业企业与海关进出口数据，发现提供中间品的外资企业入驻中国市场，是中国出口国内增加值率提高的主要原因。通过区分外资溢出类型，毛其淋等（2018）发现，尽管外资水平溢出不利于出口国内增加值率的提高，但却可以通过前向关联和后向关联双重渠道提高出口国内增加值率，从而在总体上促使中国制造业出口国内增加值率提高。

在进口或贸易自由化方面，诸竹君等（2018）利用改进的微观分析框架，发现进口中间品质量对企业出口国内增加值率具有静态和动态的双重影响。尽管就静态而言，进口中间品质量提高不能直接使出口国内增加值率提高，但可以通过自主创新产生的加成率效应和相对价格效应促使出口国内增加值率提高。借助于双重差分的自然实验，魏悦羚等（2019）发现贸易自由化对出口国内增加值率的提高具有行业异质性特点。具体而言，贸易自由化对高层次企业的出口国内增加值率的影响并不显著，但显著推动了低层次企业出口国内增加值率的提高。基于中国对外开放不断深化的背景，毛其淋等（2019）发现贸易自由化不仅通过成本加成、研发创新渠道提高了出口国内增加值率，亦能通过强化资源再配置促使出口国内增加值率提高。

在要素市场方面，李胜旗等（2017）发现，上游垄断通过降低成本加成和弱化研发创新抑制了出口国内增加值率的提高，并且一般贸易企业与本土企业的出口国内增加值率受到的影响明显高于加工贸易企业和外资企业。高翔等（2018）发现，要素市场扭曲通过相对价格效应和成本加成效应影响出口国内增加值率的变动，前者的影响更大。立足于最低工资的准自然实验，崔晓敏等（2018）发现最低工资上涨对出口国内增加值率的影响受到要素替代弹性的制约，当要素替代弹性较大时，最低工资上涨将会导致出口国内增加值率下降，当要素替代弹性较小时，最低工资上涨将会导致出口国内增加值率提高。围绕最低工资，铁瑛等（2018）同样发现，用工成本的上升会推动企业出口国内增加值率的攀升。由于加工贸易的出口国内增加值率低于一般贸易的出口国内增加值率，因此最低工资的增长将会通过加快加工贸易退出的机制并促进出口国内增加值率的提高。围绕金融市场改革，张盼盼等（2020）发现，融资约束抑制了制造业出口国内增加值率的提高，但是通过金融市场改革如利率市场化与抑制影子银行，可以缓解融资约束带来的负面作用，促进出口国内增加值率的提高。

在服务投入方面，许和连等（2018）发现，制造业投入服务化对一般贸易的出口国内增加值率影响显著，对加工贸易和混合贸易的出口国内增加值率具有"U"型效应。聚焦于服务环节，刘慧等（2020）发现生产性服务资源环节偏好对制造业出口国内增加值率的作用机制具有稳健的"倒U"型效应，不过中国生产性服务投入以"远离最优值"的形式与制造业耦合。此外，还有少部分研究考察了集聚经济对出口国内增加值率的影响。如基于产业集聚视角，邵朝对等（2019）发现产业集聚推动了中国制造业出口国内增加值率的提高，并且这一推动作用主要依靠劳动力蓄水池、中间投入共享、知识技术溢出三个方面的马歇尔外部性和集群商业信用引发的融资外部性实现。

二、基于市场分割的探讨

值得注意的是，传统贸易理论大多建立在国内拥有一个统一而完整的市场假设之上。但受制于财政分权和行政集权，中国区域之间存在着"以邻为壑"的市场分割。地方保护主义不但阻碍了统一市场的形成，而且导致了"国内贸易成本高于对外贸易成本""国内贸易偏好低于对外贸易偏好"的发展悖论（Poncet，2003；张少军，2013）。作为打开其他宏观经济学之谜的钥匙（Obstfeld et al.，2000），贸易成本已经成为新贸易理论（Krugman，1980）、新经济地理理论（Fujita et al.，1999）、新新贸易理论（Melitz，2003）与全球价值链的核心变量（鞠建东等，2014）。在异质性贸易理论框架之下，出口企业需要支付更高的贸易成本才能进入出口市场，这导致只有高效率的企业才能进入出口市场。不过，在"国内贸易成本高于对外贸易成本"情形下，大量研究发现，中国制造业存在有悖于传统预期的特征事实。如通过拓展 Melitz（2003）的理论模型，朱希伟等（2005）发现，中国出口贸易的强劲增长源于市场分割下的中国企业无法在国内实现规模经济从而被迫出口。利用世界银行的调研数据，张艳等（2014）发现，在市场分割作用下，企业进入外省销售的成本高于出口到海外的成本，从而会提高企业进入外省销售的生产率临界值而降低企业进入出口市场的生产率临界值，因此出口企业的生产率水平比向外省销售企业的生产率水平更低，进而陷入"生产率悖论"困境。基于中国出口企业加成率偏低的事实，刘啟仁等（2015）发现市场分割导致的过度出口将会放大竞争效应、抵消出口学习效应，致使中国制造陷入低加成率的陷阱。

事实上，不仅是企业生产率与加成率，贸易成本同样影响了企业的出口国内增加值率。利用结构方程模型和跨国投入产出数据，Johnson 等（2017）发现贸易成本的减少是导致出口国内增加值率下降的主要原因。考虑到市场分割将会导致贸易成本的变化，少数研究开始了市场分割对于出口国内增加值率影响的探讨。如利用扩展的理论模型和微观数据，吕越等（2018）发现，虽然市场分割政策对地方政府而言是一个占优策略，但是它会从促进中间品进口、抑制创新和提高加工贸易占比三个渠道降低企业的出口国内增加值率。基于增加值贸易成本视角，袁凯华等（2019）发现，由于我国东部沿海地区的对外贸易成本较低，对内贸易成本较高，市场分割将会导致国内分工面临"初级产品分工整合加快→服务行业过度出口→遭受出口俘获→初级产品分工整合进一步加快"的恶性循环。

虽然为数不多的研究丰富了我们对于中国特色市场分割下，制造业出口国内增加值率变化的认知。但现有研究都仅立足于国内贸易成本或国内市场分割的考量。由于国内、国外贸易成本同时变动，因此忽略国外贸易成本变化的研究可能会错估市场分割对出口国内增加值率的影响。并且与国外研究不同的是，国内研究大多基于局部均衡框架进行市场分割和出口国内增加值率变动的研究。考虑到局部均衡无法实现所有部门的市场出清，市场分割对于出口国内增加值率的影响仍待进一步深化。

第四节 研究述评

总体来看,现有研究已从不同层面进行了出口国内增加值率的核算方法和影响因素的探讨,为我们了解出口国内增加值率提供了多维视角。不过,已有研究在解释中国制造业的出口国内增加值率方面,仍然有很大的改进空间。

首先,就行业研究而言,由于可以借助国家间投入产出数据进行分析,因此行业层面的研究较为系统地刻画了全球分工网络下的出口国内增加值率变动特点。不过,作为依赖投入产出数据进行核算的典型范式,行业层面的研究很难同时突破 VS 指标两个假设的不足。尤其是在中国制造业出口问题的研究方面,忽略贸易类型或迂回贸易都会导致对中国制造业的出口国内增加值率的核算存在偏差。

其次,就微观主体而言,尽管相较于案例研究或行业研究,企业维度的样本更加详实地刻画了不同企业出口国内增加值率变动的特征。但是受制于数据来源有限,此类研究大多基于一国内部视角,并利用规模以上工业企业统计口径的数据,分析商品投入引致的出口国内增加值率变动的特征。在全球制造业服务化转型日渐明朗的背景下,中国制造业出口相较于主要国家存在哪些不足?未来的中国制造业应该如何转型升级?企业层面的研究很难基于同一尺度,对此作出有效回应。

最后,就影响机制来看,已有研究主要借助局部均衡框架,基于统一市场假设进行制造业出口国内增加值率的研究。虽然少数研究也考虑了市场分割下贸易成本扭曲对出口国内增加值率变化的影响,但在研究设计上,却忽略了对外贸易成本的同时变动,致使核算结果存在一定偏差。并且与国外研究范式不同,国内研究很少基于多部门的一般均衡模型进行出口国内增加值率的研究。考虑到出口国内增加值率并非单一部门变动的结果,而是受到不同部门产业关联变动的影响,因此局部均衡理论的框架仍待进一步拓展完善。

本章思考题

(1)如何利用国家间投入产出数据,准确核算一国出口中的国内增加值率?
(2)相比农业与服务业,制造业的国内增加值率更高还是更低?为什么?
(3)随着单边主义的蔓延,全球出口国内增加值率将会提升还是下降?为什么?
(4)请结合我国"国内与国际双循环"背景,探讨中国提升出口国内增加值率的路径。

参考文献

崔晓敏，余淼杰，袁东，2018. 最低工资和出口的国内附加值：来自中国企业的证据 [J]. 世界经济，41（12）：49-72.

杜传忠，张丽，2013. 中国工业制成品出口的国内技术复杂度测算及其动态变迁：基于国际垂直专业化分工的视角 [J]. 中国工业经济（12）：52-64.

段玉婉，杨翠红，2018. 基于不同贸易方式生产异质性的中国地区出口增加值分解 [J]. 世界经济，41（4）：75-98.

高翔，黄建忠，袁凯华，2019. 价值链嵌入位置与出口国内增加值率 [J]. 数量经济技术经济研究 36（6）：41-61.

高翔，刘啟仁，黄建忠，2018. 要素市场扭曲与中国企业出口国内附加值率：事实与机制 [J]. 世界经济，41（10）：26-50.

高运胜，甄程成，郑乐凯，2015. 中国制成品出口欧盟增加值分解研究：基于垂直专业化分工的视角 [J]. 数量经济技术经济研究，32（9）：73-88.

黄蕙萍，缪子菊，袁野，等，2020. 生产性服务业的全球价值链及其中国参与度 [J]. 管理世界，36（9）：82-96.

黄先海，韦畅，2007. 中国制造业出口垂直专业化程度的测度与分析 [J]. 管理世界（4）：158-159.

韩中，2020. 全球价值链视角下中国出口的价值分解、增加值出口及贸易失衡 [J]. 数量经济技术经济研究，37（4）：66-84.

鞠建东，余心玎，2014. 全球价值链研究及国际贸易格局分析 [J]. 经济学报（2）：126-149.

刘慧，彭榴静，陈晓华，2020. 生产性服务资源环节偏好与制造业出口品国内增加值率 [J]. 数量经济技术经济研究，37（3）：86-104.

刘啟仁，黄建忠，2015. 异质出口倾向、学习效应与"低加成率陷阱" [J]. 经济研究，50（12）：143-157.

刘维林，2015. 中国式出口的价值创造之谜：基于全球价值链的解析 [J]. 世界经济，38（3）：3-28.

吕越，盛斌，吕云龙，2018. 中国的市场分割会导致企业出口国内附加值率下降吗 [J]. 中国工业经济（5）：5-23.

李胜旗，毛其淋，2017. 制造业上游垄断与企业出口国内附加值：来自中国的经验证据 [J]. 中国工业经济（3）：101-119.

李小平，王紫，2019.FDI抑制还是提升了城市的出口国内增加值率？：基于中国241个地级市数据研究 [J]. 中国地质大学学报（社会科学版），19（3）：136-149.

毛其淋，许家云，2018. 外资进入如何影响了本土企业出口国内附加值？[J]. 经济学（季刊），17（4）：1453-1488.

毛其淋，许家云，2019. 贸易自由化与中国企业出口的国内附加值 [J]. 世界经济，42（1）：3-25.

邵朝对，苏丹妮，2019. 产业集聚与企业出口国内附加值：GVC 升级的本地化路径 [J]. 管理世界，35（8）：9–29.

沈国兵，袁征宇，2020. 互联网化对中国企业出口国内增加值提升的影响 [J]. 财贸经济，41（7）：130–146.

苏杭，郑磊，牟逸飞，2017. 要素禀赋与中国制造业产业升级：基于 WIOD 和中国工业企业数据库的分析 [J]. 管理世界（4）：70–79.

铁瑛，黄建忠，高翔，2018. 劳动力成本上升、加工贸易转移与企业出口附加值率攀升 [J]. 统计研究，35（6）：43–55.

王岚，2014. 融入全球价值链对中国制造业国际分工地位的影响 [J]. 统计研究，31（5）：17–23.

王直，魏尚进，祝坤福，2015. 总贸易核算法：官方贸易统计与全球价值链的度量 [J]. 中国社会科学（9）：108–127.

文东伟，冼国明，2010. 中国制造业的垂直专业化与出口增长 [J]. 经济学（季刊），9（2）：467–494.

魏悦羚，张洪胜，2019. 进口自由化会提升中国出口国内增加值率吗：基于总出口核算框架的重新估计 [J]. 中国工业经济（3）：24–42.

许和连，成丽红，孙天阳，2018. 离岸服务外包网络与服务业全球价值链提升 [J]. 世界经济，41（6）：77–101.

姚洋，张晔，2008. 中国出口品国内技术含量升级的动态研究：来自全国及江苏省、广东省的证据 [J]. 中国社会科学（2）：67–82.

袁凯华，彭水军，2017. 中国加工贸易的价值攀升：嵌入 NVC 会优于 GVC 吗 [J]. 统计研究，34（8）：32–43.

袁凯华，彭水军，余远，2019. 增加值贸易视角下中国区际贸易成本的测算与分解 [J]. 统计研究，36（2）：63–75.

朱希伟，金祥荣，罗德明，2005. 国内市场分割与中国的出口贸易扩张 [J]. 经济研究（12）：68–76.

张杰，陈志远，刘元春，2013. 中国出口国内附加值的测算与变化机制 [J]. 经济研究，48（10）：124–137.

张盼盼，张胜利，陈建国，2020. 融资约束、金融市场化与制造业企业出口国内增加值率 [J]. 金融研究（4）：48–69.

张少军，2013. 贸易的本地偏好之谜：中国悖论与实证分析 [J]. 管理世界（11）：45–55.

张艳，唐宜红，李兵，2014. 中国出口企业"生产率悖论"：基于国内市场分割的解释 [J]. 国际贸易问题（10）：23–33.

诸竹君，黄先海，余骁，2018. 进口中间品质量、自主创新与企业出口国内增加值率 [J]. 中国工业经济（8）：116–134.

ALI-YRKKÖ J, ROUVINEN P, SEPPÄLÄ T, 2011. Who captures value in global supply chains? Case Nokia N95 smartphone[J]. Journal of industry, competition and trade, 11(3): 263-278.

ANTRÀS P, 2003. Firms, contracts, and trade structure[J]. The quarterly journal of economics, 118(4): 1375-1418.

ATHUKORALA P, YAMASHITA N, 2006. Production fragmentation and trade integration: East Asia in a global context[J]. The North American journal of economics and finance, 2006, 17(3): 233-256.

BALDWIN R, LOPEZ-GONZALEZ J, 2015. Supply-chain trade: a portrait of global patterns and several testable hypotheses [J]. The world economy, 38(11): 1682-1721.

CHEN Q, CHEN X K, PEI J S, et al., 2020. Estimating domestic content in China's exports: accounting for a dual-trade regime [J]. Economic modelling, 89: 43-54.

CHEN X K, CHENG L K, FUNG K C, et al., 2008.The estimation of domestic value added and employment induced by exports: an application to Chinese exports to the United States [M]// CHEUNG Y W, WONG K Y. China and Asia: economic and financial interactions. Londen: Routledge.

DAUDIN G, RIFFLART C, SCHWEISGUTH D, 2011. Who produces for whom in the world economy? [J]. Canadian journal of economics, 44(4): 1403-1437.

DUAN Y W, YAN B Q, 2019. Economic gains and environmental losses from international trade: a decomposition of pollution intensity in China's value-added trade [J]. Energy economics, 83: 540-554.

FUJITA M, KRUGMAN P R, VENABLES A J, 1999. The spatial economy: cities, regions and international trade[M]. Cambridge, MA: MIT press.

HANSON G H, 2005. Market potential, increasing returns and geographic concentration [J]. Journal of international economics, 67(1): 1-24.

HUMMELS D, ISHII J, YI K M, 2001. The nature and growth of vertical specialization in world trade[J]. Journal of international economics, 54(1): 75-96.

JOHNSON R C, NOGUERA G, 2012. Accounting for intermediates: production sharing and trade in value added [J]. Journal of international economics, 86(2): 224-236.

JOHNSON R C, NOGUERA G, 2017. A portrait of trade in value-added over four decades [J]. The review of economics and statistics, 99(5): 896-911.

KEE H L, TANG H W, 2016. Domestic value added in exports: theory and firm evidence from China [J]. The American economic review, 106(6): 1402-1436.

KOOPMAN R, WANG Z, WEI S J, 2012. Estimating domestic content in exports when processing trade is pervasive [J]. Journal of development economics, 99(1): 178-189.

KOOPMAN R, WANG Z, WEI S J, 2014. Tracing value-added and double counting in gross exports [J]. The American economic review, 104(2): 459-494.

KRAEMER K L, LINDEN G, DEDRICK J, 2011. Capturing value in global networks: Apple's iPad and iPhone: the Alfred P. Sloan Foundation and the US National Science Foundation (CISE/IIS) [R/OL].[2023-07-27]. https://economiadeservicos.com/wp-content/uploads/2017/04/value_ipad_iphone.pdf.

KRUGMAN P, 1980. Scale economies, product differentiation, and the pattern of trade[J].The American economic review, 70(5): 950-959.

LAMY P, 2010, Lamy says more and more products are "Made in the World"[EB/OL].(10-15)[2023-07-28].https://www.wto.org/english/news_e/sppl_e/sppl174_e.htm.

LAU L J, CHEN X, CHENG L K, 2007. Non-competitive input-output model and its application: an examination of the China-US trade surplus[J]. Social sciences in China, 2007, 5: 91-103.

LINDEN G, KRAEMER K L, DEDRICK J, 2009. Who captures value in a global innovation network? The case of Apple's iPod[J]. Communications of the ACM, 2009, 52(3): 140-144.

MA H, WANG Z, ZHU K F, 2015. Domestic content in China's exports and its distribution by firm ownership [J]. Journal of comparative economics, 43(1): 3-18.

MELITZ M J,2003. The impact of trade on intra-industry reallocations and aggregate industry productivity[J]. Econometrica, 2003, 71(6): 1695-1725.

OBSTFELD M, ROGOFF K,2000. The six major puzzles in international macroeconomics：is there a common cause?: NBER working paper(7777)[R/OL].[2023-08-02]. https://www.nber.org/system/files/working_papers/w7777/w7777.pdf. DOI: 10.3386/w7777.

PONCET S, 2003. Measuring Chinese domestic and international integration [J]. China economic review, 14(1): 1-21.

SHEN L, SILVA P, 2018. Value-added exports and U.S. local labor markets: does China really matter? [J]. European economic review, 101: 479-504.

TANG H W, WANG F, WANG Z, 2020. Domestic segment of global value chains in China under state capitalism [J]. Journal of comparative economics, 48(4): 797-821.

TEMPEST R,1996. Barbie and the world economy[N]. Los Angeles times, 09-22(4).

UPWARD R, WANG Z, ZHENG J H,2013. Weighing China's export basket: the domestic content and technology intensity of Chinese exports[J]. Journal of comparative economics,41(2): 527-543.

WANG Z, POWERS W, WEI S J, 2009.Value chains in East Asian production networks: an international input-output model based analysis: office of economics working paper from U.S. International Trade Commission [R/OL]. [2023-08-06]. https://unstats.un.org/unsd/trade/globalforum/publications/tva/USITC%20-%20Value%20Chains%20in%20East%20Asian%20Production%20Networks.pdf.

WANG Z, WEI SJ, ZHU KF,2013. Quantifying international production sharing at the bilateral and sector levels: NBER working paper (19677) [R/OL].[2023-08-10]. https://www.nber.org/system/files/working_papers/w19677/w19677.pdf. DOI 10.3386/w19677.

XING Y Q, DETERT N,2010. How the iPhone widens the US trade deficits with the PRC?: GRIPS discussion paper (10-21) [R]. Tokyo: National Graduate Institute for Policy Studies.

YAO X, WASI S, RIZWANA Y, et al. 2021. The impact of trade on energy efficiency in the global value chain: a simultaneous equation approach[J]. Science of the total environment, 765: 142759.

YU C, LUO Z,2018. What are China's real gains within global value chains? Measuring domestic value added in China's exports of manufactures[J]. China economic review, 2018, 47: 263-273.

ZHANG J, TANG D B, ZHAN Y B,2012. Foreign value-added in China's manufactured exports: implications for China's trade imbalance [J]. China & world economy, 20(1): 27-48.

ZHAO Y, LIU Y, ZHANG Z, et al. 2017. CO_2 emissions per value added in exports of China: a comparison with USA based on generalized Logarithmic Mean Divisia Index decomposition[J]. Journal of cleaner production, 144: 287-298.

ZHOU Y, CHEN S, CHEN M, 2019. Global value chain, regional trade networks and Sino-EU FTA[J]. Structural change and economic dynamics, 50: 26-38.

第九章

国际贸易与偏向性技术进步的研究进展

本章学习目标

- 了解偏向性技术进步的概念、分类和内在机制，熟悉价格效应和市场规模效应的内涵。
- 熟悉国际贸易对偏向性技术进步影响的表现及其原因，辩证看待发展中国家技术进步偏向技能与偏向资本的关系。
- 掌握国际贸易对偏向性技术进步的影响机制。

本章思维导图

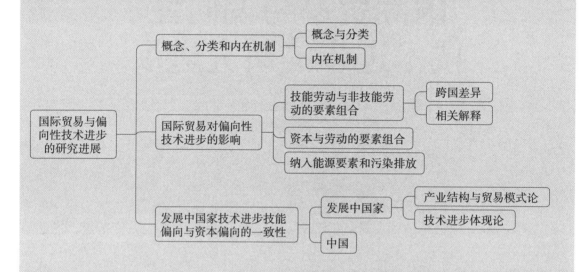

技术进步是经济发展和社会发展的重要动力。党的二十大报告强调，坚持科技是第一生产力、人才是第一资源、创新是第一动力，深入实施科教兴国战略、人才强国战略、创新驱动发展战略，开辟发展新领域新赛道，不断塑造发展新动能新优势。偏向性技术进步（Directed Technical Change）的研究最早可追溯至 20 世纪 30 年代 Hicks（1932）关于技术进步性质的研究和技术进步的类型的划分。早期的偏向性技术进步的研究因缺乏微观基础而长期受到学术界的冷落。自 20 世纪 90 年代以来，随着内生技术进步理论的发展，技术进步的相关研究得到了关注，然而这些研究未考虑偏向性技术进步。以 Acemoglu（1998，2002，2007）为代表的学者在内生技术进步模型的微观基础上，对技术进步的方向和偏向展开了一系列研究，逐步建立起完善的偏向性技术进步理论。Klump 等（2007，2012）、León-Ledesma 等（2010，2015）、Doraszelski 等（2018）进一步发展了偏向性技术进步的参数估计方法，在学术界引起了广泛关注。偏向性技术进步阐明了技术进步是否偏向特定生产要素及相应的原因和机制，对于经济学中的许多问题具有独特的解释力，特别是为国际贸易领域中的技术进步效应等问题提供了新的研究视角和新的分析工具，推动了以异质性贸易模型改造传统贸易模型的新浪潮。

第一节 偏向性技术进步的概念、分类和内在机制

一、偏向性技术进步的概念及其分类

Hicks（1932）最早对偏向性技术进步进行了研究，他在所著的《工资理论》中提出，要素相对价格变化是对创新的刺激，存在偏向节省使用相对昂贵要素的一类特殊创新。这一观点被概括为诱导性创新。根据 Hicks（1932）的定义，在资本与劳动要素组合下，给定"资本—劳动"投入比不变，技术进步可以划分为偏向性技术进步和中性技术进步。进一步来讲，技术进步发生后，若资本边际产出与劳动边际产出之比增加（减少），则技术进步为资本（劳动）偏向性技术进步；若资本边际产出与劳动边际产出之比同比例变化（即相对不变），则称该技术进步为希克斯中性技术进步。

Acemoglu（2002）将 Hicks（1932）的"资本—劳动"两要素扩展到任意两种要素，并对技术进步形态进行了重要区分：一是基于界定要素效率变化的要素增强型（Factor-Augmenting）技术进步，它改变的是某要素的边际生产率；二是基于识别要素相对边际生产率变化的要素偏向性（Factor-Biased）技术进步，它改变的是一种要素相对于另一种要素的边际产出变化。对于总量生产函数 $Y = F(L, Z, A)$ 来讲，式中，L 代表劳动投入，Z 是资本、土地等任一要素，A 代表技术指数。若生产函数具有 $Y = F(AL, Z)$ 形式，则技术进步是 L 增强型的；若生产函数具有 $Y = F(L, AZ)$ 形式，则技术进步是 Z 增强型的。

$$\partial\left(\frac{\partial F/\partial L}{\partial F/\partial Z}\right)\bigg/\partial A > 0 \qquad (9\text{-}1)$$

$$\partial\left(\frac{\partial F/\partial L}{\partial F/\partial Z}\right)\bigg/\partial A < 0 \qquad (9\text{-}2)$$

当式（9-1）成立时，技术进步为 L 偏向型的，或者称为 L 偏向性技术进步，它意味着技术进步使要素 L 的边际产出比要素 Z 的边际产出增加得多。当式（9-2）成立时，技术进步为 Z 偏向型的，或者称为 Z 偏向性技术进步，它意味着技术进步使要素 L 的边际产出比要素 Z 的边际产出增加得少。

为更直观地理解偏向性技术进步的概念，考虑引入固定替代弹性生产函数（又称 CES 生产函数），如式（9-3）所示。

$$Y = \left[\gamma(A_L L)^{\frac{\sigma-1}{\sigma}} + (1-\gamma)(A_Z Z)^{\frac{\sigma-1}{\sigma}}\right]^{\frac{\sigma}{\sigma-1}} \qquad (9\text{-}3)$$

式中，A_L 和 A_Z 分别为 L 增强型技术进步和 Z 增强型技术进步，$\gamma \in (0,1)$ 为决定两种要素重要程度的分布参数，$\sigma \in (0,\infty)$ 为两种要素之间的替代弹性。当 $\sigma = 0$ 时，两种要素之间不存在替代性，该生产函数退化为里昂惕夫函数；当 $\sigma < 1$ 时，两种要素是互补的；当 $\sigma = 1$ 时，生产函数退化为传统的柯布-道格拉斯生产函数；当 $\sigma > 1$ 时，两种要素是相互替代的；当 $\sigma = \infty$ 时，两种要素是完全替代品，生产函数退化为线性函数。

两种要素的相对边际产出可以表示为式（9-4）。

$$\frac{MP_Z}{MP_L} = \frac{1-\gamma}{\gamma}\left(\frac{A_Z}{A_L}\right)^{\frac{\sigma-1}{\sigma}}\left(\frac{Z}{L}\right)^{-\frac{1}{\sigma}} \qquad (9\text{-}4)$$

式中，技术进步对相对边际产出的影响取决于 σ。如果 $\sigma > 1$，$\frac{A_Z}{A_L}$ 的增加将会相对提高 Z 的边际产出；如果 $\sigma < 1$，$\frac{A_Z}{A_L}$ 的增加将会相对降低 Z 的边际产出。因此，当两种要素相互替代时，Z 增强型技术进步也是 Z 偏向性技术进步。相反，当两种要素互补时，Z 增强型技术进步是 L 偏向性技术进步。显然，当 $\sigma = 1$，此时 A_Z、A_L 不偏向任何一种要素，即传统的柯布-道格拉斯生产函数的希克斯中性技术进步假设。

本章中的偏向性技术进步遵循 Acemoglu（2002）的定义，它是从要素边际产出变化的角度对技术进步类型进行的划分以及对技术进步性质的识别。因此，它实质上是投入型偏向性技术进步，而非产出型偏向性技术进步。如无特殊说明，本章中的偏向性技术进步是要素偏向性技术进步的简称，出于语法逻辑的需要，有时还使用技术进步偏向等词语。

二、偏向性技术进步的内在机制

基于内生技术进步偏向模型，Acemoglu（2002）提出技术进步的要素偏向受到两种方向相反的力量制约：一是价格效应（Price Effect），它促使昂贵产品生产中使用的技术得到发展，它等价于数量相对稀缺因而价格相对昂贵要素的技术；二是市场规模效应（Market Size Effect），它鼓励发展具有较大市场需求的技术，换言之，它鼓励使用要素数量相对丰裕因而价格相对便宜的技术。

要素替代弹性决定价格效应和市场规模效应的相对力量。当要素替代弹性小于1时，两种要素在生产中为互补关系，价格效应相对较强，技术进步可能偏向相对稀缺的要素；当要素替代弹性大于1时，两种要素在生产中为相互替代关系，市场规模效应比较大，技术进步偏向相对丰裕的要素。然而，技术进步总是具有偏向相对丰裕要素的倾向，这一观点建立在"弱诱导性偏向假说"（Weak Induced-Bias Hypothesis）和"强诱导性偏向假说"（Strong Induced-Bias Hypothesis）的基础之上。前者是指只要要素替代弹性不等于1，一种要素相对丰裕程度的提高会在一定程度上使技术进步偏向该要素；后者则强调当要素替代弹性足够大时，诱导性技术进步偏向能够克服替代效应，因而增加相对丰裕要素的报酬。

价格效应与市场规模效应作为偏向性技术进步的基本决定性力量，被广泛应用于偏向性技术进步成因的分析。Acemoglu（2002）的模型进一步强调了市场规模效应和价格效应在偏向性技术进步中所发挥的重要作用。尽管现有研究尝试将上述两种效应分开，然而，通常无法直接观测和量化其作用大小。在均衡时，价格效应与市场规模效应由两种要素或两种中间品的替代弹性决定，但是正如张俊等（2014）指出的那样，现实经济中决定技术进步偏向何种要素的因素还有很多，忽略其他重要影响因素，可能会影响技术进步偏向结论的可靠性。

第二节　国际贸易对偏向性技术进步的影响研究

自20世纪90年代以来，随着偏向性技术进步理论的兴起，学术界侧重于研究偏向性技术进步产生的影响，主要围绕偏向性技术进步的技能溢价效应、要素份额效应、收入差距效应、环境效应和生产率效应进行了广泛而深入的研究，利用不同的测算方法、不同的估计方法和不同的样本得到了诸多富有启发性的结论。然而，截至目前，相比对偏向性技术进步的影响考察，鲜有文献对偏向性技术进步的影响因素进行研究（Acemoglu，2002；张莉等，2012；邓明，2014；杨振兵等，2015；杨振兵，2016）。正如Acemoglu（2002）明确指出的那样，寻找和认识偏向性技术进步的来源可能更为重要。

在偏向性技术进步的理论基础上，一些学者尝试将国际贸易与偏向性技术进步联系起来（Wood，1994；Acemoglu，1998；Epifani et al.，2008；Gancia et al.，2013；Acemoglu et al.，2015；罗知等，2018；Hal.，2019；曹张龙，2020；申朴等，2020；赵伟等，2020a，2020b），他们试图在开放条件下解释国际贸易如何影响技能偏向性技术进步，进而扩大了异质性劳动的工资差距和技能程度不同的国家间的收入差距。根据技术进步的要素偏向不同，可以将国际贸易对偏向性技术进步的影响研究划分为三类：第一类是在技能劳动与非技能劳动的要素组合中，研究国际贸易对技能偏向性技术进步的影响；第二类是在资本与劳动的要素组合中，研究国际贸易对资本偏向性技术进步的影响；第三类是纳入能源要素，研究国际贸易对能源（绿色）偏向性技术进步的影响。

一、在技能劳动与非技能劳动的要素组合中，国际贸易对技能偏向性技术进步的影响

二战后特别是20世纪70年代以来，西方国家存在大量的技能溢价现象，学术界将其归结为技能偏向性（Skill-Basied）技术进步的影响。一些学者试图从开放条件下国际贸易对技能偏向性技术进步影响的视角来剖析异质性劳动力收入差距的原因。与学术界对技术进步偏向的识别大量集中在资本与劳动要素组合背景下不同，当前有关国际贸易对偏向性技术进步影响的文献起源于并大量集中在国际贸易对技能偏向性技术进步影响的研究领域。

早期的研究单独使用国际贸易或偏向性技术进步来解释劳动力的收入差距，这往往低估了国际贸易对偏向性技术进步的影响。Wood（1994）最早提出国际贸易对偏向性技术进步的影响，以解释发达国家自20世纪80年代以来普遍存在的技能溢价现象。他认为国际贸易导致发达国家技能劳动力相对于非技能劳动力的工资水平上升。在此基础上，Acemoglu（1998，2002，2007）逐步建立起成熟的偏向性技术进步理论框架，深刻揭示了国际贸易导致北方国家的技术进步偏向技能劳动，进而扩大了不同技能劳动力的收入差距。Bloom等（2016）研究了欧盟与中国的进出口对技能偏向性技术进步的影响，发现进口对欧盟技能偏向性技术进步具有显著的正向影响，但出口的影响不明显。Hall（2019）利用行业水平和双边贸易数据，估计进口产品的高技能含量，结果表明，在贸易自由化条件下，进口产品中体现更高的技能含量将导致新技术传播更快。

（一）跨国差异

随着经济全球化的不断深入和贸易自由化的大幅推进，国际贸易对发达国家与发展中国家的技能偏向性技术进步的影响存在显著差异。国际贸易进一步促使发达国家的技术进步偏向技能劳动要素，但它对发展中国家技术进步在技能劳动要素与非技能劳动要素之间的偏向影响并未达成共识。

第一，国际贸易强化了发达国家的技能偏向性技术进步。Acemoglu（1998）构建的偏向性技术进步理论模型研究了国际贸易对发达国家技能偏向性技术进步的影响。他认为，贸易开放对技能偏向性技术进步的影响取决于发展中国家对知识产权保护的程度。若发展中国家不能有效地保护所引进的外来技术的知识产权，国际贸易则提高了发达国家技术密集型产品的价格，这进一步强化了发达国家的技术进步偏向技能劳动要素。若发展中国家能够提供完善的知识产权保护，国际贸易会通过扩大发达国家的劳动偏向性技术的市场规模使发达国家的技术进步偏向非技能劳动要素。显而易见，知识产权保护程度偏低是发展中国家存在的普遍问题，由此可以推断国际贸易会通过价格效应强化发达国家技术进步的技能偏向。Acemoglu等（2015）研究了离岸外包与偏向性技术进步之间的关系，研究发现，当离岸外包提高技能密集型产品的相对价格时，离岸外包会促进发达国家技能偏向性技术进步的发展并提高技能溢价，技术进步对技能劳动要素有利。通常而言，发达国家的企业

在利润动机驱动下，通过离岸外包将加工和组装等劳动密集型环节转移到劳动力成本低廉的发展中国家。离岸外包使得发达国家企业的生产成本下降，这进一步强化发达国家的技术进步偏向本国更丰富的技能劳动要素。

第二，国际贸易增加发展中国家对技能劳动要素的需求，但贸易引致的技能偏向性技术进步在发展中国家很少存在。Acemoglu 等（2015）的研究表明，只有当离岸外包规模很大时，离岸外包规模扩大导致技术进步偏向非技能劳动要素。离岸外包导致技术进步偏向逆转的原因如下。当离岸外包规模扩大时，与非技能劳动要素互补的市场规模增长，技术进步偏向非技能劳动要素，技术进步将对非技能劳动力有利。离岸外包鼓励发展中国家发展与非技能劳动要素互补的技术，尽管这在一定程度上提高了发展中国家非技能劳动力的报酬，然而，国家间收入差距并未缩小，甚至还可能会使发展中国家技术进步偏向非技能劳动要素固化。此外，国际贸易导致发达国家和发展中国家实现的技能偏向性技术进步的类型不同。殷德生等（2006）的研究表明，国际贸易导致发达国家的技能偏向性技术进步表现为产品阶梯质量的提升，而国际贸易导致发展中国家的技能偏向性技术进步表现为产品种类数量的增加。申朴等（2020）研究发现，从发展中国家进口对中国非技能劳动要素产生了显著的替代效应，源于发达国家的进口具有显著的技能偏向性技术进步特征，但主要限于中、高技能劳动要素。

（二）相关解释

国际贸易为什么会导致一些发展中国家的技术进步偏向技能劳动要素呢？一些研究对国际贸易导致发展中国家技术进步偏向技能劳动要素的影响机制进行了研究。第一种解释是发展中国家引进的技术具有发达国家技能偏向性技术进步的特征。从技术转移角度来看，发达国家研发的技术具有技能密集性特征，包含技能偏向性技术的机器、设备出口到发展中国家（Berman et al., 1998），因此客观上需要相应的技能劳动要素相匹配，这使得发展中国家对技能劳动要素的需求增加（Krusell, 1998）。第二种解释是发展中国家对技能劳动要素需求的增加源自防御性创新（Defensive Innovation）。Wood（1994）、Thoenig 等（2003）认为随着贸易自由化的推进，为应对来自国外企业的竞争，发展中国家的企业采取防御性创新措施促使本国技术进步偏向技能劳动要素，从而增加了对技能劳动要素的需求。

相比较而言，引进发达国家的机器、设备等技术产品促使发展中国家对技能劳动要素需求的增加，这是国际贸易导致发展中国家技术进步偏向技能劳动要素的主要机制。发展中国家技能偏向性技术进步的防御性创新可能不符合其拥有的比较优势（张莉等，2012），引进发达国家的机器、设备，复制发达国家技术进步的要素偏向，能够降低发展中国家研发创新的失败概率并避免研发资源浪费。显然，这对于研发投入不足和研发能力偏低的发展中国家来说是一种理性选择。

土耳其作为一个快速发展的发展中国家，加快融入世界市场，促进了技术进步，Srour 等（2013）利用 1981—2001 年土耳其的数据实证得出，国际贸易促进了该国的技能偏向性技术进步。一方面，土耳其存在技能偏向性技术进步和技术进口现象，扩大了技能劳动力与非技能劳动力之间的就业差距；另一方面，出口学习效应提高了土耳其对技能劳动力的需求。贸易自由化后，发展中国家接触和学习到相对多的技术知识，有偏向性的学习效应使发展中国家的技术进步偏向技能劳动要素（潘士远，2007）。发展中国家对知识产权保护程度不高，受制于技术壁垒和技术垄断，都可能导致发展中国家有偏向性的学习效应较小，不足以使发展中国家的技能偏向性技术进步普遍存在。针对 20 世纪 80 年代以来，中等收入国家对技能劳动要素需求增加的现象，Berman 等（2000）认为这种增加主要源于产业内的技能升级，而不是从低技能到高技能产业的就业再配置，不能被"资本—技能"的互补性所解释。申朴等（2020）认为进口对中国劳动力市场技能结构和技能工资溢价影响的大小取决于进口贸易导致的替代效应和技能偏向性技术进步效应的强弱。

尽管一些经验研究表明，技能偏向性技术进步也存在于部分发展中国家，然而，很少有证据显示，中国存在技能偏向性技术进步。Fajnzylber 等（2009）的一项研究表明，从事进口、出口和 FDI 活动的巴西企业对技能劳动要素有很高的需求，相比之下，中国企业对技能劳动要素的需求相对偏低，这是因为中国在非技能劳动密集型产品上拥有比较优势。国际贸易对技能偏向性技术进步的影响还取决于不同贸易品之间的替代弹性。Li 等（2016）的研究表明，若南北国家之间贸易的技术中间品与非技术中间品为相互替代关系，则技能偏向性技术进步效应减弱；相反，若南北国家之间贸易的技术中间品与非技术中间品为互补关系，则技能偏向性技术进步效应增强。此外，出口目的地特征对发展中国家技能技术进步偏向也具有很强的影响。Brambilla 等（2012）利用阿根廷制造业的面板数据研究了出口、出口目的地与技能使用之间的联系。他们发现与不出口和出口到中等收入国家的企业相比，倾向于出口更多至高收入国家的企业，使用更多的技能要素并支付更高的平均工资。这意味着向高收入国家出口的企业，其雇佣的技术劳动力要比其他出口企业和国内企业更多。造成上述现象的原因是什么呢？一是高收入国家对质量的要求较高，因此获取高收入的出口企业会致力于质量升级，而质量升级本质上是技能密集型的。二是与高收入国家出口相关的服务是必不可少的，而这些活动具有技能密集特征，为实现更多的出口收入可能需要更多的技能密集型产品和服务，通过与高收入国家进行国际贸易的国家能够通过贸易获得更高的技能水平。

二、在资本与劳动的要素组合中，国际贸易对资本偏向性技术进步的影响研究

自 20 世纪 90 年代以来，资本收入份额在全球范围内呈上升趋势，该现象在发展中国家尤为明显。偏向性技术进步理论认为，国际贸易促进的资本偏向性技术进步是发展中国家要素收入份额向资本要素倾斜的重要原因。相比国际贸易对技能偏向性技术进步影响的文献，国际贸易对资本偏向性技术进步影响的文献并不多见。

这类文献主要从国家层面、地区层面和行业层面研究了国际贸易对发展中国家技术进步偏向资本要素的影响。第一，国家层面的研究大多支持国际贸易会促进发展中国家技术进步偏向资本要素的观点。Acemoglu 等（2001）、Gancia 等（2009）研究表明，国际贸易的技术溢出效应导致发展中国家技术进步偏向资本要素。张莉等（2012）分析了国际贸易、偏向性技术进步对发展中国家要素收入份额的影响机制，他们利用 1970—2007 年跨国层面的数据进行研究，发现在资本和劳动两种要素之间，发展中国家的技术进步偏向资本要素，

从而导致要素收入份额向资本要素倾斜。第二，地区层面的研究也发现，贸易开放有利于促进技术进步偏向资本要素。邓明（2014）利用1990—2010年中国省际面板数据进行研究，结果表明，贸易开放程度越高，技术进步越偏向资本要素。第三，行业层面的研究并未取得共识。陈欢等（2015）的研究表明，1996—2011年中国制造业技术进步偏向资本要素，国际贸易是中国技术进步偏向资本要素的主要推动力。这与中国市场经济体制不断完善，对外开放水平明显提升，中国工业制成品贸易比例不断上升有关。然而，杨振兵等（2015）研究发现，出口学习效应并没有强化中国工业行业技术进步的资本要素偏向。由于中国工业的出口比较优势主要集中在劳动密集型行业，劳动力的低成本优势使企业大量雇佣非技能劳动力，因此，出口学习效应对中国工业资本偏向性技术进步可能存在抑制效应。余卓敏（2018）考察了中国企业层面的国际贸易对偏向性技术进步的影响，结果显示，外贸依存度和出口依存度对偏向性技术进步有显著的正向影响，进口依存度对偏向性技术进步有显著的负向影响，贸易的开放程度越高，越会促进技术进步偏向资本要素。罗知等（2018）的研究表明，进口贸易会使得技术进步偏向资本要素，但是出口贸易并不影响技术进步的偏向。国际贸易通过影响要素价格促使技术进步偏向资本要素，进口贸易减轻了劳动要素价格扭曲，资本要素价格相对劳动要素价格而言越发低于其边际产出，这会促使企业选择偏向资本要素的技术进步。离岸会导致技术进步的劳动要素偏向增强而资本要素偏向减弱，其作用机制有两种：一是离岸加强劳动力市场的竞争，迫使非农业部门的劳动力改善自身的技能水平，提升劳动生产效率，使其技术进步的劳动要素偏向增强（赵伟等，2020a）；二是离岸降低平均工资水平，与劳动要素互补的技术有更大的市场规模（赵伟等，2020a，2020b）。

一般来说，许多发展中国家具有资本要素相对短缺，劳动要素相对丰裕的典型特征，然而，为什么国际贸易通常导致发展中国家的技术进步偏向相对稀缺的资本要素而非相对丰裕的劳动要素呢？事实上，自第三次科技革命以来，发展中国家为改变落后现状，普遍推行工业化发展战略，通过国际贸易，发展中国家能够引进发达国家先进的技术和设备，发展中国家相应地复制了发达国家技术进步偏向；同时，发展中国家为改善在国际贸易中的不利地位，通过政策聚拢资金，确定和支持各自的发展先导产业和支柱产业，并且承接了来自发达国家的落后产业，这些产业往往带有传统的重工业特征，这进一步促使其技术进步偏向资本要素。发展中国家更多的是通过技术引进来实现技术升级，因此，发展中国家可能并未根据其要素禀赋状况来进行自主创新（张莉等，2012）。

三、纳入能源要素，国际贸易对能源（绿色）偏向性技术进步的影响研究

随着化石能源的大量使用，全球温室气体排放和污染排放激增，一些学者尝试将能源纳入要素组合中，并将污染排放等"坏产出"纳入函数模型中，以此来研究国际贸易对能源（绿色）偏向性技术进步的影响。

景维民等（2014）在资本、劳动、能源和中间品四种要素组合下，基于超越对数成本函数模型，利用1999—2010年中国工业36个行业的数据进行研究，结果表明，进口技术

溢出效应导致能源（绿色）技术进步，而出口技术溢出效应导致能源（绿色）偏向性技术进步。进出口贸易为什么对中国能源（绿色）技术进步产生的影响存在差异，其背后的机制是什么？景维民等（2014）进一步研究认为在国内研发努力的配合下，进口贸易对能源（绿色）技术进步具有积极作用，而出口贸易往往具有非能源（绿色）技术特征，为促进出口而对出口企业缺乏有效的环境管制，出口贸易对能源（绿色）技术进步存在消极影响。此外，他们还注意到 FDI 对能源（绿色）偏向性技术进步的影响。FDI 既带来先进的能源（绿色）技术，也会在弱环境管制和污染密度较高的技术结构下，强化发展中国家在污染品生产上的比较优势。实证研究表明，FDI 的水平溢出效应及其后向溢出效应导致能源（绿色）技术进步，而 FDI 前向溢出效应导致能源（绿色）偏向性技术进步。尤济红等（2016）基于松弛值测算的模型（SBM）的 GML 指数方法测算了 1998—2012 年中国省际层面工业部门的能源（绿色）技术进步，实证研究表明，对外贸易规模的扩大有利于促进中国绿色技术进步。杨翔等（2019）研究表明，中国工业的技术进步类型以中性技术进步为主，偏向性技术进步对工业技术进步的贡献率较低但日益重要，贸易开放水平的提高能有效地促进偏向性技术进步的发展，中国技术进步偏向资本要素，但向能源（绿色）要素发展的趋势日益明显。杨博等（2022）的研究结果表明，全球价值链嵌入位置的提升对技术进步方向作用具有双向性，其引起的市场规模效应促进技术进步偏向能源要素，而技术溢出效应使生产中更多使用资本要素。

需要说明的是，在涉及能源（绿色）技术进步时，一些文献侧重于从产出端来考察，并未涉及要素的属性，与本章使用的要素偏向性技术进步概念并不一致，这也是造成国际贸易对能源（绿色）偏向性技术进步的影响研究偏少的原因之一。

第三节　发展中国家技术进步技能偏向与资本偏向的一致性

目前，有关国际贸易对技能偏向性技术进步的影响似乎成为国际贸易与偏向性技术进步之间关系极有分量的主题。然而，对于发展中国家来说，虽然劳动要素相对丰裕，但是技能劳动要素相对于资本要素来说是一种稀缺资源，其需求与供给缺口可能更大。如果国际贸易更多地促进了发展中国家稀缺要素的生产率而非其丰裕要素的生产率，这对于发展中国家来说是不利的，因为在开放条件下，大量丰裕而廉价的要素仍然处于低效率利用状态。一般来说，技术进步的要素偏向是在特定的要素组合下进行识别的，由于它是一个相对而非绝对的概念，因此往往不能直接进行比较。从偏向性技术进步的测算方法来讲，在纳入更多的要素并采用更加成熟的测算方法时，受制于数据和参数估计的有效性，定量研究变得更加困难。特别是技术进步偏向可能会发生改变，进而给国际贸易对技术进步偏向的实证研究带来诸多不便。鉴于此，本节尝试分析清楚的基本问题是开放条件下如何看待发展中国家技术进步偏向技能劳动要素与偏向资本要素的关系。

一、发展中国家的技能偏向与资本偏向的一致性

现有研究认为发展中国家的技能偏向性技术进步在本质上与资本偏向性技术进步具有一致性,其原因有产业结构与贸易模式论、技术进步体现论两种理论。

(一)产业结构与贸易模式论

Krusell 等(2000)认为发展中国家在工业化进程中对技能劳动要素的需求有所增加,但由于发展中国家普遍处于全球价值链分工的中下游,呈现以低技能密集型工业为主的产业结构,以及以工业品加工的中间产品贸易模式,这严重制约了技能偏向性技术进步的形成和扩大。因此,国际贸易使发展中国家的技术进步往往偏向于资本要素而非技能劳动要素。Brandt 等(2011)解释了过去几十年间在许多发展中国家中存在的资本偏向性技术进步。

(二)技术进步体现论

近几十年来,发展中国家大量引进发达国家技能偏向性技术促使发展中国家的技术进步逐步偏向技能劳动要素。然而,技术进步往往体现在资本和设备当中,对技术进步的回报也包含在对资本要素的回报中,这是将开放条件下发展中国家技能偏向性技术进步归结入资本偏向性技术进步的重要原因。赵志耘等(2007)利用中国数据进行研究,发现中国机器设备资本的边际收益率远高于世界有形资本的平均收益率,这是因为中国大量引进国外的先进机器设备,其实质是资本积累和技术进步的融合。从微观角度来看,企业为投资人所有,无论是技能劳动力还是非技能劳动力都是由企业雇佣并进行生产和创新的主体,而技术发明人获取的报酬通常只占技术创新收入的一定比例(Gancia et al.,2005)。考虑到资本要素与技能劳动要素之间的互补性,雷钦礼等(2020)分析了上述互补效应导致技术进步偏向技能劳动要素的机制:一是通过体现于资本的技术水平提高,偏向技能劳动要素;二是通过资本规模的扩大,偏向技能劳动要素。

二、中国的技能偏向与资本偏向的一致性

对于中国来说,前些年企业使用的技术很多是从国外引进的,技能劳动要素的边际产出增加更多依赖于先进机器设备的使用,技术与机器设备的融合使增加的报酬更容易由企业所有(张莉等,2012)。从 20 世纪中后期开始,中国大量进口发达国家的机器设备。据统计,1990—2014 年中国机器设备进口额平均增长率高达 18%。随着大量先进机器设备的引进,技术进步不断融合于物质资本当中,主要借助新机器、新产品或新软件等改变资本的生产效率(董直庆等,2016)。宋丽萍等(2016)从高技能劳动要素供给和高技能劳动要素需求两个方面阐述中国技能偏向性技术进步的反事实特征。他们的研究表明,现阶段中国

不存在技能偏向性技术进步，开放经济下中国以制造业为主的产业结构及贸易结构强化了非技能偏向性技术进步。其理由是中国高技能劳动要素的相对投入与发达国家比较仍存在较大差距，而以非技能密集型制造业为主的产业结构及以制造品加工的中间产品贸易形式制约技能偏向性技术进步发生。雷钦礼等（2020）对中国1991—2016年技术进步技能偏向指数进行实证检验，结果表明，资本技能互补效应对于决定技术进步的技能偏向作用巨大，中国的技术进步整体呈现出偏向技能劳动要素的特征。

目前无论是偏向性技术进步的识别还是国际贸易对偏向性技术进步的影响研究，以发达国家为样本的研究已相对成熟。涉及中国的研究，主要是在"资本—劳动"要素组合下，从全国层面和地区层面识别中国的技术进步偏向，行业层面的识别研究相对较少，主要集中于工业和制造业整体层面，对细分行业的研究相对不足。少数学者还通过对全要素生产率和效率增长率的测算，进一步研究中国技术进步偏向资本要素的程度，然而这方面的研究未取得共识。因此，以中国行业为研究样本，研究国际贸易对技术进步在资本要素与劳动要素之间的偏向有何影响十分有必要。

第四节　研究述评

本章着重梳理了国际贸易对偏向性技术进步的影响。需要说明的是，偏向性技术进步并非国际贸易和生产活动的最终目的，有利于提高全要素生产率的偏向性技术进步更加重要，这关系到国际贸易活动所影响的资源配置效率。

未来的研究可能着重于以下两个方面。

一是深入考察国际贸易引起的偏向性技术进步的利弊得失。偏向性技术进步会引起全要素生产率的变化（Antonelli, 2016; Feder, 2018; 李小平等, 2018; 李小克等, 2022），因此，还需要进一步关注国际贸易对偏向性技术进步情境下全要素生产率变化产生了哪些影响，以及产生这些影响的作用机制。

二是关注全球价值链、数字贸易等贸易新形态的影响（李小克, 2022）。以全球价值链为基础的国际贸易，与传统贸易有很大的区别，全球价值链不仅是一种新的贸易方式，还是发展中国家实现产业升级和生产率进步的重要路径。与传统贸易相比，数字贸易的突出变化在于贸易方式的数字化和贸易对象的数字化，这将深刻引发技术进步偏向和资源配置格局的改变。

本章思考题

（1）如何理解偏向性技术进步？
（2）请从发展中国家的角度，阐述技能偏向性技术进步与资本偏向性技术进步之间的联系和区别。

（3）结合国际贸易与偏向性技术进步之间的相关知识，请阐述我们应如何看待国际贸易中长期存在的知识产权问题。

参考文献

陈欢，王燕，2015. 国际贸易与中国技术进步方向：基于制造业行业的经验研究 [J]. 经济评论（3）：84-96.

曹张龙，2020. 我国技术进步偏向对劳动收入份额的影响研究 [D]. 长春：吉林大学.

邓明，2014. 人口年龄结构与中国省际技术进步方向 [J]. 经济研究（3）：130-143.

董直庆，蔡啸，王林辉，2016. 财产流动性与分布不均等：源于技术进步方向的解释 [J]. 中国社会科学（10）：72-92.

景维民，张璐，2014. 环境管制、对外开放与中国工业的绿色技术进步 [J]. 经济研究，49（9）：34-47.

李小克，2022. 国际贸易、偏向性技术进步与中国制造业 TFP 增长 [M]. 北京：经济科学出版社.

李小克，李小平，2022. 中国全要素生产率演变的测度和多重效应分解：偏向性技术进步视角 [J]. 经济研究，57（4）：191-208.

李小平，李小克，2018. 偏向性技术进步与中国工业 TFP 增长 [J]. 经济研究，53（10）：82-96.

罗知，宣琳露，李浩然，2018. 国际贸易与中国技术进步方向：基于要素价格扭曲的中介效应分析 [J]. 经济评论（3）：74-89.

雷钦礼，李粤麟，2020. 资本技能互补与技术进步的技能偏向决定 [J]. 统计研究，37（3）：48-59.

潘士远，2007. 贸易自由化、有偏的学习效应与发展中国家的工资差异 [J]. 经济研究（6）：98-105.

申朴，刘康兵，朱雨静，2020. 进口贸易对我国技能工资差距的影响：基于替代和技能偏向型技术进步效应的实证研究 [J]. 复旦学报（社会科学版），62（6）：154-164.

宋丽萍，杨大威，2016. 开放经济下中国产业结构特征与技能偏向性技术进步 [J]. 世界经济研究（5）：112-124.

尤济红，王鹏，2016. 环境规制能否促进 R&D 偏向于绿色技术研发？：基于中国工业部门的实证研究 [J]. 经济评论（3）：26-38.

余卓敏，2018. 国际贸易对偏向性技术进步的影响 [D]. 武汉：中南财经政法大学.

杨博，王林辉，2022. 中国工业全球价值链嵌入位置对能源偏向型技术进步的影响 [J]. 中国人民大学学报，36（1）：135-148.

杨翔，李小平，钟春平，2019. 中国工业偏向性技术进步的演变趋势及影响因素研究 [J]. 数量经济技术经济研究，36（4）：101-119.

杨振兵，2016. 中国制造业创新技术进步要素偏向及其影响因素研究 [J]. 统计研究，33（1）：26-34.

杨振兵，邵帅，张诚，2015. 生产比较优势、棘轮效应与中国工业技术进步的资本偏向 [J]. 数量经济技术经济研究，32（9）：39-55.

殷德生，唐海燕，2006. 技能型技术进步、南北贸易与工资不平衡 [J]. 经济研究（5）：106-114.

张俊，钟春平，2014. 偏向型技术进步理论：研究进展及争议 [J]. 经济评论（5）：148–160.

张莉，李捷瑜，徐现祥，2012. 国际贸易、偏向型技术进步与要素收入分配 [J]. 经济学（季刊），11（2）：409–428.

赵伟，赵嘉华，2020a. 离岸与技术进步的要素偏向：生产率效应与结构效应 [J]. 国际贸易问题（6）：75–92.

赵伟，赵嘉华，2020b. 互联网、离岸与技术进步的要素偏向：一个全球视野 [J]. 世界经济研究（9）：104–118.

赵志耘，吕冰洋，郭庆旺，等，2007. 资本积累与技术进步的动态融合：中国经济增长的一个典型事实 [J]. 经济研究（11）：18–31.

ACEMOGLU D, 1998. Why do new technologies complement skills? Directed technical change and wage inequality[J]. The quarterly journal of economics, 113(4), 1055-1089.

ACEMOGLU D, 2002. Directed technical change[J]. The review of economic studies, 69(4): 781-809.

ACEMOGLU D, 2015. Localised and biased technologies: Atkinson and Stiglitz's new view, induced innovations, and directed technological change[J]. The economic journal, 125(583): 443-463.

ACEMOGLU D, GANCIA G, ZILIBOTTI F, 2015. Offshoring and directed technical change[J]. American economic journal: macroeconomics,7(3): 84-122.

ACEMOGLU D, ZILIBOTTI F, 2001. Productivity differences[J]. The quarterly journal of economics, 116(2): 563-606.

ACEMOGLU D,2007. Equilibrium bias of technology[J]. Econometrica, 75(5), 1371-1409.

Antonelli C,2016, Technological congruence and the economic complexity of technological change[J]. Structural change and economic dynamics, 38: 15-24.

BERMAN E, BOUND J, MCHIN S.1998. Implications of skill-biased technological change: international evidence [J]. The quarterly journal of economics,113(4): 1245-1280.

BERMAN E, MACHIN S,2000. Skill-based technology transfer around the world[J]. Oxford review of economic policy,16(3): 12-22.

BLOOM N, DRACA M, VAN REENEN J, 2016. Trade induced technical change? The impact of Chinese imports on innovation, IT and productivity[J]. The review of economic studies, 83(1): 87-117.

BRAMBILLA I, LEDERMAN D, PORTO G, 2012. Exports, export destinations, and skills[J]. The American economic review, 102(7): 3406-3438.

BRANDT J, MECKL J, SAVIN I, 2011. Factor-biased technical change and specialization patterns: MAGKS joint discussion paper series in economics (18-2011) [R/OL].[2023-9-15].https://www.econstor.eu/bitstream/10419/56580/1/657381292.pdf.

DORASZELSKI U, JAUMANDREU J, 2018. Measuring the bias of technological change[J]. Journal of political economy,126(3): 1027-1084.

EPIFANI P, GANCIA G,2008. The skill bias of world trade[J]. Economic journal,118(530): 927-960.

FAJNZYLBER P, FERNANDES A M, 2009. International economic activities and skilled labour demand: evidence from Brazil and China[J]. Applied economics, 41(5): 563-577.

Feder C, 2018, A Measure of total factor productivity with biased technological change[J]. Economics of innovation and new technology, 27(3): 243-253.

GANCIA G, MÜLLER A, ZILIBOTTI F,2013. Structural development accounting[M/OL]//ACEMOGLU D, ARELLANO M, DEKEL E. Advances in economics and econometrics: Tenth World Congress. Cambridge: Cambridge University Press: 373-418[2023-09-10]. https://doi.org/10.1017/CBO9781139060028.010.

GANCIA G, ZILIBOTTI F, 2005. Horizontal innovation in the theory of growth and development[J]. Handbook of economic growth,1A: 111-170.

GANCIA G, ZILIBOTTI F, 2009. Technological change and the wealth of nations[J]. Annual review of economics,1: 93-120.

HALL J D, 2019. Measuring the diffusion of technologies through international trade[J]. International advances in economic research,25(4): 1-15.

HICKS, 1932. The theory of wages[M]. London: Macmillan.

KLUMP R, MCADAM P, WILLMAN A,2007.Factor substitution and factor-augmenting technical progress in the United States: a normalized supply-side system approach[J]. Review of economics & statistics, 89(1): 183-192.

KLUMP R, MCADAM P, WILLMAN A,2012. The normalized CES production function: theory and empirics[J]. Journal of economic surveys,26(5): 769-799.

KRUSELL P, 1998. Investment-specific R&D and the decline in the relative price of capital[J]. Journal of economic growth, 3(2): 131-141.

KRUSELL P, OHANIAN L E, RÍOS-RULL J V, et al., 2000. Capital-skill complementarity and inequality: a macroeconomic analysis[J]. Econometrica, 68(5): 1029-1053.

LEÓN-LEDESMA M A, MCADAM P, WILLMAN A, 2010.Identifying the elasticity of substitution with biased technical change[J]. The American economic review, 100(4): 1330-1357.

LEÓN-LEDESMA M A, MCADAM P, WILLMAN A, 2015. Production technology estimates and balanced growth[J]. Oxford bulletin of economics & statistics, 77(1): 40-65.

LI S A, PAN S, CHI S, 2016. North-South FDI and directed technical change[J]. Economic modelling, 59: 425-435.

SROUR I, TAYMAZ E, VIVARELLI M,2013. Skill-biased technological change and skill-enhancing trade in Turkey: evidence from longitudinal microdata: IZA discussion paper (7320) [R/OL]. [2023-09-05]. https://docs.iza.org/dp7320.pdf.

THOENIG M, VERDIER T, 2003. A theory of defensive skill-biased innovation and globalization[J]. The American economic review, 93(3): 709-728.

WOOD A, 1994. North-South trade, employment and inequality: changing fortunes in a skill-driven world[J]. Clarendon, 49 (3): 432-435.

五
制度与政策篇

第十章

制度与国际贸易研究的发展脉络及进展概述

本章学习目标

- 了解制度对国际贸易和外商直接投资影响的最新进展,了解多边贸易体制和区域贸易协定的研究进展。
- 熟悉制度是贸易模式和跨国公司组织形式的一个重要影响因素,熟悉契约实施制度通过影响专有性投资、劳动分工、技术选择等影响贸易模式。
- 掌握制度是比较优势的一个来源,制度包括正式制度和非正式制度,又可分为国内制度和国际规制;国际贸易中交易成本很高,良好的制度可降低交易成本;良好的制度才使国际贸易成为可能,并影响着国际贸易模式。

本章思维导图

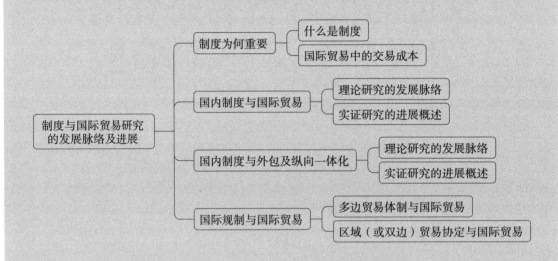

比较优势的决定和国际贸易模式是国际贸易理论的两个核心问题。传统贸易理论关注要素禀赋和技术差异对比较优势的影响，把制度作为不变的外生变量而不加考虑。然而，传统标准理论模型的预测与经验证据的长期不一致，激发了新贸易理论的兴起。新贸易理论用报酬递增和不完全竞争市场结构的形成来解释国际贸易的动因。但是，实际贸易量大大低于新贸易理论模型的预测，而且高收入资本丰裕型国家之间的贸易量远远高于低收入劳动丰裕型国家之间的贸易量，新贸易理论无法对此进行解释。这种"贸易消失之谜"（Trefler, 1995）引起不少学者从制度方面去寻找答案。

国家之间不仅存在劳动力、技术创新、人力资本、规模报酬及企业异质性等方面的差异，还存在制度多样性与制度质量的差异，而这可能影响比较优势与国际贸易模式。顺着这一思路，自20世纪90年代末以来，许多学者把制度因素纳入国际贸易比较优势及贸易模式的分析中，从而形成当前国际贸易理论的另一个前沿。国内外多位学者对这一领域的前期研究进展进行了综述（Nunn et al., 2014；刘文革等，2016；郑辛迎等，2013）。本章在此基础上，把制度分为国内制度与国际规制，并对这两方面的实证研究进行综述。

第一节 制度为何重要

一、什么是制度

什么是制度？制度多样性影响国际贸易的理论基础是什么？这些问题在标准的国际贸易理论中是不存在的，因为在标准的国际贸易模型中，国际贸易出现在完全匿名的非人格化交易中，国内生产与国外消费在瞬间完成，没有任何的成本或时间上的延迟，也没有货款收不回等违约问题。然而，这一假定在现实中是不存在的。现实中的国际贸易受市场和跨国关系不确定性的影响很大，包括信息不对称、贸易商的机会主义行为，以及交易成本浮动等。特别是一国的政治与司法制度只在一国边界范围内行使主权，而国际贸易因两国或多国政治与法律制度的不同而使交易中出现的违约问题无法得到有效解决，从而产生一系列的交易成本问题。于是个人关系、声誉、本地知识都成为影响国际贸易的关键因素。因此，良好的制度能使国际贸易更好地发展，并影响着国际贸易模式。

因其形式与功能的多样性、复杂性，制度还没有一个统一的定义。目前有三种不同的定义。第一种是把制度看成博弈的行为人，即组织。第二种强调了制度与组织的区别，认为制度是一个社会的博弈规则，是人为设计的用来约束人类交往行为的规范。按照这一定义，制度又分为两类：以规则为基础的正式制度和以关系为基础非正式制度。其中，建立正式制度的初始成本很高，而运行成本较低。相反，建立非正式制度的初始成本较低，而运行成本较高。第三种定义是将制度看作博弈均衡解，即在重复博弈框架下形成的一套共有理念的自我维持系统。这一定义强调对自我实施（Self-Enforcing）行为的制约，这个制约就是博弈解，其中，自我实施指的是人们遵守这种制约是有利的。

在我们的社会中，生产与交易活动是通过契约或制度组织起来的。当契约或制度改变了以后，生产和交易活动也要跟着变化。因此，如果契约或制度被忽略，经济分析的预测力就会下降。

二、国际贸易中的交易成本

在国际贸易中存在大量的不可忽略的交易成本是解释"贸易消失之谜"的关键。交易成本的概念最早是由科斯（Coase, 1937）引入经济学的，他在回答"企业为何存在"的问题时，认为企业与市场是两种不同的且相互替代的交易制度，企业与市场的不同在于企业以行政命令取代价格机制而成为资源配置的手段，并指出交易成本是决定企业存在以及企业与市场边界的主要变量。在这里，交易成本是运用价格机制的成本。随后，新制度经济学家 Williamson（1971）区分了事前的交易成本和事后的交易成本，事前的交易成本包括谈判、签订契约等成本，事后的交易成本指契约实施过程中发生的成本，包括交易纠纷及纠纷处理相关的成本。好的制度可降低交易成本。没有制度，人们之间的交易活动无章可循，机会主义行为泛滥，交易成本高昂。

从本质上说，交易就是人与人打交道的过程。因此，交易成本是人与人打交道时所发生的成本。在国际贸易中，与其他任何交易一样，都包括三个阶段：接触、签约与控制，每个阶段都要投入不同的成本。首先，在接触阶段，贸易商要寻找贸易对象，这一阶段就包括收集信息的成本、与他人交流的成本，以及学习他国商务规则的成本等；其次，在签约阶段，涉及与意向的贸易伙伴磋商交易的条件成本，如价格、数量、质量、付款方式及货物交付等内容，签约还面临因两国或多国法律制度、文化观念不同以及语言差异等原因造成法律用语差异及产生歧义等问题；最后，契约履行阶段存在对契约条款执行的争议以及争议的处理与索赔等事项，这个阶段对距离越远的贸易双方来说交易成本越高。

与国内贸易相比，国际贸易的交易成本更加高昂且更加复杂。一是因为贸易双方处于不同的政治、经济、历史、文化、法律及政策背景下，国际贸易不仅面临国内制度、法律的约束，还受到国际规制、习惯的制约。二是因为国际贸易中的机会主义行为特征更加明显。制度一旦跨越国界，在贸易契约的实施、监督及维护方面存在更多的不确定性和更难处理的问题，跨越国界的多边磋商与协调既复杂又持久（杨青龙，2013）。

一般地，交易成本通过两个途径影响国际贸易：一是交易成本影响贸易商之间的相互关系并鼓励以关系为基础的交易。社会网络加强了群体内部成员之间的合作与信任，跨国联系有助于克服远距离交易中存在的信息障碍和不完全契约履行等问题。如果要素禀赋或技术差异很大的国家之间不存在这样的社会网络关系，国际贸易就无法按标准贸易模型预测的模式进行。二是交易成本影响生产结构。由于一国特有的制度环境对某一特定技术的应用有利，会大幅度降低采用这一技术的行业的交易成本，因此该国显示性比较优势与理论预测的不同。

第二节 国内制度与国际贸易

一、理论研究的发展脉络

传统国际贸易理论假定从国内生产到国外消费不需要经历复杂的缔约过程，忽略了现实世界中广泛存在的契约摩擦。实际上，交易才是国际贸易的基本分析单位，而交易必然涉及契约的签订和执行问题。因此，自进入 21 世纪以来，许多学者分析了契约实施制度对一国出口比较优势的影响。契约实施制度包括正式契约实施制度，如法律、法规及司法体系的完善性和公正性、契约实施效率等，也包括非正式契约实施制度，如声誉、社会网络等。

（一）正式契约实施制度与比较优势

学者们研究发现，正式契约实施制度影响到专用性投资、劳动分工及技术选择等，从而影响到一国的比较优势。

1. 正式契约实施制度与专用性投资

根据不完全契约理论，当契约不完全导致专用性投资在事前无法写入契约，事后收益的分配只能通过再谈判的方式进行，而这种再谈判的方式因资产专用性而具有"套牢"的特征，即专用性投资的一方面临被对方"敲竹杠"的风险，投资者的部分投资收益将被对方攫取。如果这种"敲竹杠"风险被投资者事先预计到，就会降低专用性投资水平，带来生产的低效率。这种低效率会抬高最终产品的生产成本。如果一国拥有好的契约实施制度，就能减轻"套牢"问题，激励专用性投资，从而降低密集使用专用性投资生产的产品的成本。简言之，好的契约实施制度是密集使用专用性投资行业的比较优势来源。

Levchenko（2007）建立了一个一般均衡模型来分析正式契约实施制度和产权保护制度对比较优势的影响。他构建了两种要素、三种商品的要素禀赋模型（HO），其中中间品 M 的生产存在"敲竹杠"问题。该模型显示，当北方国家的制度质量高于南方国家时，北方国家的 M 的生产成本低于南方国家，从而北方国家会专业化生产并出口 M。这也就是说，制度质量高的国家将在制度依赖型行业上具有比较优势。

Nunn（2007）建立了一个三阶段博弈模型来分析契约实施制度对比较优势的影响。他认为专用性投资对不同行业的重要性不同，并提出了契约密集型产品概念。契约实施制度差将导致专用性投资不足，由此带来的效率损失对契约密集型行业的负面影响较大。契约实施制度好的国家在契约密集型行业上有比较优势。

2. 正式契约实施制度与劳动分工

劳动的专业化分工可以通过提高劳动熟练程度、节约劳动转换时间、减少培训成本、降低劳动监督成本等方式来提高生产效率。Costinot（2009）分析了契约实施制度对劳动分工和贸易模式的影响。他假设世界由两个大国组成，所有产业生产商品的工序是连续的，劳动是唯一的生产要素。生产一单位产品需要多个不同的任务或工序，工序越多表明产品越复杂，每个工序的生产都具有规模报酬递增的特点。每个工序生产者与最终产品生产商之间签订契约，而工序之间是互补的，一个工序生产者违约，最终产品的产量为0。因此这里就存在劳动分工的收益与成本的权衡。其中，分工越细带来的学习成本越低，收益越高；而分工越细造成的缔约成本越高，收益越低。上述均衡结果显示，制度质量高且人力资本高的国家在高复杂产品上有比较优势。

3. 正式契约实施制度与技术选择

先进技术是一国比较优势的重要来源，而契约实施制度会影响企业对先进技术的采用，从而影响比较优势。Acemoglu 等（2007）分析了契约实施制度对企业技术采用的影响。他们建立了一个四阶段完全信息动态博弈模型，假定越先进的技术需要使用更多的中间品，中间品的专用性程度也越高。在存在契约摩擦的情况下，签订的契约越多，契约不完全导致的扭曲程度越高，成本就越高。因此，采用最先进的技术未必是企业的最佳选择，需要比较采用最先进技术的成本与收益。采用最先进技术带来了生产率的提高，同时也增加了协调难度。中间品的互补性越强，协调问题越重要。该模型的子博弈完美纳什均衡显示，契约制度越完善，企业采用的技术水平越高；同时，中间品的互补性越强，契约制度对该行业的影响越大。因此，契约制度好的国家在中间品互补性强的行业上拥有比较优势。

（二）非正式契约实施制度与国际贸易

在正式契约实施制度较弱或缺失的情况下，非正式契约实施制度可以替代正式契约实施制度成为比较优势的一个来源。声誉、社会网络等非契约实施正式制度可以较好地应对国际贸易中的机会主义问题，保证了国际贸易得以高效达成。

1. 声誉

Araujo 等（2007）首次建立了两个国家不完全信息动态博弈模型，分析了声誉和信任机制对贸易动态的影响。该模型引入代理商因素，由于出口商不了解国外市场，因此通常出口商不是直接把产品卖给国外消费者，而是借助代理商来销售商品。代理商可能很可靠，也可能有机会主义行为。如果代理商遵守契约，那么其获得总收益的一部分；如果违约，则只获得第一期的收益，出口商不会再与其交易。代理商违约受到其国内政府惩罚的概率为 λ，λ 的大小体现了进口国的制度质量高低。出口商不知道代理商的类型，但知道其类型的概率分布，假定"坏"代理商的概率为 θ。如果代理商守约，出口商会通过贝叶斯方法下调 θ 的值。随着代理商守约次数的不断增加，θ 将趋近于0，从而代理商获得"好"的声誉。该模型显示出口量随着 θ 值的减小而增加。这表明，弱的国外契约实施制度阻碍了国际贸易的发展，但却有助于声誉的形成，声誉缓解了弱的契约实施制度对国际贸易的负面影响。

2. 社会网络

社会网络也可以减少契约实施中的机会主义行为。社会网络通常是由一群成员组成的，具有复杂的关系结构。社会网络，特别是其中的移民网络可以改善国际贸易中的信息不对称问题，提高买卖双方匹配的概率。社会网络还能实施可信的约束，维持成员之间的合作行为，减少契约实施中的机会主义行为，这都有利于国际贸易的发展。此外移民因文化及生活习惯等原因偏好母国商品，从而促进母国向东道国的出口（铁瑛等，2020）。移民网络还可降低出口目的地市场的不确定性，显著提高以往出口关系的出口增长，并提高新出口关系的稳定性（杨汝岱等，2016）。

二、实证研究的最新进展

对于制度对国际贸易的影响，早期学者们专注于理论模型的验证及检验。在理论模型得到广泛证实后，随后更多的研究文献关注正式制度与非正式制度对不同行业进出口贸易的影响差异，以及总体制度质量对国际贸易的影响以及影响差异等。

（一）正式制度与国际贸易

Bajo-Buenestado（2018）在 Nunn（2007）模型的基础上加入行业差异要素，发现契约实施制度对不同行业出口的影响存在较大的差异性。特别是自然资源专用性行业，由于自然资源这一投入要素缺乏流动性，司法制度质量对该行业的出口没有影响。Àlvarez 等（2018）利用 186 个国家在 1996—2012 年的双边贸易数据考察一国制度质量对行业双边贸易的影响以及该影响程度随时间的变化趋势。结果发现，进口国的制度质量及两国间的制度距离显著影响双边贸易量和贸易结构，并且制度质量对贸易的影响程度在最近的几年内并没有加深。此外，制度质量对服务业至关重要。Castellares 等（2019）利用行业数据研究了危机期间契约执行不完善对国际贸易的影响，研究发现，进口国的不利冲击对契约依赖性行业的进口表现出更强的负面影响。刘德学等（2019）研究了经济制度距离对贸易发展的影响，发现平均制度距离对一国贸易发展存在显著的负面影响，且不同制度内涵上的相对差异对贸易的影响也不同。还有一些学者研究了制度对地区贸易或国别贸易的影响。Gani（2018）研究了发展中国家契约执行质量对贸易的影响，指出较高的契约执行质量对促进发展中国家的贸易至关重要。Karam 等（2019）研究了中东和北非地区制度与贸易的关系，发现贸易伙伴之间的制度距离而不是制度质量水平对贸易有显著的负面影响。Alhassan 等（2020）研究了国际政治、经济制度对非洲双边贸易的影响差异，发现国际政治、经济制度是非洲双边贸易的主要决定因素，而且这种影响程度受制度的类型与组成及收入水平差异的影响。林玲等（2018）利用 2002—2016 年中国对 52 个"一带一路"沿线国家的分行业出口贸易数据，研究了贸易伙伴国制度质量对出口额的影响，发现行业契约密集度越高，制度质量的提高对该行业出口额的正面影响越大。李俊青等（2018）利用中国工业企业数据库 2000—2007 年连续在位企业的微观数据考察了法治环境和契约密集度对企业出口的影响。研究表明，法治环境的改善提高了企业出口扩展边际和集约边际，提高程度随着契约密集度的提高而上升，并且法治环境对外资企业和民营企业的影响更大。曹慧平等（2020）研究了东道国契约环境对中国出口产品稳定性的影响机制，发现东道国良好的契约环境通过提高社会信任水平和出口产品质量来提高产品的出口稳定性。康益敏等（2019）分析了制度质量对中国对"一带一路"沿线国家贸易的门槛效应，发现制度质量会促进中国与经济发展水平较低国家的对外贸易，抑制中国与经济发展水平较高国家的对外贸易。郑展鹏等（2020）研究发现，制度质量促进了中国出口技术复杂度的提升。

（二）非正式制度与国际贸易

吴群锋等（2019）研究了企业自生贸易网络对企业出口行为的影响，他们构建了企业自生贸易网络搜寻强度指标及相应的虚拟地理距离，发现自生贸易网络及相应"虚拟距离"对企业出口行为的影响显著为正，而且该贸易网络的出口促进效应，会根据对应的"虚拟距离"衰减。一些学者分析了移民网络对国际贸易的影响。陈基平等（2019）指出国际移民流入能够显著地促进美国与移民来源地之间的双边货物和服务贸易。刘政等（2019）指出华人移民对中国与"一带一路"沿线国家的进出口贸易有正向影响。张晓毅等（2019）分析了移民网络对中国与"一带一路"沿线不同区域国家及不同类型产品出口贸易的影响。在文化对贸易的影响方面，Melitz 等（2019）发现身体外形是否有差异和是否有共同祖先比其他文化变量对双边贸易的影响更显著。康继军（2019）以美剧版《甄嬛传》在美国热播事件为基础，分析文化认同对中美贸易的影响。祝树金等（2019）研究了以普遍道德水平衡量的东道国非正式制度影响企业出口产品质量的机制及效应，研究发现，东道国非正式制度的完善促进企业出口更高质量的产品；东道国普遍道德水平对出口产品质量的影响效应取决于东道国法治水平。

（三）总体制度与国际贸易

许多学者研究了正式制度和非正式制度一起对国际贸易的影响，即总体制度对国际贸易的影响。黄先海等（2020）在 Levchenko（2007）模型的基础上研究了制度性比较优势的形成机制及正式制度和非正式制度在其中的作用。研究发现，正式制度质量的提升显著地提升了契约密集型产品的出口额，非正式制度的这一效应不明显，不过两者的联合作用存在。张慧敏等（2020）选取 96 个国家 1992—2015 年年度数据样本考察了双边政治距离、经贸往来与文化差异之间的互动关系。Lanz 等（2019）分析了正式制度、非正式制度、距离与国际贸易的关系，发现正式制度对国际贸易的影响随双边距离的增加而增强，非正式制度对国际贸易的正效应在相距更远的国家之间更强，非正式制度对正式制度的替代作用不会随距离的增加而减弱。Wang 等（2019）利用跨国面板数据考察了 2005—2013 年社会信任对中国与其主要贸易伙伴之间经济交流的影响，发现社会信任极大地促进了中国与主要贸易合作伙伴之间的双边贸易和外商直接投资的发展，但这种效应在 OECD 非成员中要比在 OECD 成员中强得多，而这种异质性可以用社会信任与法治之间的替代关系来解释。陶锋等（2019）研究了跨国社会网络和双边制度质量影响国际贸易的机制。

第三节　国内制度与外包及纵向一体化

一、理论研究的发展脉络

随着全球价值链的兴起，跨国公司的组织形式日益复杂。跨国公司可以选择外包模式，也可选择纵向一体化模式，即建立海外子公司或附属机构，从而使公司内贸易大幅增长。传统贸易理论和新贸易理论都无法解释这一现象。基于产权理论或交易费用理论的新新贸易理论对此进行了解释。产权理论认为，当存在专用性投资时，交易一方为避免出现事后的"敲竹杠"等机会主义行为而导致事前的专用性投资水平不足，可以通过设计最优的产权结构来解决。而交易费用理论则强调通过事后的适应性治理结构来减少机会主义行为。治理结构是一种制度安排，市场、公司或科层等都是治理结构。下面我们将从产权视角和交易成本视角来进一步探讨。

（一）产权视角

产权理论将公司所有权定义为拥有剩余控制权或事后的控制决策权，剩余控制权配置给投资决策相对重要的一方是有效率的。Antràs 等（2004）构建了一个产品差异的南北贸易产权模型，假定最终产品生产商与中间品供应商之间存在专用性投资，而专用性投资受不完全契约的影响。该模型的均衡结果显示，高生产率的最终品生产商选择国际外包，北方提供专业化生产和总部服务，而中间品生产可以在北方，也可在低工资的南方。Antràs 等（2006）假定中间品的契约化程度（Degree of Contractibility）在不同的中间品和不同的国家之间是不同的，并分析不同的契约化程度对公司边界决定的影响，发现总部服务的契约化程度提高会增加公司外包的倾向，中间品契约化程度的提高则增加公司一体化的倾向。南方国家契约制度的改善总体上促进了北方公司的外商直接投资（Foreign Direct Investment，FDI）活动。Antràs 等（2013）在公司边界模型中加入了序贯生产（Sequential Production）因素。序贯生产是指中间品的生产在时间上先于最终品的生产，即中间品从上游阶段交付后，下一阶段的生产才能开始。序贯生产由一系列先后不同的细分生产阶段组成。序贯生产是全球价值链的一个基本特征。不同阶段的中间品供应商要进行专用性投资，在契约不完全的情况下，最终品生产商决定价值链上哪个阶段一体化更好。该模型解释了序贯生产如何影响最终品生产商与不同供应商之间的产权安排，并指出契约摩擦对公司一体化决策起重要影响。

（二）交易成本视角

Grossman 等（2003）建立了一个契约不完全性的均衡模型研究外包和 FDI 的决定因素。

该模型假定，最终品生产商需要定制化的中间品，这种中间品生产需要进行专用性投资。该模型预测，供应商的成本越低，契约不完全程度越低，市场规模越大，南方工资相对越低，最终品生产商选择外包的比例越大。Ornelas等（2008）把契约不完全因素纳入贸易自由化模型中，发现了贸易自由化的间接影响途径及效应。当关税壁垒存在时，专用性投资不足更加严重。贸易自由化通过两个间接途径促进国际贸易的发展：一是低关税激励国外供应商进行成本降低型的专用性投资；二是低关税激励跨国公司实行纵向一体化，于是贸易自由化的贸易创造效应要大于标准模型的预测，同时这也解释了国际外包和公司内贸易增长的趋势。Acemoglu等（2009）分析了金融发展、契约成本对纵向一体化的影响，发现契约成本高、金融发展差的国家纵向一体化程度高，特别是在资本密集型行业更为明显。

二、实证研究的最新进展

（一）制度质量与跨国公司

一些学者实证研究了制度质量对跨国公司边界或行为的影响。Nicolini（2019）利用美国对外直接投资的数据研究了在离岸外包中制度质量对不同行业的影响差异。研究发现，一国或一行业的制度质量显著影响美国跨国母公司与其附属公司之间的外包量。Alquist等（2019）建立了一个跨国收购模型分析外国收购者的所有权选择行为，他们发现在依赖外部金融的行业、金融发展水平低和制度质量高的国家，外资收购全部股权的比例较高，而外资收购部分股权的比例对制度质量不敏感。张一等（2019）研究了制度距离对FDI进入模式的影响，发现母国与东道国制度距离越大，FDI越倾向于选择合资进入模式，且这一关系在中国加入WTO以后更加明显。盛斌等（2019）研究了金融结构、契约环境与全球价值链地位的关系，发现契约环境的改善不仅提升全球价值链地位，还能强化金融市场对全球价值链地位的提升作用。许和连等（2018）分析了离岸服务外包网络对服务业全球价值链提升的作用。蒋含明（2018）在Antràs等（2013）的基础上研究发展中国家的中间供应商在价值链上分工地位和契约不完全如何影响贸易利得。祝树金等（2020）研究了信任对加工贸易中总部服务密集型部门的跨国公司在边界内组织生产的影响，他们发现在加工贸易中，总部服务密集型部门的公司所在地区社会信任度越高，该公司越倾向于选择垂直一体化；而且司法质量和教育发展水平越高的地区，信任的影响效应越大。Alfaro等（2019）利用100多个国家的投入产出表构建了一体化投入和非一体化投入的上游度指标，实证分析了跨国公司一体化价值链某个阶段的倾向，取决于该阶段的上游阶段与下游阶段的相对契约化程度和生产率的高低。

（二）制度质量与外商直接投资

更多学者研究了制度质量对外商直接投资流量及区位选择的积极影响及影响差异。Contractor等（2020）利用世界银行189个国家的数据研究了东道国的监管制度对外商直接投资流入的影响，他们发现契约执行力更强、国际贸易监管制度更有效的国家吸引了更多的外商直接投资。Sabir等（2019）研究了制度质量对不同收入水平国家FDI流入的影响，发现虽然制度质量对所有类型国家的 FDI 都有影响，但与发展中国家相比，制度质量对发达国家 FDI 的影响更大。还有一些学者分析了制度对某一地区 FDI 流入的促进作用。如 Behera 等（2020）分析了制度质量对南亚新兴经济体 FDI 流入的影响，Bosire（2019）分析了营商环境的改善对东非地区 FDI 流入的影响，Younsi 等（2019）分析了新兴经济体治理体系与 FDI 流入的关系。此外，一些学者研究了单一制度安排对 FDI 的影响。如 Papageorgiadis 等（2019）指出知识产权制度对 FDI 流入的积极影响，特别是与一国知识产权有关的非正式制度不仅直接影响 FDI 流入，还正向调节知识产权正式制度对 FDI 流入的影响。Nieman 等（2019）指出，产权对吸引 FDI 的影响取决于民主制度，并且这种影响随着时间的变化变得更加明显。余振等（2019）分析了税收制度对 FDI 流入的影响，认为东道国的税收负担对吸引 FDI 可能只发挥了"边缘性"作用，税收透明度和税收便利性对吸引 FDI 有积极的正面影响。

（三）制度质量与中国双向直接投资

许多学者分析了制度质量对中国对外直接投资的影响。王金波（2018）、戴利研等（2018）实证研究了双边政治关系、东道国制度质量及其交互作用对中国对外直接投资区位选择的影响。王博君（2019）、贺娅萍等（2018）研究了经济制度质量对中国对"一带一路"沿线国家直接投资的影响。黄新飞等（2020）研究了东道国政治制度质量对中国对外直接投资决策的影响。Kamal 等（2020）分析了自然资源在制度质量影响中国对亚洲和非洲直接投资中的调节作用，指出东道国制度质量对中国对外直接投资的影响仅限于非燃料资源丰富的国家，而燃料资源丰富的国家的制度质量对中国对外直接投资的影响不显著。此外，有些学者分析了制度环境与单项制度改善对中国 FDI 流入的影响。魏玮等（2018）分析了制度环境对中国不同地区 FDI 流入的影响及影响差异。张应武等（2020）分析了营商环境改善对吸引 FDI 的影响。黄亮雄等（2019）分析了中国商事制度改革对区域 FDI 流入的影响。

第四节　国际规制与国际贸易

本节把影响国际贸易的国际规制划分为两大类：一是多边贸易体制；二是区域及双边贸易协定。

一、多边贸易体制与国际贸易

（一）多边贸易体制的理论分析

以推动多边贸易自由化为目标的多边贸易体制①是自 20 世纪中后期以来全球经济最重

---

① 通常又称 GATT/WTO 制度，GATT 的全称是关税与贸易总协定，是 WTO 的前身，WTO 为世界贸易组织的简称。

要的成就之一，被誉为最成功的国际规制典范。WTO 自成立以来，经过八个回合的贸易谈判，发达成员的关税由 40% 左右降到 4% 左右，发展中成员的关税也从 50% 左右降到了 14% 左右。非关税壁垒如配额和补贴都减少或受到了限制，截至 2024 年 2 月，WTO 共有 166 个成员，世界主要贸易大国都是其成员。WTO 也为商品和服务的国际贸易以及知识产权规定了行为规则，并形成有效的规则体系。人们普遍认为，GATT/WTO 制度是自二战以来全球贸易增长高于全球 GDP 增长一倍以上的主要力量。贝格威尔等（2005）对世界贸易制度进行了理论分析，并总结出三个制度特征：一是，世界贸易体制的建立确实能够帮助各国政府摆脱单方面追求贸易条件改善所导致的"囚徒困境"，通过制度安排使有效率的最优关税均衡得以实现；二是，世界贸易体制建立的初衷是针对各国的高关税政策，希望通过互惠的关税减让来实现贸易发展，并通过非歧视原则扩展到所有缔约方，互惠原则和非歧视原则是 GATT/WTO 制度的支柱；三是，世界贸易体制具有一套相对成熟的协定规则，这组规则明确了成员所要履行的义务，未来谈判可以依据这组规则来进行，贸易行为的合理性也可由这组规则来裁定，强制实施机制构成 GATT/WTO 制度的核心。

（二）GATT/WTO 制度的实证研究最新进展

然而，Rose（2004）的实证研究得出 GATT/WTO 制度并没有带来正的贸易效应，这打破了常识，激起了学者们的热烈反应。国外许多学者研究了 GATT/WTO 制度对成员贸易的影响，但目前还没有统一的结论，主要观点有以下三种。一是"无效论"，即 GATT/WTO 并没有给成员带来贸易量的增加。自 Rose（2004）之后，Esteve-Pérez 等（2020）采用新的计量方法和计量模型，仍得出 GATT/WTO 制度对其成员没有带来显著的贸易增长效应。二是"有效论"，即 GATT/WTO 制度显著促进了成员的贸易。Felbermayr 等（2020）分析了 WTO 成员对贸易和福利的影响，发现 WTO 成员之间贸易的平均影响是显著的正向影响，不过对不同类型的国家影响差异很大。三是"条件论"，即在不同的国家、不同的行业及不同的途径下 GATT/WTO 制度对贸易的影响有差异。Roy 等（2016）采用引力模型分析由 200 个出口国和 234 个进口国组成的大型数据集，他们在控制了贸易便利化基础设施、时间和国家固定效应等变量后，发现 GATT/WTO 制度是贸易增长的必要条件而非充分条件。

国内学者也研究了 GATT/WTO 制度对出口贸易的影响。王学君等（2017）从增加值贸易视角研究加入 WTO 对于中国出口的真实影响，发现中国加入 WTO 显著促进我国出口增加值增长，并且这一促进作用存在显著的行业差异性。卞泽阳等（2018）分析了中国加入 WTO 和我国对外贸易经营权的登记和核准制这两起重大的外贸制度变迁对我国出口三元边际的微观影响。王璐航等（2019）指出，中国加入 WTO 之后的出口增长与关税不确定性的降低之间没有关系。周定根等（2019）基于中国加入 WTO 之后公司出口所面临的贸易政策不确定性大幅下降的视角，分析贸易政策不确定性对出口稳定性的影响及影响差异。王霞等（2018）研究了 WTO 和区域贸易协定（RTAs）对亚太区域内贸易的驱动机制。

二、区域及双边贸易协定与国际贸易

自20世纪90年代以来,区域及双边贸易协定迅猛发展,几乎所有的WTO成员都至少加入了一个区域或双边贸易协定。区域及双边贸易协定关注的重心是竞争中立、知识产权、规则一致、环境及劳工标准等边境后措施,这些国际贸易投资新规则要求各国国内规则之间的协调和融合,以便实现投资自由化与便利化、贸易便利化以及服务贸易自由化。区域贸易协定条款分为两大类:"WTO+"和"WTO-X"。其中"WTO+"指区域贸易协定的议题都属于WTO的管辖范围,但其承诺高于现有的WTO协定水平;而"WTO-X"指区域贸易协定涉及的有关议题超出了WTO的管辖范围。这些"WTO+"和"WTO-X"条款又称为深度一体化贸易协定。全球价值链及中间品贸易的发展是推动深度一体化贸易协定发展的主要动力。近期,深度一体化贸易协定对国际贸易和投资的影响成为学者们研究的一个热点。

(一)对国际贸易影响研究的最新进展

深度一体化贸易协定的影响很难用传统分析方法来分析。贸易创造与贸易转移只适用于分析浅度一体化贸易协定的效应,而不适用于分析深度一体化贸易协定的效应。由于深度一体化贸易协定最主要的功能是解决市场失灵和提供公共产品,而不仅仅是降低贸易壁垒,因此传统的标准分析只能解释小部分的局部效应。

尽管人们目前无法全面有效地分析深度一体化贸易协定的效应,但学者们从多方面进行实证研究。Mattoo等(2022)研究了深度一体化贸易协定对贸易创造和贸易转移效应的影响,发现深度一体化贸易协定比浅度一体化贸易协定能带来更多的贸易创造效应和更少的贸易转移效应,而且深度一体化贸易协定中的一些具有公共产品性质的条款能增加非成员的贸易,即"逆向贸易转移"。Laget等(2020)发现,贸易协定的深度一体化显著地促进了中间品的国内增加值和国外增加值含量,在高增加值行业中深度一体化贸易协定的影响更大。国内学者研究了自由贸易协定的深度对全球价值链参与的影响。马淑琴等(2020)发现,双边自由贸易协定总深度对双方的全球价值链关联产生正向影响,且双方的差异性会影响全球价值链效应的发挥。张中元(2019)分析了区域贸易协定的水平深度对一国参与全球价值链的影响。韩剑等(2019)考察了深度一体化贸易协定对各国全球价值链嵌入的影响。杨继军等(2020)研究了区域贸易协定的条款深度对增加值贸易的影响。高疆等(2018)研究了以贸易协定深度一体化指标衡量的贸易协定质量对中间品贸易、最终品贸易和不同制造业行业价值链贸易的影响程度。

一些学者研究了中国自由贸易协定对贸易的影响。李春顶等(2018)采用"反事实"模拟方法定量评估并比较了中国现有大型区域贸易协定的潜在经济影响,发现其中贸易效应最强。张应武等(2019)构建了中国区域贸易协定(以下简称FTA)内容异质性指数来研究内容异质性视角下中国FTA的贸易效应。韩剑等(2018)发现中国FTA整体贸易创造效应显著且伙伴国受益更大。程惠芳等(2020)认为,区域贸易协定的深度一体化对中国产业内贸易具有较大的影响。此外，一些学者还分析了其他类型的贸易协定的贸易效应。如林僖等（2018）研究了区域服务贸易协定对服务出口的差异化促进效应。韩剑等（2018）分析了中国 FTA 中的知识产权保护条款对双边贸易的影响及作用机制。

（二）外商直接投资影响

考虑到全球价值链下贸易与投资的紧密联系，深度一体化贸易协定对 FDI 的影响也受到学者的关注。Büge（2014）分析了区域贸易协定促进 FDI 的三种机制。第一，贸易渠道，区域贸易协定推动了贸易的发展，进而促进垂直型 FDI 的流入。垂直型 FDI 流入不仅受双边贸易协定的影响，还受一方与第三方签订的贸易协定的影响。第二，条款的深度一体化。区域贸易协定中的投资、服务、知识产权保护、竞争及争端解决机制等条款，都对 FDI 流入有促进作用。第三，投资环境及政治经济环境的改善。区域贸易协定作为一种信号机制和承诺机制，增强了对政策一致性的预期，大大改善了成员的投资环境和政治经济环境。

从实证研究来看，大多数研究认为，区域贸易协定促进了 FDI 的流入。许培源等（2019）认为，国际贸易投资新规则通过提高成员间贸易自由度和投资保护水平促进 FDI 流入，对体量大的成员的作用更明显，但对非成员产生了投资转移效应。Kox 等（2020）发现区域贸易协定将平均使双边 FDI 存量增加约 30%。Oyamada（2019）指出，区域及双边贸易协定将增加发展中国家的 FDI 流入。林梦瑶等（2019）区域贸易协定中竞争政策水平深度的提升对 OECD 成员 FDI 的流入有明显的提升作用。Li 等（2018）还进一步研究了自由贸易区鼓励 FDI 的两种机制。不过，Osnago 等（2019）认为，总体上深度一体化贸易协定增加了垂直型 FDI 的流入，但并不是所有的协定都存在这种正向关系。具体来说，当深度一体化贸易协定提高了中间品的契约实施性，则对 FDI 有促进作用；如果深度一体化贸易协定提高了总部服务的契约实施性，则对 FDI 有不利影响。

第五节　研究述评

当代国际贸易理论的发展日新月异。自 20 世纪 90 年代末以来，许多学者把新制度经济学与国际贸易结合起来，丰富和发展了国际贸易理论，深化了我们对当代复杂的国际贸易模式的理解。特别是现实世界存在交易成本，而制度的主要功能是抑制人们的机会主义行为，降低市场交易成本，从而保证国际贸易的顺利开展。因此，把制度多样性与制度质量作为比较优势的一个重要来源，将大大提高了对国际贸易理论的解释力。本文通过对国内制度和国际规制与国际贸易的理论研究，以及实证方面文献的梳理与分析，发现以下三个趋势与特点。

第一，制度体系或制度质量的内涵更加丰富或具体。

第二，多角度地分析和论证了制度质量差异是国家或地区比较优势的重要源泉，这是对传统比较优势理论的重要拓展。

第三，随着微观层面的数据逐渐丰富且获取难度逐步降低，深入到微观层面来考察制度对国际贸易的影响，将是进一步研究的一个重要方向。

尽管现有的文献已经取得许多重要成果，但还存在一些不足之处。一方面，目前还未形成一个完整的理论体系。另一方面，如何度量制度质量尚未形成共识。目前还没有一个对各国制度质量进行度量的统一的指标体系。

本章思考题

（1）请阐述什么是制度，什么是交易成本。
（2）为何说制度很重要？其重要性体现在哪些方面？
（3）请阐述契约实施制度如何影响一国比较优势。
（4）请阐述一国的制度质量如何影响跨国公司的行为。
（5）WTO/GATT 制度能促进国际贸易吗？请谈谈你的看法。

参考文献

贝格威尔，思泰格尔，2005.世界贸易体系经济学[M].雷达，詹宏毅，等译.北京：中国人民大学出版社.

卞泽阳，强永昌，2018.外贸制度变迁对中国出口三元边际的影响：基于中国入世和外贸经营登记制的实证研究[J].当代财经（10）：90-101.

陈基平，魏浩，2019.国际移民流入对进出口贸易影响的实证分析：来自美国的证据[J].国际商务研究（1）：30-40.

曹慧平，王欣，2020.契约环境、社会信任与出口稳定性：基于目的国视角的研究[J].世界经济研究（10）：32-44.

程惠芳，杨莉，2020.区域贸易协定及其条款深度对中国产业内贸易的影响[J].浙江树人大学学报（人文社会科学）（4）：52-60.

戴利研，李震，2018.双边政治关系、制度质量与中国对外直接投资[J].经济理论与经济管理（11）：94-109.

高疆，盛斌，2018.贸易协定质量会影响全球生产网络吗？[J].世界经济研究（8）：3-16.

贺娅萍，徐康宁，2018."一带一路"沿线国家的经济制度对中国OFDI的影响研究[J].国际贸易问题（1）：92-100.

黄亮雄，孙湘湘，王贤彬，2019.商事制度改革与外商直接投资[J].中山大学学报（社会科学版）（6）：178-190.

黄先海，吴屹帆，2020.正式制度、非正式制度质量与比较优势[J].国际贸易问题（3）：1-21.

黄新飞，林志帆，2020.东道国政治制度质量如何影响中国OFDI决策？：基于资源寻求动机与调节效应视角的实证检验[J].中山大学学报（社会科学版）（4）：158-170.

韩剑，冯帆，李妍，2018.FTA知识产权保护与国际贸易：来自中国进出口贸易的证据[J].世界经济（9）：51-74.

韩剑，王灿，2019. 自由贸易协定与全球价值链嵌入：对 FTA 深度作用的考察 [J]. 国际贸易问题（2）：54–67.

韩剑，张倩洪，冯帆，2018. 超越 WTO 时代自贸协定的贸易创造效应：对关税与非关税措施贸易影响的考察 [J]. 世界经济研究（11）：51–64.

蒋含明，2018. 契约不完全、产品内国际分工与中国制造业真实贸易利得 [J]. 当代财经（5）：102–112.

康继军，孔明星，谈笑，2019. 文化认同对中国出口分行业贸易影响分析 [J]. 国际贸易问题（1）：67–79.

康益敏，朱先奇，李雪莲，2019. 制度质量与中国对外贸易的门槛效应分析：基于"一带一路"沿线国家面板数据 [J]. 经济问题（4）：117–122.

刘德学，孙博文，2019. 经济制度距离与贸易发展：基于跨国面板数据的实证研究 [J]. 国际商务（对外经济贸易大学学报）（1）：21–33.

刘文革，周方召，肖园园，2016. 不完全契约与国际贸易：一个评述 [J]. 经济研究，51（11）：166–179.

刘政，任芳妤，蔡宏波，2019. "一带一路"沿线国家和地区华人移民对中国对外贸易的影响研究 [J]. 经济纵横（4）：86–94.

李春顶，郭志芳，何传添，2018. 中国大型区域贸易协定谈判的潜在经济影响 [J]. 经济研究，53（5）：132–145.

李俊青，刘凯丰，李双建，2018. 法治环境、契约密集度与企业出口决策 [J]. 国际贸易问题（9）：38–52.

林玲，刘尧，2018. 制度质量，行业契约密集度与出口贸易：基于中国对"一带一路"国家的出口研究 [J]. 国际贸易问题（7）：121–133.

林梦瑶，张中元，2019. 区域贸易协定中竞争政策对外商直接投资的影响 [J]. 中国工业经济（8）：99–117.

林僖，鲍晓华，2018. 区域服务贸易协定如何影响服务贸易流量？：基于增加值贸易的研究视角 [J]. 经济研究，53（1）：169–182.

马淑琴，李敏，邱询旻，2020. 双边自由贸易协定深度异质性及区内全球价值链效应：基于 GVC 修正引力模型实证研究 [J]. 经济理论与经济管理（5）：62–74.

盛斌，景光正，2019. 金融结构、契约环境与全球价值链地位 [J]. 世界经济，42（4）：29–52.

陶锋，杨雨清，邱洋冬，2019. 跨国网络、制度质量与贸易强国建设——兼谈"一带一路"倡议 [J]. 国际经贸探索（5）：22–39.

铁瑛，蒙英华，2020. 移民网络、国际贸易与区域贸易协定 [J]. 经济研究，55（2）：165–180.

王博君，2019. 经济制度对中国对外直接投资的影响：以"一带一路"沿线国家数据为例 [J]. 湖南社会科学（1）：110–119.

王金波，2018. 制度距离、文化差异与中国企业对外直接投资的区位选择 [J]. 亚太经济（6）：83–90.

王璐航，首陈霄，2019. 中国入世与出口增长：关于关税不确定性影响的再检验 [J]. 经济学（季刊）（2）：721–748.

王霞，文洋，2018.WTO 和 RTAs 对亚太区域内贸易的驱动机制研究 [J]. 亚太经济（4）：17–25.

王学君，潘江，2017. 贸易自由化与增加值贸易：WTO 对中国出口的真实影响 [J]. 经济理论与经济管理（6）：96-109.

吴群锋，杨汝岱，2019. 网络与贸易：一个扩展引力模型研究框架 [J]. 经济研究，54（2）：84-101.

魏玮，张万里，2018. 制度环境对外商直接投资质量的影响及区域差异 [J]. 海南大学学报（人文社会科学版）（1）：62-71.

许和连，成丽红，孙天阳，2018. 离岸服务外包网络与服务业全球价值链提升 [J]. 世界经济（6）：77-101.

许培源，刘雅芳，2019. 国际贸易投资新规则对国际生产投资布局的影响 [J]. 经济学动态（8）：56-69.

余振，陈鸣，程磊，2019. 税收环境对吸引 FDI 的影响：基于中国及 OECD 成员国面板数据的实证研究 [J]. 亚太经济（6）：80-89.

杨继军，艾玮炜，张雨，2020. 区域贸易协定的条款深度对增加值贸易关联的影响 [J]. 国际经贸探索（7）：4-15.

杨青龙，2013. 基于制度要素的比较优势理论拓展：以交易成本经济学为视角 [J]. 财贸研究，24（4）：58-68.

杨汝岱，李艳，2016. 移民网络与企业出口边界动态演变 [J]. 经济研究，51（3）：163-175.

张慧敏，刘洪钟，2020. 政治距离、文化差异与中国的对外贸易 [J]. 国际经贸探索（1）：33-52.

张晓毅，刘文，2019. 中国海外移民网络对"一带一路"沿线国家出口贸易的影响 [J]. 山东社会科学（6）：100-105.

张一，柳春，魏昀妍，等，2019. 制度距离如何影响 FDI 进入模式选择：来自工业企业的证据 [J]. 国际经贸探索（8）：67-83.

张应武，刘凌博，2020. 营商环境改善能否促进外商直接投资 [J]. 国际商务（对外经济贸易大学学报）（1）：59-70.

张应武，郑凡之，2019. 中国内容异质性 FTA 的贸易效应研究 [J]. 国际经贸探索（3）：37-53.

张中元，2019. 区域贸易协定的水平深度对参与全球价值链的影响 [J]. 国际贸易问题（8）：95-108.

郑辛迎，聂辉华，2013. 制度质量对国际贸易的影响：新制度经济学的视角 [J]. 政治经济学评论（3）：129-143.

郑展鹏，岳帅，2020. 制度质量、人口结构与出口技术复杂度 [J]. 北京理工大学学报（社会科学版）（2）：70-78.

周定根，杨晶晶，赖明勇，2019. 贸易政策不确定性、关税约束承诺与出口稳定性 [J]. 世界经济（1）：51-75.

祝树金，段凡，邵小快，等，2019. 出口目的地非正式制度、普遍道德水平与出口产品质量 [J]. 世界经济（8）：121-145.

祝树金，孙京洲，钟腾龙，2020. 社会信任、总部服务与加工贸易中的跨国企业边界 [J]. 经济学动态（6）：61-73.

ACEMOGLU D, ANTRÀS P, HELPMAN E, 2007. Contracts and technology adoption[J]. The American economic review, 97(3): 916-943.

ACEMOGLU D, JOHNSON S, MITTON T, 2009. Determinants of vertical integration: financial development and contracting costs[J]. The journal of finance, 64(3): 1251-1290.

ALFARO L, ANTRÀS P, CHOR D, et al.,2019. Internalizing global value chains: a firm-level analysis[J]. Journal of political economy, 127(2): 508-559.

ALHASSAN A, PAYASLIOGLU C,2020. Institutions and bilateral trade in Africa: an application of Poisson's estimation with high-dimensional fixed effects to structural gravity model[J]. Applied economics letters, 27(16): 1357-1361.

ALQUIST R, BERMAN N, MUKHERJEE R, et al., 2019.Financial constraints, institutions, and foreign ownership[J]. Journal of international economics,118: 63-83.

ÀLVAREZ I C, BARBERO J, RODRÍGUEZ-POSE, et al., 2018. Does institutional quality matter for trade? Institutional conditions in a sectoral trade framework[J]. World development, 103: 72-87.

ANTRÀS P, CHOR D,2013. Organizing the global value chain[J]. Econometrica, 81(6): 2127-2204.

ANTRÀS P, HELPMAN E, 2004. Global sourcing[J]. Journal of political Economy, 112(3): 552-580.

ANTRÀS P, HELPMAN E,2006. Contractual frictions and global sourcing: NBER working paper(12747)[R/OL]. [2023-10-15]. https://www.nber.org/system/files/working_papers/w12747/w12747.pdf. DOI: 10.3386/w12747.

ARAUJO L, ORNELAS E,2007. Trust-based trade: CEP discussion paper(820) [R/OL].[2023-10-18]. https://eprints.lse.ac.uk/19693/1/Trust-Based_Trade.pdf.

BAJO-BUENESTADO R,2018.Relationship-specificity, incomplete contracts, and the pattern of trade: a comment on the role of natural resources[J].Energy economics, 75: 410-422.

BEHERA C, MISHRA B R, PRIYADARSHINI B T, et al.,2020. Institutional quality and foreign direct investment inflows: evidence from cross-country data with policy implication[J]. International journal of economics and business administration, 8(2): 302-316.

BOSIRE E M, 2019.Does better business regulatory environment translate to increased foreign direct investment inflows? Evidence from Eastern Africa[J]. International journal of economics and financial issues, 9(4): 119-136.

BÜGE M, 2014.Do preferential trade agreements increase their members' foreign direct investment?: German development institute discussion papers(37/2014) [R/OL].[2023-09-27]. https://www.idos-research.de/uploads/media/DP_37.2014.pdf.

CASTELLARES R, SALAS J, 2019.Contractual imperfections and the impact of crises on trade: evidence from industry-level data[J].Journal of international economics, 116: 33-49.

COASE R H,1937.The nature of the firm[J].Economica, 4(16) : 386-405.

CONTRACTOR F J, DANGOL R, NURUZZAMAN N, et al., 2020. How do country regulations and business environment impact foreign direct investment (FDI) inflows?[J]. International business review, 29(2): 101-640.

COSTINOT A, 2009. On the origins of comparative advantage[J]. Journal of international economics, 77(2) : 255-264.

ESTEVE-PÉREZ S, GIL-PAREJA S, LLORCA-VIVERO R, 2020. Does the GATT/WTO promote trade? After all, Rose was right[J]. Review of world economics, 156(2): 377-405.

FELBERMAYR G, KOHLER W, 2010.Modelling the extensive margin of world trade: new evidence on GATT and WTO membership[J]. The world economy, 33: 1430-1469.

GANI A, 2018. Contract enforcement and trade[J]. Journal of Industry, competition and trade, 18: 107-119.

GROSSMAN G M, HELPMAN E, 2003. Outsourcing versus FDI in industry equilibrium[J]. Journal of the European economic association, 1(2/3): 317-327.

KAMAL M A, SHAH S H, JING W, et al., 2020. Does the quality of institutions in host countries affect the location choice of Chinese OFDI: evidence from Asia and Africa[J]. Emerging markets finance and trade, 56(1): 208-227.

KARAM F, ZAKI C, 2019. Why don't MENA countries trade more? The curse of deficient institutions[J]. The quarterly review of economics and finance, 73: 56-77.

KOX H L M, ROJAS-ROMAGOSA H, 2020. How trade and investment agreements affect bilateral foreign direct investment: results from a structural gravity model[J]. The world economy, 43(12): 3203-3242.

LAGET E, OSNAGO A, ROCHA N, et al., 2020. Deep trade agreements and global value chains[J]. Review of industrial organization, 57(6): 379-410.

LANZ R, LEE W, STOLZENBURG V, 2019. Distance, formal and informal institutions in international trade: WTO staff working paper [R/OL].(03-08) [2023-10-22]. https://www.wto.org/english/res_e/reser_e/ersd201903_e.pdf.

LEVCHENKO A A, 2007. Institutional quality and international trade[J]. The review of economic studies, 74(3): 791-819.

LI Q, MAANI S, 2018. Detecting positive effects of the ASEAN-China Free Trade Agreement on foreign direct investment[J]. International economics and economic policy, 15(1): 1-19.

MATTOO A, MULABDIC A, RUTA M, 2022. Trade creation and trade diversion in deep agreements[J]. Canadian journal of economics, 55(3): 1598-1637.

MELITZ J, TOUBAL F, 2019. Somatic distance, trust and trade[J]. Review of international economics, 27(3): 786-802.

NICOLINI M, 2019. Institutions and offshoring behavior[J]. The international trade journal, 33(2): 160-175.

NIEMAN M D, THIES C G, 2019. Property rights regimes, technological innovation, and foreign direct investment[J]. Political science research and methods, 7(3): 451-469.

NUNN N, 2007. Relationship-specificity, incomplete contracts, and the pattern of trade[J]. The quarterly journal of economics, 122(2): 569-600.

NUNN N, TREFLER D, 2014. Domestic institutions as a source of comparative advantage[J]. Handbook of international economics, 4: 263-315.

ORNELAS E, TURNER J L, 2008. Trade liberalization, outsourcing, and the hold-up problem[J]. Journal of International Economics, 74(1): 225-241.

OSNAGO A, ROCHA N, RUTA M, 2019. Deep trade agreements and vertical FDI: the devil is in the details[J]. Canadian journal of economics, 52(4): 1558-1599.

OYAMADA K, 2019. Is FTA/EPA effective for a developing country to attract FDI? The knowledge-capital model revisited[J]. The world economy, 42(3): 759-784.

PAPAGEORGIADIS N, MCDONALD F, WANG C G, et al., 2019. The characteristics of intellectual property rights regimes: how formal and informal institutions affect outward FDI location[J]. International business review, 29(1): 101620.

ROSE A K, 2004. Do we really know that the WTO increases trade?[J]. The American economic review, 94(1): 98-114.

ROY S S, PYNE P K, 2016. Is WTO governed trade regime sufficient for export growth?[M]// ROY M, ROY S S. International trade and international finance: explorations of contemporary issues. New Delhi: Springer.

SABIR S, RAFIQUE A, ABBAS K, 2019. Institutions and FDI: evidence from developed and developing countries[J]. Financial innovation, 5(1): 1-20.

TREFLER D, 1995. The case of missing trade and other mysteries[J]. The American economic review, 85(5): 1029-1046.

WANG C Y, LI Z L, ZHONG T, 2019.Social trust, rule of law, and economic exchange: evidence from China and its major trading partners[J]. Emerging markets finance and trade, 55(14): 3134-3150.

WILLIAMSON O E,1971. The vertical integration of production: market failure considerations[J].The American economic review, 61(2): 112-123.

YOUNSI M, BECHTINI M, 2019. Do institutions and good governance affect inward FDI? Empirical evidence from emerging countries: MPRA paper(94815) [R/OL].(07-02)[2023-10-25]. https://mpra.ub.uni-muenchen.de/94815/1/MPRA_paper_94815.pdf.

第十一章

开放经济下的宏观经济政策：理论前沿与中国实践

本章学习目标

- 了解开放宏观经济学的研究方法与分析框架的发展进程与研究前沿；了解中外针对汇率、资本流动管理的各类宏观审慎工具。
- 熟悉开放经济下货币政策的传导机制，以及影响货币政策有效性的新渠道；熟悉货币政策和宏观审慎政策双支柱调控框架的内涵及应用；熟悉中国金融开放改革的理论机制。
- 掌握中国货币政策多目标制的内涵，以及目标和工具的演变；掌握货币创造的机制，并用其分析中央银行的外汇冲销行为。

本章思维导图

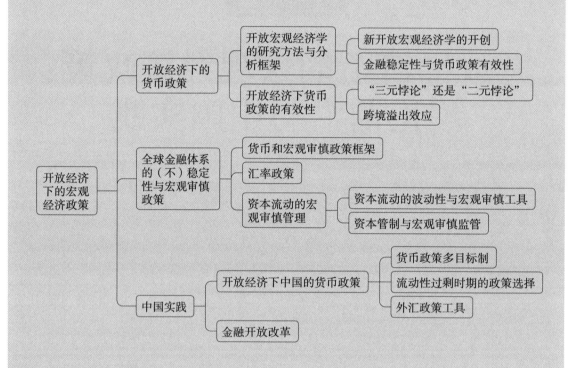

在开放经济中，宏观经济政策的目标可以分为内部平衡目标和外部平衡目标。内部平衡目标聚焦于物价稳定与充分就业，外部平衡目标则关注国际收支平衡。在全球互动的经济环境下，各国在实现其宏观经济目标时，将不可避免地将影响其他国家宏观经济政策目标的实现。全球贸易、金融一体化进程的加速进一步凸显了国内政策有效性的问题，以及国内政策与国外政策相互冲击的跨境溢出效应。

在本章中，首先，第一节介绍开放宏观经济学的研究方法与分析框架，并以货币政策的"三元悖论"为切入点，探讨影响货币政策有效性的新渠道、新机制。由"全球金融周期"驱动的各国之间的政策共振使得一国的货币当局在传统的宏观政策目标（物价稳定、充分就业）和金融稳定目标之间面临更严苛的选择。其次，第二节介绍货币政策和宏观审慎政策双支柱调控框架，并梳理针对汇率、资本流动管理的宏观审慎工具。最后，在对开放宏观领域的理论前沿进行了初步的了解之后，我们将在第三节聚焦于中国的实践，中国是一个处于转轨期的大型开放经济体，第一、二节中适用于发达经济体或金融开放的新兴市场经济的研究框架并不能完全契合中国经济的特征。在第三节中我们将介绍中国的货币政策实践，以及持续推进的金融开放改革。

第一节　开放经济下的货币政策

一、开放宏观经济学的研究方法与分析框架

（一）新开放宏观经济学的开创

Obstfeld 等（1995）将名义价格粘性和不完全竞争引入开放经济的动态随机一般均衡模型（Dynamic Stochastic General Equilibrium，DSGE）中，并采用基于效用最大化的福利分析方法进行政策效应分析，从而开创了新开放宏观经济学（New Open Economy Macroeconomics，NOEM）。相比于传统的蒙代尔-弗莱明的开放经济凯恩斯主义分析框架（IS-LM-BP 模型），新开放宏观经济学建立于对经济行为决策、政策意图的一般均衡分析之上，提供了良好的微观基础，尤其适用于系统模拟与动态分析，因而构建了更加科学、切合实际的分析框架。

许多学者随后在 Obstfeld 等（1995）的 NOEM 基本理论框架之上，依据各自的研究目的，从价格粘性（Betts et al., 1996）、贸易摩擦（Sutherland, 1996）、国家经济规模（Lane, 1997）、国际政策协调（Benigno, 1998）、不确定性（Obstfeld et al., 1998）、企业生产技术（Hau, 2000）以及消费者偏好（Corsetti et al., 2001）等多维度多视角进行了大量的研究和深化工作，使新开放宏观经济学的理论进一步丰富和完善。

(二) 金融稳定性与货币政策有效性研究

在新开放宏观经济学迅速发展的同一时期，金融体系在一国宏观经济中扮演的角色也日益重要。因此，有一些学者开始将研究焦点转向金融体系的稳定性对宏观经济周期波动的影响。现有的文献主要是从借鉴两个基础模型来展开的，即以信息不对称为基本假设前提、并考虑由此引发的代理成本而建立的 BGG（Bernanke，Gertler and Gilchrist）模型，以及由抵押品价值导致的借贷约束为基本假设的 KM（Kiyotaki and Moore）模型。上述理论模型强调金融摩擦是放大经济周期波动的关键渠道。Gertler 等（2007）将上述金融加速器理论引入至新开放宏观经济学的框架中，比较在不同汇率制度下，金融摩擦放大经济波动幅度的差异。

2008 年全球金融危机之后，在上述 BGG 模型和 KM 模型两个基本模型的基础之上，学者们构建了大量纳入金融机构行为的 DSGE 模型，试图解释金融危机演变机理，探究金融危机时期常规、非常规货币政策的传导机制，并评估其有效性。由于资产价格既是货币政策传导的重要渠道，又是中央银行所用信息的重要组成部分，因此，许多学者基于 KM 模型，对资产抵押贷款渠道进行了扩展。资产价格（例如房价）波动导致财富价值的变化作用于受信贷约束的居民（Iacoviello et al., 2010; Favilukis et al., 2017）、受信贷约束的企业（Liu et al., 2013）所形成的逆反馈放大机制，在经济高涨时进一步推高资产价格（Guerrieri et al., 2017），而在经济衰退时可能引发金融中介机构的信贷危机（Iacoviello, 2015），尤其在金融一体化的情境下，进一步传导并放大经济周期波动（Brzoza-Brzezina et al., 2011）。

2008 年以来，全球主要经济体不断面临零利率下限（the Zero Lower Bound，ZLB）的货币政策困境。一些研究在开放经济的新凯恩斯模型框架中，试图描述在高度扩张的货币政策以及近于零的政策利率下，实体经济仍持续面临低通胀、低增长的后危机状况，并将后危机时期的全球经济长期低迷归因为收敛于流动性陷阱稳态的均衡路径（Schmitt-Grohé et al., 2017; Aruoba et al., 2018; Jarociński et al., 2018）。在对货币政策框架反思与扩展的讨论中，如何协调货币政策与宏观审慎政策是焦点议题。Quint 等（2014）将金融失衡下的货币政策与宏观审慎政策的合作引入两国开放经济的 DSGE 模型的框架中，探寻大国在开放经济条件下，宏观审慎政策与货币政策的最优组合。

二、开放经济下货币政策的有效性

第三章已从金融开放的测度及经济效应的视角简单介绍了"三元悖论"理论的发展，本章继续以货币政策的"三元悖论"为切入点，进一步探讨影响货币政策有效性的新渠道、新机制。

(一) "三元悖论"还是"二元悖论"

Rey（2015）在其被广泛引用的论文中指出，只要资本流动不受限制，仅凭浮动汇率制不足以维持本国货币政策的独立性。这一论点对经典的开放经济分析框架下的"三元悖论"

提出了挑战。"三元悖论"又称"不可能三角",即资本自由流动、固定汇率与货币政策独立性这三个政策目标中至多只能选择其中两个。但是,根据 Rey(2015)的"二元悖论",无论一国采取何种汇率制度,一旦其允许资本自由流动,则放弃了货币政策的独立性。"二元悖论"来自 Rey(2015,2016)的敏锐观察,她认为,存在一个资本流动、银行部门杠杆、国内信贷以及风险资产的价格在各国之间共同波动的"全球金融周期"。不仅如此,上述变量与国际金融市场的波动性和避险情绪(例如芝加哥期权交易所 VIX 指数,简称 VIX 指数)强烈负相关,而 VIX 指数等反过来又深受美国货币政策的影响。这意味着美国等对全球经济起主导作用的国家的金融状况,而非一国国内的政策利率,事实上支配了一国的宏观经济、金融状况(Passari et al.,2015)。

Obstfeld 等(2019)也承认,在金融开放的国家中,浮动汇率并不足以完全缓冲国际金融冲击、国外货币政策等外部冲击,国内货币政策的有效性因此受到制约。例如,如果借款人能够在国内和外部融资之间进行替代,则会影响国内利率变化对信贷和资产价格的传导效果。此外,即使一国的短期利率能保持独立性,长期利率也往往深受全球金融环境的影响(Obstfeld,2015)。此外,浮动汇率制度本身也可能充当外部冲击的传导渠道,即汇率通过自我增强的杠杆过程将放大经济周期的波动性,而非充当外部冲击的减震器。例如,在宽松的国外金融环境下,本币升值,资产及抵押品的价值随之上升,从而对信贷和资产市场产生顺周期性的影响。反之,当国际金融状况不佳时,抵押品的价值随汇率贬值而下降,并触发信贷约束收缩和进一步汇率贬值的正反馈循环(Bruno et al.,2015;Korinek et al.,2016)。

但是,Obstfeld(2015)还认为,相比于固定汇率制度,汇率浮动制度仍然在应对外部冲击上拥有更大的灵活性,尽管无法完全隔绝外部冲击,但仍可实现合意的政策效果。从这个意义上说,更灵活的汇率确实在一定程度上阻隔了外部冲击,正如"三元悖论"所预测的那样。Obstfeld 等(2019)进一步证明了该论点,即在最易遭受外部冲击的新兴经济体中,对于那些实行自由或有管理浮动汇率制度的国家,国内大多数金融变量受全球金融风险变化的影响较小。

(二)货币政策的跨境溢出效应

如前文所述,在全球资本自由流动的条件下,浮动汇率制度并不足以完全阻隔外部冲击,这意味着美国等对全球经济起主导作用国家的货币政策具有跨境溢出效应。Blanchard(2016)总结了发达经济体扩张性货币政策影响新兴经济体的三个渠道,即出口的增加、汇率升值以及资本流动对新兴经济体金融体系的影响。一些学者对全球量化宽松及退出量化宽松的国际溢出效应进行了测度。例如,美联储在 2013 年明确释放退出量化宽松的信号后,在全球市场引发的"缩减恐慌"(Taper Tantrum)导致新兴经济体普遍性的货币贬值(Mishra et al.,2014;Eichengreen et al.,2015;Aizenman et al.,2016)。相反,发达经济体的非常规货币政策同样降低了新兴市场经济体的主权债券的长期收益率(Chen et al.,2013;Fic,2013;Fratzscher et al.,2016)。量化宽松对处于潜在经济崩溃状态的发达经济体起到了托底作用,但是,新兴经济体是否深受其害仍无定论。正如 Gtagnon 等(2017)所指出的,加总非常规货币政策的全球成本与收益的估算工作仍在进行中。

作为冲击来源国的发达经济体同样会关注其货币政策跨境溢出的回流效应(Backflow

Effect）。Obstfeld（2019）探究了全球因素对美国货币政策抉择的影响机制。他考虑了三个主要渠道：一是在国际价格和全球竞争，以及国内宽松和有通货膨胀预期的经济环境下，全球因素对国内通货膨胀的影响；二是在融入全球金融市场的情况下，全球因素对资产收益与金融状况的影响；三是美国特有的，即美国货币政策对世界各国非均等影响的潜在回流效应的影响。就其本身而言，全球因素并不一定会削弱美国货币当局在长期中调控价格水平的能力。但是，在短期内，全球因素的确影响了价格水平与其他目标（例如低失业率和金融稳定）之间的权衡，从而影响了实现给定价格路径的政策成本。除此之外，许多学者将2020年新冠疫情的全球大流行及其社会、经济影响视为新的研究焦点，试图探寻在疫情的发展及其对经济影响程度不确定的全球新形势下，各国的政策决策者如何制定适宜的宏观经济政策、干预措施，以及这对本国及全球经济又有何影响（Brodeur et al., 2021; McKibbin et al., 2021; Stock, 2020）。

第二节　全球金融体系的（不）稳定性与宏观审慎政策

不同于上一节讨论的关于货币政策的"三元悖论"，Schoenmaker（2013）提出了金融体系下的"三元悖论"，即各国必须在国内金融政策、融入全球金融市场以及金融稳定之间做出选择。例如，如果各国深度融入国际金融市场，并且每个国家均保留对金融政策的国家主权，则辖区之间的监管套利可能会破坏金融稳定性（对套利渠道的实证研究，可参见Aiyar et al., 2014; Cerutti et al., 2017）。另外，保持国内金融政策独立性的国家可以通过切断与国际金融市场融合的方式来增强金融稳定性。但是，大多数国家愿意有效地放弃对本国金融监管的一定主权，以期在保持金融稳定的同时，拥有进入国际资本市场的权利。金融的"三元悖论"不仅适用于持有统一货币的欧元区国家，也适用于实行浮动汇率制度的国家。

金融体系下的"三元悖论"使得货币当局在传统的宏观政策目标（通货膨胀、产出）和金融稳定之间面临更严苛的选择，即便是对于实行资本账户开放和浮动汇率制度的国家来讲，选择合适的宏观审慎政策越来越困难。（Obstfeld, 2015）。Jordà等（2020）的研究表明，由于面临金融的"三元悖论"，一国的货币政策将对其经济的生产能力产生长期的、持久的影响。因此，国内金融稳定政策将肩负更重的责任，其中，宏观审慎政策必须承担一定的责任，并且在面临某些特定的冲击时，采取一些形式的资本管制措施是可取的（Blanchard, 2016）。

一、货币政策和宏观审慎政策框架：汇率的角色

（一）货币政策和宏观审慎政策框架的定义

货币政策和宏观审慎政策框架，即同时运用货币政策和宏观审慎政策以稳定经济。其

中，货币政策以实现币值与产出的稳定为目标；宏观审慎政策以维护整个金融体系的稳定为目标，而微观审慎政策的目标则是保障单个金融机构的稳健性。

（二）汇率政策

汇率的波动性是新兴经济体的显著特征之一，对于那些拥有大量外债的新兴经济体尤甚。相比而言，汇率波动与发达经济体金融稳定的相关性较低，但资产价格波动仍然是一个威胁（Korinek et al., 2016）。汇率的波动主要通过三个渠道对一国的金融稳定性构成了挑战（Agénor et al., 2014）。第一，货币的大幅流动可能会扰乱汇率预期，进而导致资本流动的突然转向，并引发本币债务和股票市场的大幅震荡。第二，本币贬值会加剧具有大量外币债务敞口的国内借款人的货币错配，从而可能损害其信誉。第三，本币大幅贬值可能与金融危机期间外部资金状况的恶化有关。由于一国的汇率水平会影响外国贷方对本国抵押品的估值，因此汇率的波动会加剧冲击（Korinek et al., 2016）。抵押品的价值随汇率贬值而下降，并触发信贷约束收缩和汇率进一步贬值的正反馈循环，即"汇率贬值→信贷约束收缩→资本外流→汇率贬值"的恶性循环。

一国如果面临上述大规模资本逆转的情况，是否应放弃浮动汇率制呢？Fornaro（2015）在构建的理论模型中，刻画了使用固定资产作为抵押品从国际市场借贷的本国居民，并模拟了资本流动突然中断的情形。随着信贷约束收缩，经济陷入衰退。Fornaro还发现，相较于制定严格的通货膨胀目标，关注金融体系发展和国内外债券利差的货币政策带来了更高的福利水平。此外，固定汇率制将导致金融危机期间的福利损失大大增加（Gertler et al., 2007）。

外汇干预已成为许多经济体积极使用的政策工具。尽管如此，采用外汇干预政策的国家可能仍会制定通货膨胀目标。外汇干预政策本身可被视为抑制汇率的波动，甚至瞄准某一汇率水平的规则。但是，Jun（2008）发现外汇干预政策往往是相机抉择式的。有管理的浮动汇率制度放松了对通货膨胀反应程度的约束，并减缓了不确定性和预期不稳定性的问题（Llosa et al., 2008）。Cavoli等（2015）指出，尽管外汇冲销削弱了资本流入对利率的影响，但它可能增强国外利率效应。实行固定汇率制度或制订严格通货膨胀目标的小型开放经济体如果想要稳定实际汇率和通货膨胀，则将以实体经济的不稳定为代价（Alba et al., 2011）。

二、资本流动的宏观审慎政策

（一）资本流动的波动性与宏观审慎政策

上一节我们提到，发达经济体非常规货币政策的实施，导致全球资本流动的大规模波动。这种资本流动可能面临"突然终止"（Sudden Stop），即净出口突然上升、国际资本流入突然逆转。由于资本流入的转向可能导致经济增长和国内吸收的下滑，并引发资产价格的调整（Mendoza, 2010），因此，政策制定者通过限制资本流动的方式，以缓解经济过热与通货膨胀的压力，并缓和由长期宽松的融资条件给金融稳定带来的潜在风险（Unsal, 2013）。

为应对资本流动的波动，货币政策和宏观审慎政策可以相互补充，并且两者并非完美替代品（Unsal, 2013）。相较于货币政策，针对资本流动的宏观审慎政策，例如贷款价值比（Loan-to-value Ratio）等政策更为有效。此外，在固定汇率制度下，金融冲击对通货膨胀和产出有更显著的影响。相比较而言，在浮动汇率制度下，可通过名义汇率的升值抑制经济过热并缓解通货膨胀压力（Forbes et al., 2015）。

Glocker 等（2012）提倡新兴经济体应该将准备金要求（Reserve Requirement）作为重要的政策工具。利率调整与准备金要求的政策组合在价格粘性的小型开放经济中是稳定经济的有效政策工具。并且，当金融摩擦、外债及信贷稳定目标同时存在时，准备金要求的使用将变得更加有效。但是，资本管制的存在降低了准备金要求的有效性。Medina 等（2014）的研究也表明，逆周期的准备金要求提高了货币政策在降低资产价格波动中的有效性，从而改善了经济福利。上述研究与早期 De Gregorio 等（2000）的研究结论不同，他们认为，尽管准备金要求可能会在短期或长期改变资本流入的构成，但是其在限制资本流入方面的作用是有限的。

Agénor 等（2014）在小型开放经济的 DSGE 模型中，考察了逆周期的资本监管规则（Capital Regulation Rules）的有效性。该模型刻画了两级银行中介结构（公司从国内银行借贷，国内银行从国际金融市场借贷）、风险敏感的资本监管制度以及不完全的资本流动。研究发现，逆周期的资本监管规则有效地促进了宏观经济稳定和金融稳定。但是，当遭遇规模较大的持久性冲击时，逆周期的资本监管规则可能需要与其他更有针对性的宏观审慎政策配合使用，这是因为资本监管规则在降低经济波动性上的优势呈现出收益递减的特性。

在全球金融一体化的环境中应实施宏观审慎政策，宏观审慎政策的国际政策协调（International Policy Coordination）至关重要（Agénor et al., 2023）。冲击不仅从发达国家传导至发展中国家及世界其他国家，源于发展中国家的冲击同样将影响到发达国家及世界其他国家。上述冲击还可能产生回流作用，这使得一国的政策制定者有动机在决策过程中考虑本国政策对世界其他地区的影响。Agénor 等（2019）指出，跨境套利和漏损的存在同样是应加强国际政策协调的部分原因。此外，在不同国家实施不同类型的政策以提升经济福利也需要全球协调。

（二）资本管制与宏观审慎政策

除以上介绍的一般性宏观审慎政策之外，资本管制是管理资本流动的针对性宏观审慎政策。Samarina 等（2016）认为可以通过实施资本流动管制以控制大规模的资本流入。但是，此类措施需要考虑资本流入对经济增长和金融体系稳定性的影响，以及资本流向目的地的资源配置状况。外资如果流入鲜有投资机会的国家中，可能会替代资金流入国国内银行对非金融企业的贷款，从而银行的资产负债表将更多地由家庭贷款主导。特别是，其更依赖于国内投资的经济结构会加剧金融危机期间的信贷紧缩，而外商直接投资的引入缓解了流动性约束（Tong et al., 2011）

Forbes 等（2015）认为，资本管制可能会降低由银行杠杆、通货膨胀预期、银行信贷增长和投资组合负债敞口加剧的金融脆弱性。但是，这一金融脆弱性的降低在仅持续 6 个月之后发生逆转。此外，此类资本管制对短中期包括股票指数、通货膨胀、利差以及汇率和投资组合流动的波动在内的大多数其他宏观经济、金融市场变量的影响有限。基于印度的数据，Patnaik 等（2012）的研究显示，在正面清单（非允许的金融交易均违法）的金融监管制度框架内，在实行价格、数量和行政控制的情况下，资本管制的引入可以减少债务流动。

Korinek 等（2016）聚焦于资本管制与宏观审慎政策之间的差异。资本管制仅适用于居民与非居民之间的金融交易，而宏观审慎监管限制本国借款人向本国或外国贷方的借贷行为。他们认为，在货币政策实施中，同时引入资本管制和宏观审慎政策可能会缓解汇率贬值的紧缩效应。宏观审慎政策旨在减少全部金融负债的数额及风险，而资本管制的目标是通过限制资本净流入量来增加经济总体的净资产。上述政策均使得国内信贷市场与国际信贷市场之间产生利差，并鼓励国内储蓄。

Jeanne（2016）的研究表明，采用宏观审慎政策或资本管制的各国中央银行需要考虑其国际储备的充足性。由于流入新兴经济体的大量资本随时可能会逆转，因此，货币当局必须为由全球金融系统风险价值（Value at Risk, VaR）约束引发的紧急抛售的可能性预留空间。资本流入的"突然终止"通常伴随着实际金融活动中的大幅收缩，而解决这一问题的最优政策即通过在正常时期吸收资本流入，在资本流出时期以为市场提供流动性的方式管理国际储备。

第三节　开放经济下的宏观经济政策：中国实践

第一、二节对开放宏观经济学的理论前沿进行了初步介绍，上述前沿文献要么聚焦于契合小型开放经济特征的新兴经济体，要么关注发达经济体自身的新问题。在学习借鉴前沿文献思路、方法时，我们应该始终保持审慎的态度，应清楚地认识到，一国的宏观经济政策是内生于本国的经济、金融结构的。中国是一个处于转轨期的大型开放经济体，国外学者构建的适用于发达经济体或金融开放的新兴经济体的分析框架并不能完全契合中国特征。党的二十大报告提出，要健全宏观经济治理体系，建设现代中央银行制度，深化金融体制改革，并以构建新发展格局和建设现代化经济体系取得重大进展、更高水平开放型经济新体制基本形成等为主要任务目标。徐忠（2017）指出，中国的政策实践往往超前于理论发展。中国的货币政策实践，对于全球金融危机后发达经济体的中央银行和货币经济理论发展，都具有非常重要的借鉴意义。

一、开放经济下中国的货币政策

（一）货币政策多目标制

中国的货币政策目标包括低通货膨胀、经济增长、保持较高就业（也可以理解为较多的新增就业)和国际收支平衡的"四大目标综合平衡"(周小川,2012)。2008 年全球金融危机之后,金融稳定也被纳入货币政策的目标之中。周小川(2012)强调,我国历来坚持货币政策多目标制。中国经济正处于改革转轨期间,至少在市场化程度、货币政策的运作机制和传导机制上不同于发达国家,也不同于市场化程度比较高的新兴经济体,因此货币政策单一目标制并不符合中国国情。例如,虽然很多实行自由浮动汇率制的国家不太强调国际收支平衡的问题,但是中国正处于转轨过程中,如果经常账户盈余很大,国际收支平衡对货币供应量和通货膨胀的影响就非常明显,收回多余货币供应的对冲操作与国际收支平衡和低通货膨胀目标均密切相关。

(二)流动性过剩时期的政策选择

在中国多目标、多工具的货币政策框架下,不同时期的经济条件不同,从而政策目标的侧重点不同,最适宜的货币政策工具也不同。由于中国是一个大型的经济体,货币政策主要服务于国内经济,因此中国人民银行制定货币政策也主要以我国国情为主,考虑国内的经济形势和物价走势来进行预调和微调。但是,外部的不平衡曾长期影响到我国货币政策的有效性。在加入 WTO 之后,中国曾长期处于经常项目持续顺差、外汇持续大量流入的金融格局,中国人民银行为维持汇率基本稳定而进行的外汇干预,加剧了基础货币过度供给的压力。

从一国中央银行资产负债表的角度来看,外汇的大量流入,体现在中央银行的资产方是外汇储备的积累,负债方则是外汇占款的投放。中央银行可以使用货币政策工具改变其负债结构,即将外汇占款转换为其他形式的(流动性较低的)负债。周小川(2012)指出,吸收外汇占款的主要工具是存款准备金和央行票据,都是中央银行对金融机构的负债,中央银行应把握好合适的调控艺术,使得货币投放的增长在长期内也与经济增长的需求相吻合。

另外,关于外汇冲销的一个技术性问题,李斌等(2014)指出,中央银行通过发行央行票据对冲的是商业银行的超额准备金,从而只能限制商业银行进一步进行资产扩张的能力,而不可能收回因企业结汇而被商业银行派生出的货币。表 11-1 和表 11-2 描述了在我国两级外汇市场体制下的外汇冲销过程。在表 11-1 中,首先,在银行柜台外汇市场(零售市场)上,企业甲将出口产品所得的 100 万美元向银行 A 结汇,银行购汇即创造 700 万元人民币的存款(假定美元对人民币的汇率为 1∶7)。其次,在银行间外汇市场上,银行 A 再将这 100 万美元外汇资产出售给中国人民银行,此时银行 A 资产方的外汇资产减少,同时超额准备金增加,从而增强了银行 A 通过资产扩张(例如,发放贷款或购买债券)进一步派生货币的能力。最后,为吸收银行 A 因结汇产生的过剩流动性,中国人民银行以发行 700 万元人民币(假定美元对人民币的汇率为 1∶7)央行票据的方式对冲银行 A 的流动性。从表 11-2 中可以看到,由于最初因企业结汇而派生出的 700 万元人民币存款不受中国人民银行冲销的影响,因此,相对于国内实体经济中的产品和服务而言,本国货币供给总是偏多的。

表 11-1 两级外汇市场体制下的外汇冲销

企业甲

外汇（出口产品所得）	－① 100 万美元	（假定美元对人民币的汇率为 1∶7）
人民币存款	＋① 700 万元	

银行 A

外汇	＋① 100 万美元 －② 100 万美元	企业甲人民币存款	＋① 700 万元
超额准备金	＋② 700 万元 －③ 700 万元		
央行票据	＋③ 700 万元		

中央银行

外汇	＋② 100 万美元	银行 A 人民币存款	＋② 700 万元
			－③ 700 万元
		央行票据	＋③ 700 万元

注：在表 11-1 中，步骤①为在银行柜台外汇市场上，企业甲将出口所得的 100 万美元向银行 A 结汇；步骤②为在银行间外汇市场，银行 A 将这 100 万美元外汇资产出售给中国人民银行；步骤③为中国人民银行以发行 700 万元人民币央行票据的方式对冲银行 A 的流动性。

表 11-2 各市场主体资产负债表头寸的最终变动

企业甲

外汇（出口产品所得）	－100 万美元	（假定美元对人民币的汇率为 1∶7）
人民币存款	＋700 万元	

银行 A

央行票据	＋700 万元	企业甲人民币存款	＋700 万元

中央银行

外汇	＋100 万美元	央行票据	＋700 万元

（三）外汇政策工具

管涛（2016）提出了外汇政策工具选择的新"不可能三角"，即汇率政策、外汇储备干预以及资本管制这三个工具必选其一。让人民币升值、贬值，属于价格出清；外汇储备和资本管制，属于数量出清。例如，当外汇供不应求时，如果不想让本币贬值，可以用外汇储备为市场提供流动性。如果既不想让本币贬值，又不想让外汇储备降低，那就要加强资本管制。但是，汇率政策、外汇储备干预和资本管制都不想动用是不可能的，三个工具至少要使用其中一个，或组合使用。

管涛（2016）还运用新"不可能三角"，分别对 1997 年亚洲金融危机期间和"8·11"汇改后中国在应对资本流动冲击时的外汇政策工具选择展开了分析。在 1997 年亚洲金融危机期间，中国只使用了一个工具，即加强和改进外汇管理。"8·11"汇改之后，则是对三个工具的组合使用：人民币汇率有管理地浮动、抛售外汇储备以及引入宏观审慎政策等管理资本流动的措施。

二、金融开放改革

前文介绍了流动性过剩时期的政策选择。在流动性过剩的格局下，货币政策的操作空间及实施效果均受到不同程度的影响。究其根本原因，在维持汇率稳定、限制资本流出的金融管制下，经常账户的持续顺差内生了货币过度供应的风险。盛松成等（2015）描述了这一利率上限管制、汇率固定和资本管制的时期的特征，即金融改革前的初始状态，如图 11.1 所示。

在图 11.1 中，A_1、B_1、C_1、D_1 分别为各经济金融变量的初始状态，A_1^*、B_1^* 为子图（a）、（b）中国内经济指标的局部均衡点。假定中央银行的价格水平目标为 $P_1 < P_1^*$，通过利率管制上限 $r_1 < r_1^*$，则既能实现价格水平目标，又避免利率快速上升。C_1^* 为国内利率管制下的资本和金融项目的局部均衡点，$C_1 < C_1^*$ 为资本流出被管制的初始状态。D_1^* 为资本管制下的国际收支局部均衡点，$e_1 < e_1^*$ 为将汇率稳定在低于局部均衡水平的初始状态。中央银行可使用外汇冲销和变动外汇储备的方式将经济维持在初始状态，但经济体同时承受着利率管制压力（$r_1^* - r_1$）、外汇管制压力（$F_1^* - F_1$）及维持汇率稳定的压力（$e_1^* - e_1$）。

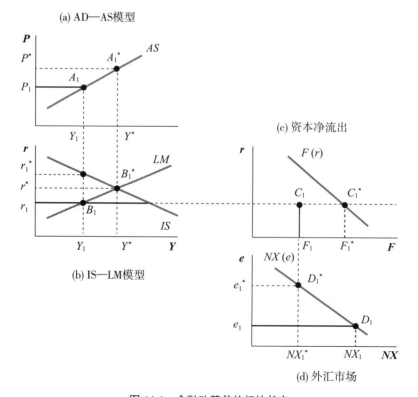

图 11.1 金融改革前的初始状态
（资料来源：盛松成，刘西，《金融改革协调推进论》，中信出版社，2015，第 43 页图 2.3，略有改动）

根据图 11.1 的分析框架，盛松成等（2015）提出，固定顺序金融改革会导致金融指标超调。例如，汇率上升后的一般均衡利率可能低于目前的局部均衡利率；利率上升后的一般均衡汇率可能低于目前的局部均衡汇率；资本完全流动后的均衡汇率可能低于资本管制下的均衡汇率。固定顺序金融改革会引起金融指标的反复震荡。他们进一步提出，金融改革应协调推进，即成熟一项、推进一项。各项金融改革交替实施，互相创造条件，以避免经济、金融体系过度波动。

第四节　研究述评

基于历史数据间数量关系的经济政策评估受到卢卡斯的批判（Lucas, 1976）。在理性预期革命之后，建立于经济行为决策、政策意图的微观基础之上的新开放宏观经济学（the New Open Economy Macroeconomics，NOEM）为开放经济条件下的宏观经济政策分析提供了更加科学、切合实际的分析框架。

一国的宏观经济政策是内生于本国动态变化的经济、金融结构的。与此同时，在全球互动的经济环境下，国内的宏观经济状况、经济政策的独立性将不可避免地受到其他国家尤其是美国等对全球经济起主导作用的国家的影响。2008 年全球金融危机后，各国决策者认识到货币稳定与金融稳定未必具有内在一致性，并开始引入针对金融稳定的宏观审慎政策框架。

总体而言，在当今极其复杂的国际、国内经济金融状况下，各国的宏观经济政策空间均面临着收窄的风险。向前看，再过几年，如果哪个国家还保持正常的货币政策，那么这样的国家应当是全球经济的亮点，也应该是市场所羡慕的地方。

本章思考题

（1）请论述开放经济下货币政策的传导渠道及其影响机制。
（2）请阐释什么是宏观审慎政策，并列举几项针对汇率、资本流动管理的宏观审慎政策工具。
（3）中国的货币政策目标有哪些？在流动性过剩时期，货币政策目标的侧重点是什么？应选取哪些货币政策工具？
（4）结合本章内容，请谈谈你对"保持正常的货币政策"的理解。

参考文献

管涛, 2016. 汇率的本质 [M]. 北京: 中信出版社.

李斌, 伍戈, 2014. 信用创造、货币供求与经济结构 [M]. 北京: 中国金融出版社.

盛松成, 刘西, 2015. 金融改革协调推进论: 论中国利率、汇率改革与资本账户开放中国经济 [M]. 北京: 中信出版社.

徐忠, 2017. 中国稳健货币政策的实践经验与货币政策理论的国际前沿 [J]. 金融研究 (1) : 1–21.

周小川, 2012. 国际金融危机: 观察、分析与应对 [M]. 北京: 中国金融出版社.

AGÉNOR P R, ALPER K, DA SILVA L A, 2014. Sudden floods, macroprudential regulation and stability in an open economy[J]. Journal of international money and finance, 48: 68-100.

AGÉNOR P R, JACKSON T P, PEREIRA DA SILVA L A, 2023. Global banking, financial spillovers, and macroprudential policy coordination[J]. Economica, 90(395): 1003-1040.

AIYAR S, CALOMIRIS C W, WIELADEK T, 2014. Does macro-prudential regulation leak? Evidence from a UK policy experiment[J]. Journal of money, credit and banking, 46(s1): 181-214.

AIZENMAN J, BINICI M, HUTCHISON M, 2016. The transmission of federal reserve tapering news to emerging financial markets[J]. International journal of central banking, 12(2): 317-356.

ALBA J D, SU Z, CHIA W M, 2011. Foreign output shocks, monetary rules and macroeconomic volatilities in small open economies[J]. International review of economics & finance, 20(1): 71-81.

ARUOBA S B, CUBA-BORDA P, SCHORFHEIDE F, 2018. Macroeconomic dynamics near the ZLB: a tale of two countries[J]. The review of economic studies, 85(1): 87-118.

BENIGNO P, 2002. A simple approach to international monetary policy coordination[J]. Journal of international economics, 57(1): 177-196.

BERNANKE B S, GERTLER M, GILCHRIST S, 1999. The financial accelerator in a quantitative business cycle framework[J]. Handbook of macroeconomics, 1: 1341-1393.

BETTS C, DEVEREUX M B, 1996. The exchange rate in a model of pricing-to-market[J]. European economic review, 40(3/4/5): 1007-1021.

BLANCHARD O, 2016. Currency wars, coordination, and capital controls: NBER working paper(22388)[R/OL]. https://www.nber.org/system/files/working_papers/w22388/w22388.pdf .DOI: 10.3386/w22388.

BRODEUR A, GRAY D M, ISLAM A, et al., 2021. A literature review of the economics of COVID-19[J]. Journal of economic surveys, 35(4): 1007-1044.

BRUNO V, SHIN H S, 2015. Capital flows and the risk-taking channel of monetary policy[J]. Journal of monetary economics, 71: 119-132.

BRZOZA-BRZEZINA M, MAKARSKI K, 2011. Credit crunch in a small open economy[J]. Journal of international money and finance, 30(7): 1406-1428.

CAVOLI T, RAJAN R S, 2015. Capital inflows and the interest premium problem: the effects of monetary sterilisation in selected Asian economies[J]. International review of economics & finance, 39: 1-18.

CERUTTI E, CLAESSENS S, LAEVEN L, 2017. The use and effectiveness of macroprudential policies:

new evidence[J]. Journal of financial stability, 28: 203-224.

CHEN Q, FILARDO A J, HE D,et al., 2013. International spillovers of central bank balance sheet policies: BIS papers(66)[R/OL]. [2023-10-28]. https://www.bis.org/publ/bppdf/bispap66p.pdf.

CORSETTI G, PESENTI P, 2001. Welfare and macroeconomic interdependence[J]. The quarterly journal of economics, 116(2): 421-445.

DE GREGORIO J, EDWARDS S, Valdes R O, 2000. Controls on capital inflows: do they work?[J]. Journal of development economics, 63(1): 59-83.

EICHENGREEN B, GUPTA P, 2015. Tapering talk: the impact of expectations of reduced federal reserve security purchases on emerging markets[J]. Emerging market review, 25: 1-15.

FAVILUKIS J, LUDVIGSON S C, VAN NIEUWERBURGH S, 2017. The macroeconomic effects of housing wealth, housing finance, and limited risk sharing in general equilibrium[J]. Journal of political economy, 125(1): 140-223.

FIC T, 2013. The spillover effects of unconventional monetary policies in major developed countries on developing countries: DESA working paper(131) [R/OL].[2023-10-31]. https://www.un.org/sites/un2.un.org/files/2020/08/1597341734.4082.pdf.

FORBES K, FRATZSCHER M, STRAUB R, 2015. Capital-flow management measures: what are they good for?[J]. Journal of international economics, 96: S76-S97.

FORNARO L, 2015. Financial crises and exchange rate policy[J]. Journal of international economics, 95(2): 202-215.

FRATZSCHER M, DUCA M L, STRAUB R, 2016. ECB unconventional monetary policy: market impact and international spillovers[J]. IMF economic review, 64(1): 36-74.

GAGNON J E, BAYOUMI T, LONDONO J M, et al., 2017. Unconventional monetary and exchange rate policies: international finance discussion papers(1194).[R/OL].[2023-10-27]. https://doi.org/10.17016/IFDP.2017.1194.

GERTLER M, GILCHRIST S, NATALUCCI F M, 2007. External constraints on monetary policy and the financial accelerator[J]. Journal of money, credit and banking, 39(2/3): 295-330.

GLOCKER C, TOWBIN P, 2012. Reserve requirements for price and financial stability: when are they effective?[J]. International journal of central banking, 8(1): 65-114.

GUERRIERI L, IACOVIELLO M, 2017. Collateral constraints and macroeconomic asymmetries[J]. Journal of monetary economics, 90: 28-49.

HAU H, 2000. Exchange rate determination: the role of factor price rigidities and nontradeables[J]. Journal of international economics, 50(2): 421-447.

IACOVIELLO M, 2015. Financial business cycles[J]. Review of economic dynamics, 18(1): 140-163.

IACOVIELLO M, NERI S, 2010. Housing market spillovers: evidence from an estimated DSGE model[J]. American economic journal: macroeconomics, 2(2): 125-64.

JAROCIŃSKI M, MAĆKOWIAK B, 2018. Monetary-fiscal interactions and the Euro area's malaise[J]. Journal of international economics, 112: 251-266.

JEANNE O, 2016. The macroprudential role of international reserves[J]. The American economic review, 106(5): 570-573.

JORDÀ Ò, SINGH S R, Taylor A M,2020.The long-run effects of monetary policy: NBER working paper (26666)[R/OL].[2023-11-02]. https://www.nber.org/system/files/working_papers/w26666/w26666.pdf. DOI: 10.3386/w26666.

JUN J, 2008. Friction model and foreign exchange market intervention[J]. International review of economics & finance, 17(3): 477-489.

KIYOTAKI N,MOORE J,1997.Credit Cycles[J]. Journal of political economy, 105(2): 211-248.

KORINEK A, SANDRI D, 2016. Capital controls or macroprudential regulation?[J]. Journal of international economics, 99: S27-S42.

LANE P R, 1997. Inflation in open economies[J]. Journal of international economics, 42(3/4): 327-347.

LIU Z, WANG P, ZHA T, 2013. Land-price dynamics and macroeconomic fluctuations[J]. Econometrica, 81(3): 1147-1184.

LLOSA L G, TUESTA V, 2008. Determinacy and learnability of monetary policy rules in small open economies[J]. Journal of money, credit and banking, 40(5): 1033-1063.

LUCAS R E, 1976. Econometric policy evaluation: a critique: Carnegie-Rochester conference series on public policy: 1: 19-46 [C].North-Holland: Elsevier.

MCKIBBIN W, FERNANDO R, 2021. The global macroeconomic impacts of COVID-19: seven scenarios[J]. Asian economic papers, 20(2): 1-30.

MEDINA J P, ROLDÓS J, 2014. Monetary and macroprudential policies to manage capita flows: IMF working paper[R/OL].(02-12)[2023-11-08]. https://www.imf.org/en/Publications/WP/Issues/2016/12/31/Monetary-and-Macroprudential-Policies-to-Manage-Capital-Flows-41347.

MENDOZA E G, 2010. Sudden stops, financial crises, and leverage[J]. The American economic review, 100(5): 1941-1966.

MISHRA P, MORIYAMA K, N'DIAYE P, et al.,2014. Impact of Fed tapering announcements on emerging markets: IMF working paper [R/OL].(06-17) [2023-11-12]. https://www.imf.org/external/pubs/ft/wp/2014/wp14109.pdf.

OBSTFELD M, 2015. Trilemmas and trade-offs: living with financial globalisation: BIS working papers(480) [R/OL].[2023-11-13]. https://www.bis.org/publ/work480.pdf.

OBSTFELD M, 2019. Global dimensions of U.S. monetary policy: NBER working paper(26039)[R/OL]. [2023-11-15]. https://www.nber.org/system/files/working_papers/w26039/w26039.pdf. DOI: 10.3386/w26039.

OBSTFELD M, OSTRY J D, QURESHI M S, 2019. A tie that binds: revisiting the trilemma in emerging market economies[J]. Review of economics and statistics, 101(2): 279-293.

OBSTFELD M, ROGOFF K, 1995. Exchange rate dynamics redux[J]. The journal of political economy, 103(3): 624-660.

OBSTFELD M, ROGOFF K, 1998. Risk and exchange rates: NBER working paper(6694)[R/OL].[2023-11-18]. https://www.nber.org/system/files/working_papers/w6694/w6694.pdf. DOI: 10.3386/w6694.

PASSARI E, REY H, 2015. Financial flows and the international monetary system[J]. The economic journal, 125(584): 675-698.

PATNAIK I, SHAH A, 2012. Did the Indian capital controls work as a tool of macroeconomic policy?[J].

IMF economic review, 60(3): 439-464.

QUINTA D, RABANALB P, 2014. Monetary and macroprudential policy in an estimated DSGE model of the Euro Area[J]. International journal of central banking, 10(2): 169-236.

REY H, 2016. International channels of transmission of monetary policy and the Mundellian Trilemma[J]. IMF economic review, 64(1): 6-35.

REY H, 2015. Dilemma not trilemma: the global financial cycle and monetary policy independence: NBER working paper (21162) [R/OL].[2023-11-23]. https://www.nber.org/system/files/working_papers/w21162/w21162.pdf. DOI: 10.3386/w21162.

SAMARINA A, BEZEMER D, 2016. Do capital flows change domestic credit allocation?[J]. Journal of international money and finance, 62: 98-121.

SCHMITT-GROHÉ S, URIBE M, 2017. Liquidity traps and jobless recoveries[J]. American economic journal: macroeconomics, 9(1): 165-204.

SCHOENMAKER D, 2013. Governance of international banking: the financial trilemma[M]. Oxford : Oxford University Press.

STOCK J H, 2020. Data gaps and the policy response to the novel coronavirus: NBER working paper(26902)[R/OL]. [2023-11-27]. https://www.nber.org/system/files/working_papers/w26902/w26902.pdf. DOI: 10.3386/w26902.

SUTHERLAND A, 1996. Financial market integration and macroeconomic volatility[J]. The Scandinavian journal of economics, 521-539.

TONG H, WEI S J, 2011. The composition matters: capital inflows and liquidity crunch during a global economic crisis[J]. The review of financial studies, 24(6): 2023-2052.

UNSAL D F, 2013. Capital flows and financial stability: monetary policy and macroprudential responses[J]. International journal of central banking, 9(1): 233-285.